ERNÄHRUNG UND LEBENSHALTUNG DES DEUTSCHEN VOLKES

EIN BEITRAG ZUR ERKENNTNIS DES GESUNDHEITSZUSTANDES DES DEUTSCHEN VOLKES

VON

PROFESSOR DR. **CARL VON TYSZKA**

REGIERUNGSRAT IM STATISTISCHEN LANDESAMT HAMBURG

BERLIN

VERLAG VON JULIUS SPRINGER

1934

ISBN-13:978-3-540-01198-9 e-ISBN-13:978-3-642-92505-4
DOI: 10.1007/978-3-642-92505-4

Softcover reprint of the hardcover 1st edition 1934

Vorwort.

Der Ernährung unseres Volkes, insbesondere der großen Masse der minderbemittelten Schichten ist in der letzten Zeit eine immer größere Beachtung geschenkt worden. Man kann geradezu sagen, daß sich eine besondere „Wissenschaft der Ernährung" herauszubilden beginnt, die es sich zur Aufgabe gestellt hat, zu erforschen, in welcher Weise die Bevölkerung am besten und preiswertesten versorgt werden kann. Denn man hat eingesehen, daß eine richtige und sachgemäße Ernährung nicht nur wesentlich zur Gesunderhaltung unseres Volkes beiträgt und eine der besten Waffen des Arztes in der Bekämpfung der Krankheiten ist, sondern auch die Grundlage für die kulturelle Höherentwicklung unseres Volkes darstellt. Nur ein gesundes, kräftig ernährtes und gut gepflegtes Volk vermag sich heute in dem verschärften Daseinskampf durchzusetzen. Unsere Zeit verlangt von einem jeden von uns schärfste Anspannung aller Kräfte, der geistigen wie der körperlichen. Sie hat daher einen Kräfte- und Nervenverbrauch wie keine je zuvor zur Folge. Und die einzige Gegenwirkung gegen diese von uns allen geforderte außerordentliche Anstrengung ist eine gute und kräftige Ernährung, um das Gleichgewicht im körperlichen Haushalt aufrechtzuerhalten und damit zugleich auch unsere geistige Spannkraft.

Angesichts dieser großen Bedeutung der Ernährung wie überhaupt der Lebensweise für die Erhaltung der Volkskraft und Gesundheit schien es mir erforderlich, einmal in einer Schrift alles das zusammenfassend darzustellen, was wir über die Lebensweise und insbesondere über die Ernährungslage unseres deutschen Volkes wissen. Mein Bestreben war, auf Grund der bisher vorliegenden wirtschaftswissenschaftlichen Untersuchungen und unter Berücksichtigung der neuesten Forschungsergebnisse der Ernährungsphysiologie ein Bild von der Lebenshaltung und Ernährunglage des deutschen Volkes zu geben. Dabei stand die Beantwortung folgender Fragen im Vordergrund: Ich wollte zunächst feststellen, wie die Ernährungsweise und Lebenshaltung in den letzten drei Jahrzehnten gewesen ist, und in welcher Weise sie sich heute gegenüber der Vorkriegszeit geändert hat. Zweitens wollte ich untersuchen, ob die Ernährung der großen breiten Masse unseres Volkes den Anforderungen, die in physiologischer Hinsicht gestellt werden müssen, entspricht, ob insbesondere die Ernährung der Arbeitslosen noch genügt, Körper und Geist leistungsfähig zu erhalten. Und daran anschließend versuchte ich festzustellen, ob und wieweit unser Nahrungsbedarf durch die heimische Produktion gedeckt werden kann.

Über diese Fragen liegt eine zusammenfassende Darstellung noch nicht vor. Diese Probleme sind entweder von der physiologischen oder der wirtschaftswissenschaftlichen Seite in Angriff genommen, aber noch nicht zusammenfassend von beiden Seiten. Und doch ist, nach dem Ausspruch RUBNERS „die Volksernährung ein Gebiet, auf dem sich zwei besondere Wissenschaften, die Wirtschaftslehre und die Physiologie begegnen, richtiger gesagt die Hände reichen müssen". Eine solche Verbindung der Ergebnisse dieser beiden Wissenschaften herzustellen, hatte ich mir bei Abfassung dieser Arbeit zur Aufgabe gestellt.

Mein Buch wendet sich an alle Volksgenossen, die diese Fragen interessieren, insbesondere freilich an unsere Ärzte, Physiologen und Hygieniker, an die Sozialpolitiker und Wirtschaftswissenschaftler. Das sind die berufenen Männer, auf diesen Gebieten anregend und fördernd vorzugehen. Die Voraussetzung jeder ersprießlichen Maßnahme ist aber eingehende Kenntnis der tatsächlichen Zustände und Verhältnisse. Eine solche zu vermitteln ist die Aufgabe meines Buches. Und es ist, wie gesagt, hier noch viel aufzuklären. So soll mein Buch gewissermaßen den Anfang machen und den Auftakt geben zu neuen fruchtbaren Arbeiten auf diesem so wichtigen Gebiet zum Segen unseres Volkes und Vaterlandes.

Hamburg, im Dezember 1933.

C. von Tyszka.

Inhaltsverzeichnis.

I. Die Wissenschaft von der Lebenshaltung.

Weshalb versuchen wir die Lebenshaltung und insbesondere die Ernährungslage unseres Volkes zu erforschen, welches Interesse treibt uns dazu, welchen Zweck verfolgen wir damit? — Noch vor einem halben Jahrhundert hätte man dieser Frage verständnislos gegenübergestanden. Freilich gab es schon im 18. Jahrhundert und in der ersten Hälfte des 19. Jahrhunderts einzelne Pioniere dieser neuen Wissenschaft, die wie z.B. Arthur Young, Frederic Le Play oder Ernst Engel sich die Aufgabe setzten, zu erforschen, wie die Lebenshaltung und Ernährung der Bevölkerung wäre. Aber die Allgemeinheit und auch die Wissenschaft verhielt sich im allgemeinen teilnahmslos. In der Art der Lebensgestaltung, der Wohnweise, der Ernährungslage wurde kein Problem gesehen, dies galt als etwas zu Selbstverständliches, zu Alltägliches, als daß man es der Mühe wert hielt, sich mit diesen Dingen eingehend zu beschäftigen.

Das wurde erst anders, als bei uns in Deutschland, nach Begründung des neuen Reiches, die Industrialisierung und Verstädtigung begann und damit der „Masse-Mensch" geboren wurde. Was vorher da war, teilte sich in „Herren" und „Knechte", die in einem patriarchisch geordneten Verhältnis lebten und deren Lebensweise und Ernährungslage traditionell festgelegt war. Die überwiegende Mehrheit der Bevölkerung lebte auf dem platten Lande, in Dörfern Marktflecken und kleinen Städten, wo der umliegende Boden ohne weiteres die Nahrung bot, und wo es weder ein Ernährungsproblem noch eine „Wohnungsfrage" gab, da jeder sich ernährte und wohnte wie es ihm, seinem „Stande" nach zukam: der „Vornehme", der Gutsherr auf seinem Schlosse, der Bürger in seinem einfachen Bürgerhaus, das aber ihm zu eigen gehörte, der Bauer in seinem Bauernhaus, der Landarbeiter in seiner Kate. Auch die Bekleidung, der Verkehr, die Kulturbedürfnisse waren keine Probleme, die es zu erforschen gab; alles war traditionell geregelt, korporativ organisiert nach Stand und Rang.

Da kam durch den Anbruch einer neuen Zeit und eines neuen Geistes alles dies in Bewegung; alte patriarchalische Verhältnisse wurden zerstört, traditionelle Banden gesprengt. Eine neue soziale Schicht entstand und mit ihr eine „Pandora-Büchse" von neuen Wünschen, Forderungen und Ansprüchen. Der „Masse-Mensch", herausgerissen aus seinen traditionellen Verhältnissen, strebte empor zum Lichte der Kultur und Zivilisation, wollte teilnehmen an dem, was das Leben Neues, Schönes, Verlockendes bot. Und nicht nur seine Wünsche und Ansprüche, auch die veränderten wirtschaftlichen und sozialen Verhältnisse zwangen ihn zu Forderungen. Er war von der Scholle, auf der er wohnte, und die ihn bisher ernährte, vertrieben, hineingeschleudert in den Menschenstrom der neuerwachsenden Städte und Großstädte, in den „Malstrom" des neuen Lebens voll Hast, Unruhe und Geschäftigkeit. Heimatlos mußte er für sich und die Seinen für Obdach und Nahrung, die ihm nun nicht mehr zuwuchs, sorgen. Er mußte selbst sehen, wie er unterkam. Er hatte kein eigenes Heim mehr, mußte bei fremden Hausbesitzern zur Miete wohnen, in Wohnungen, die im Verhältnis zu ihren Mietpreisen kümmerlich und schlecht waren. Er mußte selbst für seine Ernährung sorgen. Mußte dem Händler, dem Kaufherrn Preise dafür zahlen, die im Verhältnis zu seinem bescheidenen Einkommen enorm hoch waren, und deren fast fortgesetzte Steigerung er wehrlos hinnehmen mußte. Damit wurden Ernährung, Wohnung, Bekleidung sowie die Befriedigung der übrigen Bedürfnisse, die das Leben in der Stadt gaben, Probleme, *damit wurde die ganze Lebenshaltung ein Problem, das erforscht werden mußte.*

Und zwar ein äußerst wichtiges Problem: *Denn Lebenshaltung und Ernährungsweise beeinflussen maßgeblich den Gesundheitszustand* der Bevölkerung und damit ihre Arbeitskraft und Arbeitsleistung. Ein Volk, das in engen dumpfen licht- und luftlosen Wohnungen haust, sich nur schlecht und mangelhaft ernähren kann, ist gesundheitlichen Schädigungen der verschiedensten Art ausgesetzt. Für die Volkskrankheiten, Tuberkulose und Rachitis ist dann der günstigste Nährboden geschaffen, der Nachwuchs verkümmert und zu dem physischen Elend tritt die psychische Depression, die leicht in Radikalismus und umstürzlerische Ideen umschlägt. Ein Volk kann nur gesund und damit arbeits- und leistungsfähig erhalten werden, wenn man ihm günstige Lebensbedingungen schafft. Dazu gehört aber in erster Linie eine gute kräftige, den Lebens- und Arbeitsbedingungen entsprechende Ernährung, ferner helle, luftige und geräumige Wohnungen sowie eine dem Klima angemessene Bekleidung und schließlich eine sachgemäße Pflege des Körpers wie des Geistes. Heute wird mit Recht der Blick in erhöhtem Maße auf die Zukunft unseres Volkes gerichtet. Man bemüht sich, die Bevölkerung über den Wert einer erbgesunden Nachkommenschaft aufzuklären, gesetzgeberische Maßnahmen zur Verhütung erbkranken Nachwuchses werden erlassen; man will unter allen Umständen dem Verfall, der Degeneration unseres Volkes ein Paroli bieten, der Minderung unseres Volksbestandes durch Geburtenrückgang soll Einhalt getan werden. Alle diese Bestrebungen haben aber, wenn sie von Erfolg sein sollen, zur Voraussetzung, daß die gegenwärtigen Lebensbedingungen in den Städten wie auf dem Lande günstige sind, so daß eine Lebenshaltung gewährleistet wird, wie sie einem Kulturvolk entspricht.

Darüber sachgemäßen und einwandfreien Aufschluß zu geben, ist *Aufgabe der Wissenschaft von der Lebenshaltung.* Sie soll die Lebensbedingungen feststellen, denen unser Volk unterworfen ist. Dazu gehört *in erster Linie eine eingehende Analyse unserer Ernährungslage.* Hier soll dargetan werden, wie die Ernährung unseres Volkes, gegliedert nach Stadt und Land, nach Berufen und Ständen, und schließlich unterschieden nach der Höhe des Einkommens ist. Kritisch soll zu den Ergebnissen Stellung genommen werden unter doppeltem Gesichtspunkt: einmal inwieweit die Ernährung den Anforderungen, die vom physiologischen Standpunkt gestellt werden müssen, entspricht, und ferner in welcher Weise die heimische Landwirtschaft in der Lage ist, die Ernährungsansprüche der Bevölkerung zu befriedigen, oder in welcher Weise eine Änderung der heimischen Produktionsweise bzw. der Ernährung notwendig wäre, um dies Ziel zu erreichen, daß — ohne Verschlechterung der Qualität der Ernährung — ein möglichst großer Anteil durch die eigene Landwirtschaft gedeckt wird. Weiter wird aber die Wissenschaft von der Lebenshaltung auch die Art der Befriedigung der übrigen Bedürfnisse in den Kreis ihrer Untersuchung ziehen müssen. Sie wird nach der Art der Wohnweise fragen müssen und hier feststellen, in welcher Weise das Wohnungsbedürfnis in den verschiedensten Bevölkerungsschichten befriedigt wird. Sie wird ferner untersuchen müssen, in welchem Maße und Grade die übrigen Kulturbedürfnisse, unterschieden nach Berufsgruppen und Einkommenstufen, befriedigt werden, welchen Anteil z. B. die Ausgaben für Bildung und geistige Unterhaltung von den Gesamtausgaben innerhalb der einzelnen Bevölkerungsschichten haben. Durch solche Untersuchungen erhalten wir einen Einblick in die Kulturhöhe und das Bildungsbestreben in den einzelnen Schichten unseres Volkes.

So soll uns also *die Wissenschaft von der Lebenshaltung ein möglichst abgerundetes und erschöpfendes Bild von dem physischen wie psychischen Zustand unseres Volkes* und deren Veränderungen im Laufe der letzten Generationen geben. Wir wollen damit Anhaltspunkte gewinnen, aus denen wir erkennen können, wie unser Volk lebt, in welchem körperlichen und geistigen Zustande es sich befindet, und welche Maßnahmen in erzieherischer, gesetzgeberischer und wirtschaftspolitischer Hinsicht die richtigen sind, um unser deutsches Volk gesund, kräftig und leistungsfähig zu erhalten.

Aber eine *Zweifelsfrage* erhebt sich da zugleich: Ist die Wissenschaft von der Lebenshaltung überhaupt imstande, uns solche Aufschlüsse über das geistige und körperliche Leben des Volkes zu geben? — Denn was heißt das, Lebenshaltung eines Volkes? — Gibt es überhaupt eine solche als einen einheitlichen Begriff? — Ist nicht vielmehr die Lebenshaltung, die Lebensführung etwas durchaus Subjektives, bei einem jeden einzelnen verschieden; ist sie nicht fast so vielgestaltig als es Wirtschaftseinheiten überhaupt gibt? — Die Frage ist nicht ganz unberechtigt. Fast jeder einzelne hat eine von dem anderen wenigstens in etwas abweichende Lebensführung. Das bekundet sich insbesondere *in der Ernährung.* Da ist einmal maßgebend die Geschmacksrichtung und „über den Geschmack läßt sich nicht streiten"; der eine zieht die Fleischnahrung vor, der andere ist Rohköstler, der dritte Vegetarier usw. Ferner ist die Ernährung verschieden nach Stadt und Land, weiterhin regional unterschiedlich: Der Münchner liebt andere Speisen als der Hamburger, der Königsberger andere als der Kölner. Auch hinsichtlich der Berufe ist die Ernährung verschieden: der körperlich schwer Arbeitende wird einer anderen Kost bedürfen, als die überwiegend geistig tätige Person. Vor allem aber ist die Ernährung je nach der Höhe des Einkommens verschieden: der Tisch des Reichen und Wohlhabenden ist ganz anders gedeckt als der des Armen und Unbemittelten. Doch nicht nur in der Ernährung, auch in den übrigen Bedürfnissen bestehen innerhalb der Angehörigen eines und desselben Volkes große Unterschiede: so in der Art und Weise des Wohnens, in der Bekleidung und erst recht in den geistigen und geselligen Bedürfnissen; es genügt dies zu erwähnen, Beispiele dürften sich erübrigen.

Ist deshalb aber eine Wissenschaft von der Lebenshaltung eine Unmöglichkeit? — Keineswegs. Denn zunächst lassen sich trotz aller individuellen Verschiedenheiten doch *große typische Einheitsformen* darstellen. So wird z.B. das Leben aller städtischen Industriearbeiter eine gewisse Ähnlichkeit, die man auf ein bestimmtes Schema bringen kann, aufweisen; und ebenso das der Angestellten in den Büros und Kontoren, das der Kleinstädter, das der Bauern usw. Voraussetzung ist dabei freilich immer eine gewisse Verwandtschaft in den äußeren Lebensbedingungen, wie z.B. Städter gegenüber Landbewohner, Ähnlichkeit der Berufsgruppen und vor allem Ähnlichkeit in den Einkommensverhältnissen. Deshalb muß die Lebenshaltungsforschung, wenn sie Brauchbares leisten will, sich auf die Herausarbeitung gewisser Typen beschränken. Freilich muß sie schematisieren; sie muß die individuellen Unterschiede verschwinden lassen, indem es sie ausgleicht. Aber in diesem Schematisieren muß sie Grenzen einhalten, sie darf nicht unterschiedslos Städter, Landbewohner, die verschiedensten Berufe, soziale Klassen und Einkommenstufen zusammenfassen, sondern muß hier vorsichtig abwägend das Zusammengehörige zu bestimmten Gruppen oder Typen vereinigen. Unter dieser Voraussetzung aber wird sie uns ein wahrheitsgetreues und erschöpfendes Bild von dem Leben der großen Masse unseres Volkes entwerfen können.

Welche Forschungsmethoden hier einzuschlagen sind, soll im folgenden erörtert werden.

II. Die Forschungsmethoden.

1. Die statistischen Untersuchungen und Erhebungen.

Die Methode, die nur allein zur Anwendung gelangen kann, um aus dem wirklichen Leben Material für die Zwecke der Erforschung der Lebenshaltung zu erlangen, ist die *statistische*[1]. Durch sie nur erhalten wir Aufschluß über die Lebenshaltung und Ernährungsweise. Anderen Wissenschaften, wie z.B. der Physiologie, der Soziologie, der Volkswirtschaftslehre usw. bleibt es dann vorbehalten, diese durch die statistische Methode gewonnenen Ergebnisse auszuwerten. Ein befriedigendes Gesamtergebnis kann daher auch nur durch ein *Zusammenwirken der verschiedenen Wissenschaften* erzielt werden, wobei der Statistik die wichtige Rolle der Herbeischaffung des erforderlichen Materials zufällt.

Die Statistik kann mehrere Wege einschlagen, um Aufschluß über die Lebenshaltung und Ernährungsweise zu gewinnen. Zunächst kann die *Produktionsstatistik in Verbindung mit der Handelsstatistik* herangezogen werden. Man kann — oft mit Hilfe der Steuerstatistik — die Menge der im Inland hergestellten Güter feststellen, z.B. Brotgetreide, geschlachtetes Vieh, Zucker usw., sodann bei den Waren, die einen Einfuhrüberschuß aufweisen, diesen zuzählen, bei Waren dagegen, von denen mehr aus- als eingeführt werden, den Ausfuhrüberschuß in Abzug bringen; man erhält dann auf diese Weise die Menge der im Inland konsumierten Güter. Dividiert durch die Zahl der Bevölkerung ergibt sich sodann die Kopfquote des Verbrauchs an den einzelnen Waren.

Diese Methode ist zwar theoretisch einwandfrei, praktisch aber nur in recht beschränktem Maße, im allgemeinen nur als Ergänzung anderer Methoden ver-

[1] Vgl. u. a.: Zur Ernährungsstatistik von BERZELLER, WASTL und FRANKFURTER, Wien 1927, sowie mein zweibändiges Werk: Statistik, Jena 1924, daselbst auch nähere Literaturangaben, besonders in Teil II, S. 188 ff. Ferner wären noch zu nennen HELENE WESSEL: Lebenshaltung aus Fürsorge und aus Erwerbstätigkeit, 1931, sowie FLEISCHER: Über die Lebenshaltungskosten städtischer Arbeiterfamilien in Deutschland, Ztschr. f. Hygiene und Infektionskrankheiten, 1925, 104. Bd.

wendbar. Denn einmal bereitet die einwandfreie Erfassung der Menge der produzierten Güter Schwierigkeiten, wir erhalten hier nur Annäherungswerte — wie z. B. bei Feststellung des Brot-, Fleisch-, Milch-, Eierkonsums — erst recht natürlich bei dem Versuch der Feststellung des Verbrauchs an Bekleidungsgegenständen; — zum anderen ist die errechnete Kopfquote nur ein roher Durchschnittswert, in dem alle notwendig zu beachtenden Unterschiede wie Alter, Einkommen, Beruf usw. ausgelöscht sind. Freilich findet diese Methode Anwendung. Die statistischen Ämter berechnen z. B. den auf den Kopf der Bevölkerung entfallenden Verbrauch an Brotgetreide, Fleisch, Zucker, Bier usw. Aber der Brotgetreideverbrauch enthält z. B. nicht nur den für die menschliche Ernährung, sondern auch den für die Viehfütterung sowie für gewerbliche Zwecke verfügbaren Bedarf. Und zu welch geradezu irreführendem Resultat die Prokopfberechnung führen kann, sei an dem Beispiel des Fleischkonsums illustriert. So berechnet das Statistische Reichsamt die Gesamtmenge Fleisch aus Inlandsschlachtungen im Jahre 1913 auf 49,49 kg, 1931 dagegen auf 51,09 kg. Hierbei ist aber nicht berücksichtigt, daß der Altersaufbau der Bevölkerung sich seit jener Zeit infolge des Geburtenrückgangs wesentlich verschoben hat. Beachtet man dies, indem man den Verbrauch auf einen „Fleischvollverbraucher" bezieht, so kommt man nach dem Statistischen Reichsamt zu folgenden Zahlen: 1913: 73,28 kg, 1931 nur 70,13 kg. Also anstatt einer Zunahme ergibt sich ein Rückgang im Verbrauch. Diese Methode berechnet den Konsum auf eine Durchschnittsperson, die es in Wirklichkeit gar nicht gibt. Sie kann nur als Ergänzung zu anderen Methoden herangezogen werden.

Eine zweite Methode, die hier nur kurz gestreift werden soll, besteht in der *schätzungsweisen Feststellung eines Verbrauchs auf Grund von praktischen Erfahrungen.* Zu diesem Zweck wird ein Normalverbrauch einer angenommenen Familie konstruiert und nun durch Ermittlung der Preise für die einzelnen Bedarfsgegenstände berechnet, in welcher Weise sich die Ausgaben dieser angenommenen Familie bei wechselndem Preisniveau verändern. Auf diese Weise ist seit Februar 1920 das *Statistische Reichsamt* vorgegangen, um festzustellen, in welchem Maße sich die Lebenskosten eines Arbeiterhaushaltes verändern. Das Statistische Reichsamt setzte zu diesem Zweck den Normalbedarf einer fünfköpfigen Familie, bestehend aus dem Ehepaar, drei Kindern im Alter von 12, 7 und 1½ Jahren an den wichtigsten Lebensmitteln, Miete, Heizung, Beleuchtung, Bekleidung und einigen sonstigen Bedürfnissen in einem Monat fest[1]. Jeden Monat werden die Preise für die Gegenstände in den einzelnen dieser „Lebenskostenstatistik" angeschlossenen Gemeinden ermittelt. Die Multiplikation dieser Preise mit dem angenommenen Verbrauch („Wertigkeitszahl" genannt) ergibt die Ausgaben für die betreffenden Lebensbedürfnisse, d. h. die Lebenskosten dieser Familie mit dem angenommenen Verbrauch.

Diese Statistik des Statistischen Reichsamts spiegelt also nicht die wirkliche Lebenshaltung wider. Sie gibt kein Bild davon, wie die Bevölkerung wirklich

[1] Die Lebensbedürfnisse sind: Brot 45000 g, Nährmittel 11000 g, Kartoffeln 50000 g, Vollmilch 35 l, Gemüse 15000 g, Fleisch 6000 g, Inländ. Speck 500 g, Leberwurst 2000 g, Fett 6250 g, Käse 1750 g, Salzheringe 1500 g, Zucker 3500 g, Eier 28 Stück, Bohnenkaffee 250 g, Kaffee-Ersatz 1250 g, Kakao 1000 g, Speisesalz 2000 g, Brennstoffe, Leuchtstoffe, Wohnung (Wohnungsmiete), Bekleidung, Sonstiger Bedarf, Verkehrsausgaben.

lebt, sich ernährt, wohnt, bekleidet, ihre übrigen Bedürfnisse befriedigt, kommt also für unseren Zweck hier nicht unmittelbar in Frage. Wohl aber gibt sie Aufschluß über die Belastung oder Entlastung eines Durchschnittshaushalts durch die sich ändernden Preise. Sie zeigt, in welcher Weise die Lebenskosten dieses angenommenen Haushalts bei Preissteigerungen sich erhöhen, bei Preissenkungen sich ermäßigen. Sie wird daher als Ergänzung zu unseren Ausführungen über die Veränderungen der Lebenshaltung in der Nachkriegszeit herangezogen werden können.

Die beste Methode, streng genommen die einzige, die einigermaßen zuverlässigen Aufschluß über die Lebenshaltung gibt, ist die *Erhebung von Haushaltsbüchern oder Wirtschaftsrechnungen.* Sie besteht darin, daß eine Anzahl ausgewählter Familien veranlaßt werden, eine Zeitlang (am besten ein ganzes Jahr) täglich genaue Angaben und Aufschreibungen über ihr Einkommen, ihre Ausgaben für die einzelnen Bedarfsgegenstände (Ernährung, Wohnungsmiete, Heizung und Beleuchtung, Bekleidung, Kulturbedürfnisse usw.) sowie den Verbrauch mengenmäßig an Nahrungsmitteln zu machen. Diese Aufzeichnungen werden dann nach wissenschaftlich-statistischen Gesichtspunkten bearbeitet, um ein Gesamtbild von der Lebenshaltung und Ernährungslage dieser Familien zu gewinnen. Der große *Vorteil* dieser Methode liegt darin, daß man hier durch *unmittelbare Befragung* der *Bevölkerung ein der Wirklichkeit entsprechendes Bild* erhält. Demgegenüber steht aber der *Nachteil*, daß der Natur der Sache nach immer nur eine mehr oder weniger *beschränkte Anzahl von Familien* bereit sein werden, solche Anschreibungen, auf die man sich hinsichtlich ihrer Richtigkeit und Genauigkeit auch verlassen kann, zu machen. Der Zweck, der mit diesen Anschreibungen verfolgt wird, ist ja aber nicht, die Lebenshaltung dieser wenigen Familien an sich kennen zu lernen, sondern die der großen Masse der Bevölkerung, für die diese Familien nur Repräsentanten sind. Man ist also zu dem immerhin nicht ganz unbedenklichen Schluß vom Teil auf das Ganze gezwungen. Deshalb ist das größte Gewicht auf eine geschickte Auswahl dieser Familien zu legen. Sie müssen nicht nur Gewähr dafür bieten, daß ihre Anschreibungen unbedingt zuverlässig und wahrheitsgetreu sind, sondern müssen auch in ihrer wirtschaftlichen und sozialen Struktur so beschaffen sein, daß sie als *Repräsentanten der großen Masse unseres Volkes* angesehen werden können. Die großen Erhebungen der statistischen Ämter, die in der Vorkriegszeit (1907) und nach dem Kriege (1926—1928) durchgeführt sind, entsprechen im allgemeinen den hier zustellenden Anforderungen. Die 852 Familien, die das damalige Kaiserliche Statistische Amt im Jahre 1907 untersucht hat, wird man ebenso als Repräsentanten der Lebenshaltung der Vorkriegszeit ansehen können, wie die 2000 Familien, die das Statistische Reichsamt im Jahre 1927/28 bearbeitet hat, als Repräsentanten der Nachkriegszeit gelten können. Und das gleiche gilt auch für die Erhebungen des Hamburgischen Statistischen Landesamts in den Jahren 1925—1927; auch die hier ausgewählten Familien wird man als Repräsentanten der hamburgischen Bevölkerung betrachten können. *Die Lebenshaltung und Ernährungsweise der Familien dieser Erhebungen werden somit ein wahrheitsgetreues Bild von der großen Masse der durch sie repräsentierten Bevölkerung geben.* Und darauf, das Typische herauszuarbeiten, zu erkennen, wie die große Masse unseres Volkes im Durchschnitt lebt und sich ernährt, kommt es uns ja an. Die von nörgelnden Kritikern gemachten Einwände, die und jene

Familien könnten anders leben, es gäbe ja auch Vegetarier und Rohköstler und derartige Eigenbrödler, sind durchaus nicht stichhaltig.

Bei der statistischen Bearbeitung der Anschreibungen der ausgewählten Familien macht insbesondere die *genaue Ermittlung der verbrauchten Mengen an Nahrungsmitteln* Schwierigkeiten. In den Vorkriegserhebungen ist sie recht stiefmütterlich behandelt worden. Das Hauptgewicht wurde hier auf die genaue Feststellung der Einnahmen und insbesondere der geldlichen Ausgaben gelegt. Die große Arbeit des Kaiserlich Statistischen Amts vom Jahre 1907 widmet dem Verbrauch nur wenige Seiten, und nur der Konsum von Fleisch, Butter, Fett, Eiern, Käse, Kartoffeln, Kaffee und Milch wird summarisch angegeben; der von Brot und Backwaren, von Fischen und vielen anderen Nahrungsmitteln fehlt ganz. Einen etwas größeren Raum nehmen die Verbrauchsberechnungen in den Erhebungen des Metallarbeiterverbandes vom Jahre 1908 (320 Haushalte von Metallarbeitern) ein; hier ist wenigstens der Brotverbrauch angegeben; die Angaben sind aber auch nicht ausreichend. Der Grund der so mangelhaften Behandlung des Verbrauchs in den Vorkriegserhebungen liegt darin, daß diese Angaben von den aufzeichnenden Personen viel schwieriger zu erlangen sind als die Anschreibungen über die geldlichen Ausgaben. Denn die Hausfrau weiß wohl stets genau, wieviel sie ausgegeben hat, dagegen die eingekauften Mengen, ausgedrückt in Gewicht, sind ihr nicht immer bekannt.

Und doch gestatten erst die *Verbrauchanschreibungen ein tieferes Eindringen* in die Art der Lebensführung und insbesondere *die Ernährungslage.* Erst diese Anschreibungen erlauben eine einwandfreie Feststellung darüber, ob die Ernährung ausreichend und sachgemäß ist. *In den Nachkriegserhebungen ist deshalb auch großes Gewicht auf genaue und gewissenhafte Anschreibung und Berechnung des Verbrauchs an Nahrungsmitteln* gelegt worden. *Die Erhebungen des Statistischen Reichsamts vom Jahre 1927/28 sowie die des Hamburgischen Statistischen Landesamts in den Jahren 1925—1927 geben ein einwandfreies und zuverlässiges Bild von der Ernährungslage der Bevölkerung.* Auch die vom Kriegsausschuß für Konsumenteninteressen während des Krieges, in den Jahren 1916, 1917 und 1918 durchgeführten Erhebungen enthalten genaue Verbrauchsangaben.

Die weitere Bearbeitung besteht dann in der Berechnung von Durchschnittsangaben der Einnahmen, der Ausgaben und des Verbrauchs pro Haushalt und pro Kopf. Bei letzterer Berechnung ergeben sich gewisse Schwierigkeiten insofern als es nicht angängig ist — namentlich für Vergleichszwecke — Ausgaben wie Verbrauch auf den Kopf schlechthin zu berechnen, denn je nach Geschlecht und Alter sind Ausgaben und Verbrauch, insbesondere auch der Verbrauch von Nahrungsmitteln verschieden. Man hat sich hier durch *Berechnung sog. „Konsumtionseinheiten" oder „Vollpersonen"* zu helfen versucht[1]. Das primitivste Verfahren ist hierbei, zwei Kinder unter einem gewissen Alter (10 oder 14 Jahre) gleich einem Erwachsenen zu setzen. Dies Verfahren ist aber recht roh und der Wirklichkeit wenig entsprechend. Deshalb hat man sich bemüht, eingehender den Verbrauch in den verschiedenen Altersklassen festzustellen.

Die bekannteste Methode stammt von Ernst Engel (das sog. Quet-Verfahren, benannt nach dem Belgier A. Quetelet). Hier wird der Verbrauch berechnet nach der Gewichts-

[1] Methods of Conducting Family Budget Enquires, Studien des internationalen Arbeitsamts, Serie Nr. 9, Genf 1926.

zunahme des Menschen pro Zentimeter des Längenwachstums. Der Verbrauch der Neugeborenen wird mit 1 angenommen und dazu jährlich eine Steigerung von 0,1 zugeschlagen, und zwar bei männlichen Personen bis zum Alter von 25 Jahren, so daß sich der Verbrauch einer erwachsenen Person auf 3,5 stellt, bei weiblichen Personen nur bis 20 Jahren, so daß sich der Verbrauch einer erwachsenen weiblichen Person auf 3,0 stellt. Ein anderes Verfahren hat das Arbeitsamt der Vereinigten Staaten eingeschlagen, das — nach den anthropometrischen Messungen GALTONS — den Verbrauch des Mannes = 100, den der Frau = 90 setzt; für Kinder von 11—14 Jahren werden 90 Einheiten, für solche von 7—10 Jahren 75 Einheiten, für 4—6jährige 40 und für 1—3jährige 15 Einheiten angenommen. Die deutsche Erhebung des Kais. Stat. Amtes von 1907 nahm für erwachsene männliche Personen (über 15 Jahre) 1 an, für erwachsene weibliche 0,8; Kinder von 13—15 Jahren wurden mit 0,5, von 10—13 mit 0,4, von 7—10 Jahren mit 0,3, von 4—7 Jahren mit 0,2 und bis 4 Jahre mit 0,1 eingesetzt. In der Nachkriegserhebung des Statistischen Reichsamts vom Jahre 1927/28 sind zwei Arten von Umrechnungen auf Vollpersonen verwandt. Einmal für die Ernährung: Männliche Personen über 15 Jahre = 100, weiblich = 90, vom 10.—15. Lebensjahre = 75, darunter = 50. Die Vollpersonenumrechnung für die übrigen Lebensbedürfnisse ist etwas anders: Erwachsene männliche Person über 20 Jahre = 100, weiblich = 90, vom 15.—19. Lebensjahre = 70, vom 10.—14. Lebensjahre = 50, vom 6.—9. Lebensjahre = 30, darunter = 20.

Außer diesen genannten Umrechnungsschematas sind noch eine große Anzahl anderer in Anwendung, im ganzen etwa 25 verschiedene Skalen[1]. Je nachdem, welches Umrechnungsschema benutzt wird, ist das Ergebnis ein anderes. Die Abweichungen sind z. T. recht beträchtlich; die Differenz zwischen zwei stark voneinander abweichenden Skalen beträgt bis 40%; d. h. nach der einen Skala wäre der Verbrauch pro Vollperson um 40% höher als nach der anderen; oder anders ausgedrückt; nach der einen Skala wäre die verbrauchte Menge an Nahrungsmitteln durchaus ausreichend, nach der anderen ungenügend. Daß dadurch interlokale und erst recht internationale Vergleiche zweier Erhebungen, die verschiedene Umrechnungsskalen verwenden, stark gestört, z. T. geradezu unmöglich werden, liegt auf der Hand. Es war deshalb sehr zu begrüßen, daß die *Hygiene-Sektion des Völkerbundes*[2] die Anregung gab, eine Skala aufzustellen, die für Vergleichszwecke anzuwenden den einzelnen Ländern bzw. Statistischen Ämtern empfohlen wird. Auf der Tagung in Rom im September 1932, im Anschluß an den Physiologenkongreß, wurde von den Sachverständigen, die die Hygiene-Sektion des Völkerbundes zur Beratung eingeladen hatte, folgendes Umrechnungsschema einstimmig angenommen: 0—2. Lebensjahr = 0,2, 2. und 3. Lebensjahr = 0,3, 4. und 5. Lebensjahr = 0,4, 6. und 7. Lebensjahr = 0,5, 8. und 9. Lebensjahr 0,6 10. und 11. Lebensjahr = 0,7, 12. und 13. Lebensjahr = 0,8, 14. bis 59. Lebensjahr, männliche Person = 1,0, weibliche Person = 0,8, über 60. Lebensjahr = 0,8. Die Anwendung dieses Umrechnungsschemas, das im übrigen auch dem zunehmenden Nahrungsverbrauch mit steigendem Alter im großen ganzen entspricht, würde einen einwandfreien Vergleich verschiedener Erhebungen gewährleisten.

Die Untersuchungen und Erhebungen, auf Grund deren im folgenden ein Bild von der Lebenshaltung und Ernährungslage des deutschen Volkes in den letzten 30 Jahren entworfen werden sollen, sind in der Hauptsache folgende:

1. Erhebung von Wirtschaftsrechnungen minderbemittelter Familien im Deutschen Reich im Jahre 1907, bearbeitet vom *Kaiserlich Statistischen Amt*, 2. Sonderheft zum Reichsarbeitsblatt, 1909 (852 Familien).

---

[1] Eine Zusammenstellung der verschiedenen Skalen findet sich in den Einzelschriften zur Statistik des Deutschen Reichs, Nr. 22, 1. Tl. S. 11.

[2] Quaterly Bulletin of the Health Organisation of the League of Nations, September 1932.

2. 320 Haushaltsrechnungen von Metallarbeitern, bearbeitet vom *Deutschen Metallarbeiterverband*, Stuttgart 1908.

3. Die während des Krieges vom *Kriegsausschuß für Konsumenteninteressen* durchgeführten Erhebungen: April 1916, April und Juli 1917, April 1918. Veröffentlicht vom Kaiserlich Statistischen Amt im Reichsarbeitsblatt (Sonderheft 17 und 21).

4. Die Erhebungen des *Hamburgischen Statistischen Landesamts* in den Jahren 1924 bis 1929, insonderheit die großen Erhebungen in den Jahren 1926 und 1927, die jeweils rd. 300 Haushaltungen umfassen. Veröffentlicht in den „Statistischen Mitteilungen" des Hamburgischen Staates, insbesondere Nr. 20 und 26, sowie in der Monatsschrift „Aus Hamburgs Verwaltung und Wirtschaft", besonders 5. Jahrg. Nr. 9—11.

5. Die große Erhebung des *Statistischen Reichsamts* im Jahre 1927/28 über rd. 2000 Haushalte, veröffentlicht in Nr. 22 der „Einzelschriften zur Statistik des Deutschen Reiches".

6. Die Untersuchungen des *Deutschnationalen Handlungsgehilfenverbandes* über 290 Haushaltsrechnungen im Jahre 1926. Veröffentlicht in der 2. Schriftreihe des D. H. V. unter dem Titel „Der Haushalt der Kaufmannsgehilfen". Hamburg 1927.

7. Die Untersuchungen des *Afabundes* (Allgemeinen freien Angestelltenbundes) über 43 Angestelltenfamilien im Jahre 1926, unter dem Titel „Die Lebenshaltung der Angestellten". Berlin 1928.

8. Die Erhebung des *Einheitsverbandes der Eisenbahner Deutschlands* über die Lebenshaltung des deutschen Reichsbahnpersonals im Jahre 1929, 1930.

9. Die Lebenshaltung der Bauarbeiter nach Wirtschaftsrechnungen in dem Jahre 1929, Berlin 1931.

In diesen Schriften sind die jeweils angewandten Untersuchungsmethoden beschrieben. Ich verweise Interessenten und Kritikern auf diese, da ich im folgenden des Raumes halber auf die einzelnen Methoden nicht näher eingehen kann[1].

2. Die Ergebnisse der Ernährungsphysiologie.

Wie schon erwähnt, ist die Auswertung der statistischen Untersuchungen vielfach Sache anderer Wissenschaften. Unter ihnen steht die Ernährungsphysiologie an erster Stelle. Sie allein kann uns die Frage beantworten, ob die durch die statistische Methode klargelegte Ernährungsweise eine ausreichende und genügende ist, um die Leistungsfähigkeit der betreffenden Person oder der betreffenden Volksschicht zu gewährleisten. Zu diesem Zweck berechnet die Ernährungsphysiologie die Verbrennungswärme (Calorien) der Nahrung, dann den Anteil des stickstoffhaltigen tierischen und pflanzlichen Eiweiß, der Fette und Kohlehydrate, den Gehalt an Salzen und Vitaminen, den Wassergehalt und die Ausnutzung. Denn nur dann ist die Ernährung richtig, wenn diese Stoffe in ausreichender Menge und in einem richtigen Wirkungsverhältnis in der Nahrung vorhanden sind.

Welche Anhaltspunkte kann uns die Ernährungsphysiologie geben, um zu beurteilen, ob die Ernährung einer Bevölkerungsschicht ausreichend und sachgemäß ist[2]. Man hat früher bestimmte Normen dafür aufstellen wollen, die für den „Durchschnittsmenschen" maßgebend sein sollten. So wurde, sich berufend auf VOIT,

[1] Während der Fertigstellung dieser Arbeit sind soeben neuere ernährungsstatistische Untersuchungen von H. ENGHOFF und H. WASTL erschienen, in: Ernährungsstatistische Studien 1933, die in methologischer Hinsicht neue wertvolle Anregungen und Aufschlüsse geben.

[2] Als grundlegende Werke nenne ich nur: J. KÖNIG: Nahrung und Ernährung des Menschen, Neunte Aufl. 1926. — ABDERHALDEN, E.: Die Grundlagen unserer Ernährung und unseres Stoffwechsels, 3. Aufl. 1919. — LUSK, GRAHAM: Ernährung und Stoffwechsel, deutsch von L. HESS, 2. Aufl. 1910. Ferner die Schriftenreihe: „Die Volksernährung", insbesondere Heft 9: „Deutschlands Volksernährung von M. RUBNER. Weiterhin von RUBNER: „Volksernährungsfragen, 1908 und „Wandlungen in der Volksernährung", 1913.

ein täglicher Caloriengehalt der Nahrung von 3000 gefordert und dementsprechend 118 g Eiweiß, 56 g Fett, 500 g Kohlehydrate. Diese Zahlen galten lange Zeit, namentlich in Laienkraisen, als feststehende Norm. Neuere Arbeiten auf diesem Gebiete[1] haben dann aber gezeigt, daß man einen solchen für alle Fälle und auf alle Menschen anzuwendenden Normalmaßstab nicht aufstellen kann, da sowohl der Calorienbedarf wie die Eiweißzufuhr abhängig sind nicht nur vom Geschlecht, Alter, Gewicht und Größe der betreffenden Person, sondern auch von der Art der Arbeit oder Beschäftigung und der Größe der Arbeitsleistung. So kann man *Grundzahlen des Calorienbedarfs* berechnen, für die nur maßgebend sind Geschlecht, Alter, Gewicht und Größe. So hat z. B. eine männliche Person im Alter von 25 Jahren mit einer Größe von 183 cm und einem Gewicht von 60 kg im Ruhezustand einen Wärmeverbrauch von 1539 Calorien. Zu diesen Grundzahlen tritt dann aber ein *Zusatzbedarf für geleistete Arbeit*, der sich in der Hauptsache nach der Muskeltätigkeit richtet, da durch Muskelarbeit der Stoffwechsel erhöht wird. So erfordert z. B. eine Stunde Schreiben einen Zusatz von 20 Calorien, eine Stunde „leichte" Arbeit wie berufsmäßiges Nähen 48—60 Calorien, Buchbinder- oder Schuhmacherarbeit schon 70—90 Calorien, eine Stunde „schwerere" Arbeit wie Schreinerarbeit 116—164 Calorien, eine Stunde schwerste Arbeit wie Steinhauerarbeit oder Holzsägen 319—406 Calorien[2]. Einen weit geringeren Calorienbedarf erfordert dagegen geistige Arbeit, nur 7—8, bis höchstens, bei Kopfrechnen 20 Calorien.

Hat also der körperlich schwer arbeitende Mann einen hohen Calorienbedarf, der geistig tätige Arbeiter dagegen einen viel geringeren, so bedarf aber letzterer dafür einer starken *Eiweißzufuhr*. Denn von der Eiweißzufuhr betrachtet die Ernährungsphysiologie einen Teil als durch andere Nährstoffe nicht ersetzbar, weil er der Erhaltung des Stickstoffgleichgewichts nach Verlust abgenutzter Gewebe und Zellen, bei Kindern auch zur Bestreitung des Wachstums dient. Dieses *„Eiweißminimum"* wird bei Erwachsenen auf 25—30 g bemessen. Die übrigen Nährstoffe können sich nach dem *Rubnerschen Gesetz der Isodynamie* nach ihrem eigenen Energiewert vertreten. Wie weiter die Untersuchungen vor allem von KESTNER-KNIPPING[3] ergeben, bedarf der geistige Arbeiter eines Nahrungsstoffes, der die Magensaftsekretion fördert, aber nicht viel Calorien gibt, denn diese braucht ja, wie oben dargetan, der geistige Arbeiter nicht. Dieser Forderung kommt aber am besten Fleisch nach mit seinem hohen Eiweißgehalt, das von allen Nahrungsmitteln die reichlichste und am längsten dauernde Magensaftabsonderung hervorruft. Wenn pro Tag 100 g verwertbares Eiweiß aufgenommen werden soll, so beträgt die Calorienzahl, die dazu nötig ist, bei Fleisch nur 500, bei Ei 1100, bei Käse 1300, bei Weißbrot 3300, bei Kartoffeln 5000 und bei grobem Roggenbrot 5600. *Daraus folgt aber, daß es für den geistigen Arbeiter überhaupt nicht gelingt, ausreichend Eiweiß mit eiweißarmen Vegetabilien*

---

[1] Insbesondere von HARRIS und BENEDIKT: A biometrical study of basal metabolism in man 1919, vgl. auch KESTNER-KNIPPING: Die Ernährung des Menschen 1928, 3. Aufl.

[2] Die Angaben stammen aus den Versuchen von WOLPERT, BECKER, HÄMÄLÄINEN und ILZHÖFER am Respirationsapparat. Vgl. Art.: Physiologie der Arbeit im Handwörterbuch der Arbeitswissenschaft. Siehe auch TIGERSTEDT: Skandinav. Archiv f. Physiol. Bd. 34; auch HEIBERG: ebenda, Bd. 42, 1922.

[3] Die Ernährung bei geistiger Arbeit, Klinische Wochenschrift, 1. Jahrg. Nr. 27. Vgl. auch: Die Ernährung des Menschen von dem gleichen Verfasser, 3. Aufl., 1928.

zuzuführen und nur der starke Arbeit Leistende sich bei seinem großen Kraftwechsel so im Eiweißgleichgewicht halten kann. Denn wenn auch die Nahrung eines Menschen ohne Muskeltätigkeit nicht absolut reicher an Eiweiß sein braucht, so muß sie doch relativ weit reicher an Eiweiß sein. Der Muskelarbeiter braucht also eine mehr voluminöse, derbere calorienreichere vegetabilische Kost, *der überwiegend geistig tätige Arbeiter — und dazu gehört heute der am Fließband tätige Industriearbeiter ebenso wie der Angestellte in den Büros und Kontoren*[1] *— benötigt dagegen eine feinere, eiweißhaltige, vorwiegend animalische Nahrung.*

Dazu kommt noch, daß *Fleisch einen besonders hohen Sättigungswert* hat. Von allen Nahrungsmitteln hält Fleisch nämlich am längsten vor und macht dadurch den Menschen unabhängig von häufiger Nahrungszufuhr. Das ist aber für den Großstädter, der ohne längere Pause den ganzen Tag durcharbeiten muß, von besonderer Bedeutung. Der Bauer und der Handwerker alten Schlages arbeiteten in der Nähe ihrer Wohnung und konnten daher öfters Mahlzeiten — in der Regel fünf am Tage — einnehmen. Der moderne Kaufmann, industrielle Arbeiter, Angestellte und Beamte dagegen wohnt weit entfernt von seiner Arbeitsstätte und muß lange regelmäßige Arbeitsstunden — 8, 9, 10 Stunden — einhalten, ohne dazwischen eine größere Mahlzeit einnehmen zu können. Er gebraucht daher, um dies durchführen zu können, einer Kost, die ihm solche langen Pausen im Essen ohne Schädigung seiner Gesundheit erlaubt. Das ist aber allein die tierische Nahrung. „Je länger durchgearbeitet wird," sagt KESTNER, „und je angestrengter jede Minute ausgenutzt werden muß, desto höher steigt das physiologische Bedürfnis nach tierischer Nahrung, und damit hängt der gesteigerte Fleischgenuß in den Städten und während der Industrialisierung des Lebens wesentlich zusammen." Diese Ergebnisse der physiologischen Forschung werden — wie wir später sehen werden — durch die Resultate der statistischen Erhebungen voll und ganz bestätigt.

Diese Ergebnisse dürften wohl die richtige Mitte halten zwischen einerseits den übertriebenen Forderungen nach einer möglichst großen Eiweißzufuhr, die noch bis vor kurzem erhoben wurden, andererseits den neuerlichen Ansichten, die überhaupt keinen Wert auf eine größere, insbesondere animalische Eiweißzufuhr legen. Dieser auf den dänischen Forscher HINDHEDE zurückgehenden Anschauung[2], daß außer Gemüse und Obst, Kartoffeln, grobes Brot und pflanzliche Fette (Margarine) eine durchaus ausreichende Ernährung darstellen, wird man nicht beistimmen können. Diese Anschauung scheint mir die Bedeutung stickstoffhaltiger Substanzen für den menschlichen Körper zu verkennen. Denn was geschieht, wenn

[1] Die Ersetzung der Muskelkraftleistung durch die Maschine hat zum wesentlichsten Teil zu dieser Änderung in der Ernährungsweise beigetragen. Denn die Bedienung der Maschine bedingt eine „aufpassende", d. h. überwiegend rein geistige Tätigkeit. Und die weit überwiegende Mehrzahl des deutschen Volkes ist heute entweder an der Maschine oder in Büros tätig.

[2] Vgl. HINDHEDE: Moderne Ernährung, I. Teil, Berlin—Leipzig und Wien; ferner R. CHITTENDEN: Ökonomie der Ernährung, deutsch von SUCHIER, 1926. — BERG, RAGNAR: Eiweißbedarf und Mineralstoff, 1931. — COLLUM, MC.: Neue Ernährungslehre, Berlin—Wien 1928. — BIRCHER-BENNER: Eine neue Ernährungslehre, 4. Aufl., Zürich und Leipzig 1928. Letzteres Werk enthält viel Beachtenswertes; der von dieser Seite aufgestellten Forderung nach reichlicheren Gemüse- und Obstgenuß ist gewiß zuzustimmen; deshalb darf aber nicht die Zufuhr animalischen Eiweißes eingeschränkt werden.

das *Stickstoffgleichgewicht* gestört wird ? — Die Schädigungen des deutschen Volkes durch die Hungerblockade im Kriege haben uns ein deutliches Bild davon gegeben, denn sie waren Folgen des Eiweißmangels. Bei Erwachsenen mangelnde Lust zur Arbeit, zur Betätigung und Bewegung überhaupt, verringerter Geschlechtstrieb, wachsende Widerstandsunfähigkeit gegen alle Krankheiten, bei Frauen Menstruationsstörungen und damit verbunden Unterleibserkrankungen, bei Kindern Zurückbleiben im Wachstum. Noch viel weniger wird man den „Rohköstlern" beipflichten können, die die durch Jahrhunderte, ja Jahrtausende sich bewährte und immer wieder verbesserte Zubereitung der Speisen durch Kochen, Braten und Backen verwerfen. Aus den oben angeführten Gründen ist — wenigstens *für den Städter —, gleich ob Industriearbeiter oder Büroangestellter eine gemischte Kost, die aber ihre starke Betonung auf die animalische Nahrung und Fleisch legt, unerläßlich.* Freilich darf darüber nicht übersehen werden, daß auch Gemüse, Salate und Obst in ausreichender Menge genossen werden müssen, insbesondere um die notwendige Vitaminzufuhr sicherzustellen.

Von den *Vitaminen*[1] kommt hier vor allem neben dem antineuritischen Vitamin B, das antirachitische Vitamin D und das antiskorbutische Vitamin C in Frage. Da Vitamin B in der Natur weit verbreitet ist, besonders auch in der Hefe (also in fast allem Gebäck) vorkommt, ist ein Mangel daran bei unserer gegenwärtigen Kost weniger zu befürchten. Die durch seinen Mangel hervorgerufene Nervenerkrankung Neuritis ist bei uns in Deutschland höchst selten. Sie tritt unter dem Namen „Beri-Beri" vielmehr bei den reisessenden Asiaten (wenn der Reis geschält genossen wird) auf.

Anders steht es mit den beiden anderen genannten Vitaminen. Vitamin D befindet sich besonders in den teueren animalischen Nahrungsmitteln wie Butter, fetter Milch (Rahm), Fleisch, Eiern, Fischen, Salat und frischem Gemüse. Aber gerade diese Nahrungsmittel finden sich nicht allzuoft auf dem Tisch der Armen und Unbemittelten. Margarine enthielt bisher kein Vitamin D. Neuerdings wird versucht, die Margarine mit Vitaminen anzureichern. Im Interesse der Volksernährung wäre diese sehr zu begrüßen. Wie weit es ohne erhebliche Kosten[2] möglich sein wird, entzieht sich vorläufig meiner Beurteilung. Eine noch größere Rolle als das Vitamin D spielt das antiskorbutische Vitamin C. Es findet sich in erster Linie in frischen Gemüsen, in Obst, besonders Apfelsinen und Zitronen, ferner in fetter Milch, vollfettem Käse und Butter. Ein Mangel an diesem Vitamin kann deshalb leicht eintreten, da es äußerst empfindlich ist und durch den Koch- und Backprozeß leicht ganz zerstört wird. Um einen Mangel daran und den damit verbundenen Krankheiten — Skorbut und Barlowsche Krankheit — vorzubeugen, ist daher reichlicher Genuß von ungekochtem Obst und frischen Gemüsen notwendig. Aber Obst und frisches Gemüse gelten heute immer noch in minder-

---

[1] Die große Bedeutung der Vitamine ist kürzlich von PFANNENSTIEL, Marburg in einem Vortrag in Bad Hersfeld betont worden. Vgl. Med.Welt, 1933, Nr. 27. Vgl. auch W. KOLLATH: Theoretische und praktische Folgerungen aus der modernen Vitaminforschung. Med. Welt, 1933, Nr. 43. Ferner A. SCHEUNERT: Der Vitamingehalt der deutschen Nahrungsmittel, I. Teil, Berlin 1929, II. Teil, Berlin 1930. — FUNK, C.: Die Vitamine, 3. Aufl., 1924. — BERG, RAGNAR: Die Vitamine, 2. Aufl. 1927. — GELEN, WOLTHER: Vitamine und Vitaminpräparate, Ztschr. f. Ernährung, 1932, Heft 4.

[2] Margarine ist in der letzten Zeit stark im Preis gestiegen. Auf das Margarineproblem wird später eingegangen.

bemittelten Kreisen vielfach als „Luxus“. Sie waren auch bis vor kurzem in Deutschland recht teuer, erst im letzten Jahr sind sie im Preise zurückgegangen. Im Interesse der Volksgesundheit ist daher der Genuß von Obst und frischen Gemüsen auch in geringbemittelten Schichten zu fördern.

So wird man abschließend sagen können, daß *vom ernährungsphysiologischen Standpunkt* aus *eine gemischte Kost* zu fordern ist, eine Kost, die aber *für städtische Familien animalisches Eiweiß* in nicht geringer Menge enthalten muß. Wenn auch die alte Forderung von 100g Eiweiß pro Tag und Vollperson übertrieben sein mag, *so wird man doch 80g für überwiegend geistig tätige Personen* (*wozu wie gesagt auch der moderne Industriearbeiter gehört*) *fordern müssen, von denen wenigstens die Hälfte animalischen Ursprungs sein muß.* Über den notwendigen Fett- und Kohlehydratbedarf werden sich zahlenmäßige Angaben schwerlich machen lassen, um so weniger als sich nach den Untersuchungen von RUBNER Fett und Kohlehydrate nach ihrem Energiewerte gegenseitig vertreten können. Man wird aber mit ziemlicher Sicherheit feststellen können, daß *überwiegend geistig tätige Menschen einen höheren Fett- und einen geringeren Kohlehydratbedarf haben werden,* schon deshalb, weil sie sich körperlich nicht genügend „ausarbeiten“ können, wenigstens nicht in dem Maße wie der körperliche Arbeit leistende Mensch. Und der sonntägliche Sport ist doch nur ein recht kümmerlicher Ersatz. Der Fettbedarf wird weiterhin wesentlich von den klimatischen Verhältnissen abhängen. Es ist wohl zweifellos, daß der an der „Wasserkante“ lebende Schleswig-Holsteiner und Hamburger einen höheren Fettbedarf hat als der Süddeutsche. 60g pro Tag wird ein Mindestmaß sein, das nur erträglich ist, wenn viel Kohlehydrate (500g u. m.) aufgenommen werden. Bei einer geringeren Kohlehydratzufuhr, wie sie der Städter hat, dürften 80g Fett erforderlich sein. Der *Caloriengehalt* der Nahrung richtet sich, wie schon gesagt, wesentlich nach der körperlichen Arbeit. Die von RUBNER aufgestellten vier Kategorien: leichte Arbeit 2631, mittlere Arbeit 3121, schwere Arbeit 3654, Schwerstarbeit (Bergarbeit) 5231 dürften im allgemeinen zutreffen. Für den städtischen Industriearbeiter wie für den Angestellten und Beamten, die außer ihrer Arbeit täglich mehr oder weniger lange Wege zur und von der Arbeitsstätte zurückzulegen haben, wird etwa „mittlere Arbeit“ anzusehen sein. *Ihre Calorienzahl wird unter 3000 nicht sinken dürfen.*

III. Gesamtüberblick über die Lebenshaltung des deutschen Volkes in den letzten 30 Jahren.

1. Die Vorkriegszeit.

Als Grundlage eines kurzen Gesamtüberblicks über die Lebenshaltung des deutschen Volkes in der Vorkriegszeit sollen in erster Linie die beiden großen Untersuchungen, und zwar die des *Kaiserlich Statistischen Amts* über 852 Haushalte des Jahres 1907 und des *Metallarbeiterverbandes* über 320 Haushalte im Jahre 1908 dienen[1]. Auf Einzelheiten, insbesondere die Ernährungslage, soll hierbei nicht eingegangen werden. Die Ernährungslage wird in den nächsten Kapiteln eingehend behandelt werden.

[1] Über die Methode der Erhebung siehe die gen. Schriften.

Von den vom Kaiserlich Statistischen Amt erhobenen Haushalten waren weitaus die meisten, nämlich 522, Arbeiterfamilien, der Rest Beamte und Lehrer. Bei der Bearbeitung sind meist sämtliche Haushaltungen zusammengenommen worden und nach Wohlhabenheit wie Kopfstärke der Familien geschieden. Im Durchschnitt kam auf eine Familie ein Einkommen von rd. 2200 Mark; in den Arbeiterfamilien stellte es sich auf rd. 1840 Mark, in den Beamtenhaushalten auf 3180 Mark. In der Hauptsache lieferte der Arbeitsverdienst des Mannes das Einkommen; nur 2,7% des Einkommens lieferte eine Beschäftigung der Ehefrau und 1,7% eine Beschäftigung der Kinder. Einen größeren Anteil am Einkommen — rd. 10% — hatten aber sonstige Einnahmequellen wie Untervermietung, Vertrieb von Waren usw. Unterschieden nach der Kopfstärke der Familien tritt freilich der Anteil des Arbeitsverdienstes des Mannes zurück und der Beitrag der Kinder nimmt zu. So beträgt letzterer in Familien mit 10 Personen rd. 11%. Nach der Erhebung des Metallarbeiterverbandes entfiel im Durchschnitt auf eine Haushaltung ein Einkommen von rd. 1850 Mark. Auch hier lieferte der Arbeitsverdienst des Mannes den weitaus größten Anteil. Der Betrag, der von Familienangehörigen zugesteuert wurde, schwankte zwischen 2,6% und 20%.

In welcher Weise wurde das Einkommen verwendet? — Der verhältnismäßig erheblichste Teil, nämlich 45,5% wurde — nach der Untersuchung des Kaiserlich Statistischen Amts — für die Ernährung ausgegeben, es folgten sodann die Ausgaben für die Wohnung (Miete und Instandhaltung der Wohnung) mit rd. 18%, Bekleidung und Wäsche mit 12,6%, Heizung und Beleuchtung mit 4%. Die übrigen Ausgaben verteilten sich auf geistige und gesellige Bedürfnisse (fast 4%), Versicherungsbeiträge (3,4%), Gesundheits- und Körperpflege (2,3%), Steuern (1,5%), Unterricht (1,4%), Verkehrsmittel (1,3%). Auch kleine Ersparnisse konnten gemacht werden, die sich auf etwas über 1% des Einkommens beliefen. Bei den 320 Metallarbeiterfamilien war der Anteil des Einkommens, der für die Ernährung aufgewendet werden mußte, mit rd. 53% etwas größer. Die Wohnung beanspruchte aber nur 14,5%, Heizung und Beleuchtung 4%, Bekleidung und Wäsche 13%, für Versicherungsbeiträge und Vereinsbeiträge wurden 6%, für Bildung und Unterricht rd. 2% ausgegeben. Auch die übrigen Erhebungen, die um diese Zeit durchgeführt worden sind, zeigen eine ähnliche prozentuale Verteilung der Ausgaben: So die „908 Berliner minderbemittelten Haushalte von 1903“: Ernährung 50%, Wohnung 18,7%, Bekleidung 11,4%, Kulturbedürfnisse 22%. *Zusammengefaßt* ergibt sich also das Bild einer *durchaus geordneten Lebensweise*, bei der *trotz nur bescheidenem Einkommen auch auf die Teilnahme an den Gütern der Kultur nicht verzichtet wurde.* Freilich waren es nur kleinere Beträge, die für die kulturellen Bedürfnisse wie Zeitung, Bücher, einmal ein Konzert und Theater aufgewendet werden konnten. Aber das Vorhandensein dieser Ausgaben zeigt doch das rege Interesse, das schon vor dem Kriege auch in minderbemittelten Schichten für geistige Weiterbildung herrschte.

Einen etwas tieferen Einblick in die Lebenshaltung minderbemittelter Familien in der Vorkriegszeit gewährt eine *Unterscheidung nach dem Grade der Wohlhabenheit.* Da zeigen sich nun gewisse *Gesetzmäßigkeiten*, auf die bereits die ersten Forscher auf diesem Gebiet, nämlich der langjährige Leiter des Preußischen Statistischen Büros, Ernst Engel, und der erste Direktor des Statistischen Amts der Stadt Berlin, G. Schwabe, hingewiesen haben. Engel stellte nämlich bereits 1895 fest, daß, je kleiner das Einkommen, desto größer der Anteil ist, den die Ausgaben für den physiologisch notwendigen Bedarf, insbesondere für die Ernährung beanspruchen (*Engelsches Gesetz*). Schwabe ergänzte dieses Gesetz hinsichtlich der Ausgaben für die Wohnungsmiete, indem er feststellte, daß, je kleiner das Einkommen ein desto größerer Teil für Miete aufgewendet werden müsse

(*Schwabesches Gesetz*). Diese Gesetzmäßigkeiten sind bisher durch sämtliche Untersuchungen bestätigt worden; insbesondere das sog. „Engelsche Gesetz“. So stiegen nach der Untersuchung des Statistischen Reichsamts dem absoluten Betrage nach die Ausgaben für die Ernährung mit zunehmendem Wohlstand immer mehr an, d. h. die Ernährung wurde besser und reichhaltiger. Dem Anteil nach aber zeigte sich mit steigendem Einkommen ein Absinken der für die Ernährung aufgewendeten Quoten. Denn bei den rd. 200 Familien der untersten Einkommensstufe betrug der Anteil der Ausgaben für Nahrungsmittel rd. 54%, dagegen bei den rd. 150 Familien der höchsten Einkommensstufe nur 36%. Auch die 320 Haushalte der Metallarbeiter zeigen die gleiche Gesetzmäßigkeit. Absolut ein Ansteigen, prozentual ein Absinken der Ausgaben für die Ernährung. Da aber hier die Einkommensunterschiede nicht so groß sind, sind die Schwankungen auch nicht so stark: die Anteilsätze bewegen sich hier zwischen 56 und 51%.

Der Anteil des Einkommens, der für die Ernährung aufgewendet wird, erlaubt somit Schlüsse auf den Wohlstand einer Bevölkerungsschicht zu ziehen. Je ärmer die Bevölkerung ist, einen desto größeren Anteil ihres Einkommens muß sie für die Ernährung ausgeben, während ein nur geringer Ausgabenanteil für Nahrungsmittel auf eine materiell gehobene Bevölkerungsschicht schließen läßt.

Eine auf den ersten Blick nicht so vollständige Bestätigung findet das SCHWABE*sche Gesetz*. Nach den Untersuchungen des Kaiserlich Statistischen Amts erhöht sich sogar der Anteil, der für Miete ausgegeben werden mußte, mit steigendem Einkommen, wenn auch nur in ganz geringem Maße, nämlich von 17,7 auf 18,5%. Dies ist aber nicht darauf zurückzuführen, daß überhaupt keine Gesetzmäßigkeit zwischen Miete und Einkommen besteht, sondern beruht darin, daß das *Schwabe*sche Gesetz durch ein anderes Gesetz gekreuzt wird, das ebenfalls das Verhältnis zwischen Miete und Einkommen zum Gegenstand hat. Denn für den Wohnungsaufwand ist nicht wie für den Ernährungsaufwand in erster Linie nur das Einkommen maßgebend, sondern auch die soziale, gesellschaftliche Stellung. Von gewissen sozialen Kreisen (z. B. Ärzten, Beamten, Kaufleuten) wird ein bestimmter Wohnungsaufwand erwartet und muß gemacht werden, allein ihrer sozialen Stellung wegen, unbekümmert um die Höhe der Einnahmen. In Arbeiterkreisen richten sich dagegen die Ausgaben für Miete lediglich nach dem Einkommen. Infolgedessen finden wir häufig in Arbeiterkreisen bei kleinem Einkommen eine sehr geringe Mietquote, dagegen in Beamten- und Kaufmannskreisen bei vielleicht nur einem etwas größerem Einkommen einen sehr hohen Prozentsatz an Wohnungsmiete. Berücksichtigt man jedoch diese Einschränkung, so ergibt sich die *Richtigkeit des Schwabeschen Gesetzes*. Untersucht man Haushalte, die demselben sozialen Kreise angehören, so zeigt sich in der Tat, daß, je niedriger das Einkommen ist, desto höher die Quote wird, die für die Wohnung auszugeben ist. Das ergibt sich aus der Erhebung des Kaiserlich Statistischen Amts. Denn trennt man Arbeiter- und Beamtenhaushalte, so zeigt sich bei den Arbeiterhaushalten ein Absinken des Mieteanteils von 19,8% in der untersten Einkommenstufe auf nur 13,9% in der höchsten Stufe und bei den Beamtenhaushalten von 20,5% auf nur 14,9%.

Auch in den Ausgaben für die *übrigen Lebensbedürfnisse* haben bereits die Vorkriegserhebungen gewisse Gesetzmäßigkeiten erkennen lassen. So zeigen die Ausgaben für Heizung und Beleuchtung mit zunehmender materieller Besserstellung eine recht erhebliche Steigerung, prozentual dagegen eine wenn auch nur geringe Ermäßigung. Die Ausgaben für Bekleidung und Wäsche haben dagegen die Tendenz sowohl dem absoluten Betrage nach wie auch anteilsmäßig mit wachsendem Wohlstand anzusteigen. In noch schärferem Maße offenbart sich diese Tendenz bei den Ausgaben für sämtliche Kulturbedürfnisse, ganz besonders auch für geistige und gesellige Unterhaltung, Lektüre, Konzerte, Theater. So erhöhen sich nach den Untersuchungen des Kaiserlich Statistischen Amts die sog. „sonstigen Ausgaben“ von 10 bis 14% in den beiden untersten Einkommenstufen auf über 30% in den beiden höchsten Stufen, darunter die für „geistige und gesellige Bedürfnisse“ von 2,8 auf 4,7%. Nach der „Metallarbeitererhebung" zeigen die Ausgaben für „Bildung und Unterricht" eine Steigerung von 1,7% in der niedrigsten Einkommenstufe auf 2,5% in der höchsten.

Abschließend wird man auf Grund dieser Erhebungen *folgendes Bild von der Lebenshaltung der großen Masse unseres Volkes im letzten Jahrzehnt vor dem Weltkrieg* entwerfen können: Wenn auch ein verhältnismäßig großer Teil (45—50%) für Nahrungs- und Genußmittel ausgegeben wurde, da auf eine kräftige Ernährung Wert gelegt wird, so bleiben doch für die Befriedigung der übrigen Lebensbedürfnisse noch genügend Mittel zur Verfügung, um ein Leben zu führen, wie es einem hochstehenden Kulturvolk zukommt. Dabei ist ein starkes Bildungsstreben nicht zu verkennen. Sobald es die Mittel nur irgend zulassen, wird versucht, mehr für geistige und gesellige Unterhaltung, Lektüre, Theater und Konzerte auszugeben, ja die Ausgaben dafür steigen sogar stärker als der Zunahme des Wohlstandes entsprechen würde. Auch auf die Ausstattung der Wohnung sowie auf die Verbesserung der Bekleidung wird mit steigendem Einkommen immer mehr und immer größere Sorgfalt gelegt. Kurz, das Bild eines Volkes, das auch in seinen breiteren minderbemittelten Schichten bestrebt ist, soviel wie nur irgend möglich an den Gütern der Kultur teilzunehmen.

2. Die Kriegszeit.

Über die Lebenshaltung[1] während des Krieges unterrichten die Untersuchungen des *Kriegsausschusses für Konsumenteninteressen*. Die Erhebungen fanden statt im April 1916 und erstreckten sich über 858 Familien, im Juli 1916 über 146 Familien, im April 1917 über 342 Familien und im April 1918 über 249 Familien[2]. Die Erhebungen waren also umfangreich genug, um uns ein einwandfreies Bild von der Lebenshaltung städtischer Familien im Kriege zu geben. Die bereits im zweiten Kriegsjahr einsetzende Teuerung der Lebensmittel in Verbindung mit ihrer schwierigen Erlangung führte zunächst zu einer Erhöhung des Ausgabenanteils dieser. Statt wie bisher 30—50% wurden im Kriege etwa 50—60% der Gesamtausgaben, z.T. noch eine höhere Quote auf die Ernährung verwendet. Und hier ergab sich die bemerkenswerte Tatsache, daß der Abstand in den anteiligen Aufwendungen für die Ernährung im Frieden und im Kriege sich mit zunehmender Wohlhabenheitsstufe vergrößerte. Denn nach der Friedensuntersuchung des Kaiserlich Statistischen Amts wurden in der untersten Einkommensstufe 52%, in der höchsten Einkommensstufe 36% der Gesamtausgaben für die Ernährung aufgewendet; nach den Untersuchungen des Kriegsausschusses war dagegen die Spannung in den Ernährungsausgaben zwischen bemittelt und weniger bemittelt weit geringer; hier betrug die Ausgabenquote in der untersten Stufe 59%, in der höchsten 50%.

Der Krieg hat somit nicht allein den Anteil der Ausgaben, der für die Ernährung aufgewendet werden mußte, erheblich vergrößert, er hat auch sehr wesentlich die Tendenz, mit zunehmender Wohlhabenheit den Anteil der Ausgaben für die physiologisch notwendigen Bedürfnisse zugunsten der Ausgaben für Kulturbedürfnisse zu verringern — jenes erfreuliche Zeichen des Kulturfortschritts — abgeschwächt. Die im Frieden beobachtete starke Erhöhung dieser Ausgaben mit zunehmendem Wohlstand war im Kriege kaum merklich angedeutet. Denn nach der Friedenserhebung stellte sich der Ausgabenanteil für Kulturbedürf-

[1] Die Ernährung in der Kriegszeit wird später behandelt.
[2] Vgl. Reichsarbeitsblatt 1917, sowie Sonderhefte 17 und 21 des Reichsarbeitsblattes.

nisse in der untersten Einkommenstufe auf 8,2%, in der höchsten auf 13,4%; nach der Erhebung von 1917 dagegen betrugen die diesbezüglichen Quoten 7,5 und 9,3%. Der Krieg hat zu einer beträchtlichen Vergrößerung des Anteils der Ausgaben für die physiologisch notwendigen Bedürfnisse auf Kosten des Anteils der Ausgaben für Kulturbedürfnisse, und zwar ganz besonders bei den etwas besser gestellten Schichten, dem Mittelstand geführt.

3. Die Nachkriegszeit.

Über die Lebenshaltung in der Nachkriegszeit (auf die Ernährungslage wird später eingegangen werden) unterrichten uns eine Anzahl Untersuchungen aus den Jahren 1923—1929, besonders eingehend über die Zeit von 1926—1928. Schon 1923 hat als erstes Amt das *Hamburgische Statistische Landesamt* angefangen, Erhebungen über die Lebenshaltung durchzuführen. Freilich blieb die erste Erhebung, die 86 Familien umfaßte, infolge der fortschreitenden Inflation ein Torso: nur der Januar 1923 ist bearbeitet. 1924 wurde die Arbeit neu aufgenommen, freilich erst mit nur 22 Familien; 1925 war aber die Zahl der Familien auf 80 gestiegen und 1926 und 1927 beteiligten sich je 300 Familien. Dem Beruf des Haushaltungsvorstandes nach waren von den 300 Familien 146 Arbeiter, 108 beamtete Personen (102 Lehrer und 6 Beamte), 24 kaufmännische und 22 sonstige Angestellte. Aus dem Jahre 1926 liegen außerdem zwei weitere Untersuchungen vor; nämlich 290 Haushalte von Handlungsgehilfen, die vom „*Deutschnationalen Handlungsgehilfenverband*" (DHV) bearbeitet sind, und 43 Angestelltenfamilien des „*Allgemeinen freien Angestelltenbundes*" (Afabundes). Über das Jahr 1929 erstreckt sich die Erhebung des *Einheitsverbandes der Eisenbahner*. Die Hauptquelle bildet aber die *große Untersuchung des Statistischen Reichsamts* über rd. 2000 Haushalte aus dem Jahre 1927/28[1].

Beginnen wir mit 1923. Soweit die nur über einen Monat (Januar 1923) sich erstreckenden Aufzeichnungen erkennen lassen, war die Ausgabenquote für Ernährung außerordentlich hoch; sie stellte sich auf 66,5%; also rd. dreiviertel der Einnahmen mußten für die Beschaffung der Nahrung ausgegeben werden. Seine Erklärung findet dieser hohe Anteilssatz darin, daß in der Inflation die Nahrungsmittel verhältnismäßig teuer waren, da diese Preise am schnellsten der Geldentwertung folgten. Dagegen betrug der Ausgabenprozentsatz für Miete nur einen halben Prozent. Verhältnismäßig hoch war wieder der Anteilsatz, der für Bekleidung und Wäsche ausgegeben werden mußte: 10,2%, und ebenfalls der für Steuern 5,4%. Sehr minimal wiederum der Satz für geistige und gesellige Bedürfnisse, Erholung usw., nur etwas über ein Prozent.

Die *nach der Stabilisierung unserer Währung* in den Jahren 1924 und 1925 wieder aufgenommenen Untersuchungen zeigen schon etwas normalere Verhältnisse. Der Anteilsatz für Ernährung stellte sich bei den 22 Familien des Jahres 1924 im ersten Vierteljahr dieses Jahres auf 53,5%, im zweiten Vierteljahr auf 51,9%; im Jahre 1925 betrug dieser Anteilsatz 45,3% und war damit auf den Vorkriegsstand zurückgegangen. Besonders beachtenswert ist aber hierbei, daß trotz Sinkens des Anteilsatzes dem absoluten Betrage nach die Ausgaben für die Ernährung recht erheblich gestiegen sind, nämlich von rd. 236 RM pro Haushalt im ersten Vierteljahr 1924 auf über 350 RM im zweiten Vierteljahr 1925. Nur gering mit 5% im Jahre 1924 und rd. 8% 1925 ist aber immer noch die Ausgabenquote für Miete. Bemerkenswert ist die erhebliche Steigerung, die die Ausgaben für Bekleidung und Wäsche von 1924 auf 1925 erfahren: sie sind dem absoluten Betrage nach von rd. 40 RM im Durchschnitt eines Haushalt im ersten Vierteljahr 1924 auf über 100 RM im Durchschnitt des zweiten Vierteljahrs 1925 gestiegen; dem Anteil nach ergibt sich eine Erhöhung von 9,4 auf 13,3%. Auch die Ausgaben für geistige und gesellige Bedürfnisse ferner für Verkehrsmittel (Fahrgeld)

---

[1] Veröffentlicht in Nr. 22 der „Einzelwirtschaften zur Statistik des Deutschen Reiches", dort ist auch die Erhebungsmethode, auf die hier nicht eingegangen werden kann, beschrieben.

zeigen, namentlich dem absoluten Betrage nach, eine recht bedeutende Erhöhung, nämlich von rd. 32 RM im ersten Vierteljahr auf rd. 65 RM im zweiten Vierteljahr 1925; anteilsmäßig ergibt sich aber nur eine geringfügige Steigerung von rd. 5% auf rd. 7%. Dagegen ist die steuerliche Belastung in dieser Zeit, absolut wie anteilsmäßig sehr stark gestiegen, nämlich von rd. 15 RM oder 3,5% auf 36 RM oder 4,6%. Auch bedeutend mehr Ersparnisse konnten in dieser Zeit zurückgelegt werden: Während 1924 noch so gut wie gar nichts gespart wurde, belief sich der Durchschnittsbetrag im Jahre 1925 auf fast 20 RM. Zusammengefaßt zeigen die Untersuchungen der Jahre 1924 und 1925 wie mit dem nach Überwindung der Deflationskrise steigenden Einkommen die Lebenshaltung besser wird, der Anteil der Ausgaben für die physiologisch notwendigen Bedürfnisse sinkt, es werden mehr Aufwendungen zur Befriedigung der Kulturbedürfnisse gemacht, und das Leben wird überhaupt mehr dem Vorkriegsstande angeglichen.

Im Jahre 1926 wurden die Untersuchungen des Hamburgischen Statistischen Landesamts auf eine breitere Grundlage gestellt. 300 Haushaltungen sind in diese Erhebung einbezogen und jetzt erfolgte auch eine *Unterscheidung nach Einkommenstufen und Berufsgruppen* (Arbeiter, Beamte und Lehrer, Angestellte)[1]. Das Bild, das diese Erhebung entwirft, *ähnelt schon mehr dem, welches die Vorkriegserhebungen zeigten.*

Zwar mußte 1926 für die Ernährung weit mehr aufgewendet werden wie 1907: rd. 1500 RM gegenüber nur rd. 1000 Mark. Der Anteilsatz ist aber niedriger: 36,2 gegen 45%. Aber aus diesem niedrigen Anteilsatz nach der Erhebung von 1926 darf nicht auf günstigere Lebensbedingungen gegenüber der Vorkriegszeit geschlossen werden. Es ist zu beachten, daß der untersuchte Personenkreis 1926 ein anderer war als 1907: Damals in der Hauptsache, weit überwiegend Arbeiter, 1926 nur zur Hälfte Arbeiter, zur anderen Hälfte Beamte und Angestellte. Die Arbeiter allein zeigen auch 1926 einen Anteilsatz für Ernährung von 45% wie 1907. Wie in der Vorkriegszeit zeigt sich auch nach der Erhebung von 1926 mit steigendem Einkommen ein Sinken des Anteilsatzes, der für die Ernährung aufgewendet werden muß: er stellt sich in der untersten Wohlhabenheitsstufe auf 46,5%, in der höchsten auf nur 27,6%. Unterschieden nach Berufsgruppen beträgt er bei den Arbeitern 45%, bei den Beamten und Lehrern 32%. Entsprechen diese Sätze ungefähr den Verhältnissen der Vorkriegszeit, so zeigen sich doch *in den Aufwendungen für die anderen Lebensbedürfnisse erhebliche Unterschiede gegen früher.* So liegen die Ausgaben für die Wohnung absolut wie besonders anteilsmäßig weit unter der Vorkriegszeit; damals mußten etwa 17—20% dafür aufgewendet werden, 1926 nur 10—12%. Die Ausgaben für Bekleidung und Wäsche waren dagegen dem absoluten Betrage nach 1926 weit höher: sie stellten sich im Durchschnitt auf fast 410 RM, bei den Arbeitern allein auf 330 RM, 1907 aber nur auf 285 Mark. Anteilsmäßig aber waren sie nach beiden Erhebungen etwa gleich groß, rd. 12%. Die Ausgaben für geistige und gesellige Bedürfnisse waren ebenfalls dem absoluten Betrage 1926 weit höher als 1907: im Durchschnitt rd. 200 RM gegen 88 Mark, anteilsmäßig aber nur unwesentlich höher: 4,8% gegen 4,2%. Bemerkenswert ist dabei, daß sich auch in der Nachkriegserhebung keine so starke Steigerung dieser Ausgaben mit zunehmendem Einkommen zeigt als 1907. Denn während sich 1907 von der untersten zur höchsten Einkommenstufe eine Steigerung um ungefähr das Siebenfache zeigt, beträgt diese 1926 noch nicht das Vierfache: oder anteilsmäßig ausgedrückt stieg 1907 dieser Prozentsatz von 2,8 auf 4,9%, 1926 aber nur von 4,5 auf 5,1%. Sehr stark sind gegenüber der Vorkriegszeit sodann die Ausgaben für Verkehrsmittel (Fahrgeld) gestiegen, absolut wie anteilsmäßig: 1907 rd. 40 Mark oder 1,5%, 1906: rd. 120 RM oder 2,9%. Erst recht ist natürlich die Steuerlast gestiegen von ebenfalls rd. 40 Mark oder 1,5% im Jahre 1907 auf fast 190 RM oder 4,5% im Jahre 1926.

Vergleicht man diese drei Nachkriegserhebungen 1924, 1925 und 1926 und stellt ihnen die Vorkriegserhebung gegenüber, so sieht man deutlich, wie die Bevölkerung bestrebt ist, eine Lebenshaltung wie in der Vorkriegszeit anzunehmen. Aber die Verschiebungen in der Preisrelation verhindern dies zum Teil. Denn die Preis-

---

[1] 146 Arbeiterhaushaltungen, 108 Lehrer- und Beamtenhaushaltungen und 46 Angestelltenhaushaltungen.

steigerungen für die einzelnen Lebensbedürfnisse waren in der Nachkriegszeit recht verschieden. So sind die Mieten verhältnismäßig wenig, wesentlich mehr schon die Lebensmittel, noch etwas stärker die Bekleidungsgegenstände, am meisten einige der Kulturbedürfnisse und vor allem die Verkehrsmittel im Preise gestiegen. Diesen Verschiebungen in den Preisverhältnissen mußte die Bevölkerung Rechnung tragen, und sie tat dies nur z.T. durch entsprechende Mehrausgaben, zum anderen Teil aber durch Einsparungen und Reduzierung der Ausgaben für die besonders stark gestiegenen Gegenstände. So erklärt sich z.B. der unverändert gebliebene Anteilsatz für Bekleidung trotz erheblich größerem Mehraufwand, so erklärt sich auch die geringere Steigerung der Kulturausgaben mit wachsendem Wohlstand; es wurde hier also auch in den bessergestellten Kreisen gespart, wo es nur möglich war. Andererseits ist die Verbesserung der Lebenshaltung von 1924 auf 1926 nicht zu verkennen: Die Ausgaben für die Ernährung steigen dem absoluten Betrage nach stark, dem Anteil nach aber sinken sie erheblich. Die Aufwendungen für Bekleidung und Wäsche zeigen eine ähnliche Tendenz. Ganz besonders aber erhöhen sich die Kulturausgaben, nicht nur dem absoluten Betrage nach, sondern auch anteilsmäßig.

Ein besonders eingehender Vergleich der Lebenshaltung nach der Erhebung des Jahres 1926 und der Vorkriegszeit auf Grund der Erhebung von 1907 ist vom Hamburgischen Statistischen Landesamt durchgeführt worden. Zu diesem Zweck verglich das Amt die Lebensweise der 146 Arbeiter-, 102 Lehrer- und Beamten- und 46 Angestelltenfamilien des Jahres 1926 mit den Hamburger Familien, die im Jahre 1907 für die Zwecke der großen Untersuchung des Kaiserlich Statistischen Amts vom Hamburgischen Statistischen Landesamt erhoben sind, und zwar waren dies 194 Arbeiterhaushaltungen, 22 Lehrerhaushaltungen und 30 Angestelltenhaushaltungen. Das Ergebnis des Vergleichs, das in recht exakter Weise durchgeführt ist und in der nachstehenden Tab.1 dargestellt, ist recht lehrreich. Es zeigt sich nämlich, daß in der Nachkriegszeit gegenüber der Vorkriegszeit nächst den Steuern und Sozialabgaben die Ausgaben kulturellen Charakters weitaus am meisten gestiegen sind, dagegen die Ausgaben für die Ernährung, die Wohnung (Miete, Mobiliar) sowie auch die Bekleidung, dahinter zurückgeblieben sind. Während für die Ernährung nur 31—34% mehr aufgewendet wurde, erhöhten sich gegenüber 1907 die Aufwendungen für Gesundheits- und Körperpflege bei den Arbeitern um 92,4%, bei den Angestellten um 86,3% und bei den Lehrern um 57,6%. Die Ausgaben für geistige und gesellige Bedürfnisse sind um 75% bei den Lehrern, bis 85% bei den Arbeitern gestiegen. Das Fahrgeld hat sich bei den Arbeitern um rd. 100%, bei den Angestellten um 117% erhöht. Insgesamt ist eine Steigerung der Ausgaben für die „sonstigen Lebensbedürfnisse kulturellen Charakters" um 60—90% eingetreten.

Diese unterschiedliche Steigerung der Ausgaben für die drei großen Bedürfnisgruppen ist recht auffallend. Sie erklärt sich nicht allein durch die größere Steigerung der Preise für die kulturellen Lebensbedürfnisse — denn die Lebensmittel sind sehr erheblich und z.T. nicht viel geringer als die Kulturbedürfnisse im Preise gestiegen —, sondern ist zu einem wesentlichen Teil darauf zurückzuführen, daß *an der Ernährung und auch an der Bekleidung gespart wurde, um an den Gütern der Kultur teilnehmen zu können.* Die Befriedigung der physiologisch notwendigen Lebensbedürfnisse ist also durch Bedarfseinschränkung und Bedarfsverschiebung

Tabelle 1. Die Ausgaben für sämtliche Lebensbedürfnisse.
Vergleich zwischen 1926 und 1907.

Lebensbedürfnisse	Durchschnittliche Ausgabe einer Haushaltung der Arbeiter in den Jahren 1926 146 Haushaltungen RM	Arbeiter 1907 194 Haushaltungen M	Arbeiter im Jahre 1926 gegen das Jahr 1907 %	Angestellten in den Jahren 1926 46 Haushaltungen RM	Angestellten 1907 30 Haushaltungen M	Angestellten im Jahre 1926 gegen das Jahr 1907 %	Lehrer in den Jahren 1926 102 Haushaltungen RM	Lehrer 1907 22 Haushaltungen M	Lehrer im Jahre 1926 gegen das Jahr 1907 %
Physiologisch notwendige Lebensbedürfnisse	2301,40	1745,38	+ 31,86	2658,62	2058,28	+ 29,17	3544,79	2824,63	+ 25,50
Davon:									
Nahrungsmittel	1409,29	1052,87	+ 33,85	1427,06	1083,81	+ 31,67	1707,57	1302,26	+ 31,12
Miete, Mobilar	431,79	384,83	+ 12,20	585,00	517,65	+ 13,01	825,90	786,97	+ 4,95
Bekleidung, Wäsche, Instandhaltung von Bekleidung und Wäsche	331,07	227,68	+ 45,40	470,21	355,80	+ 32,16	769,89	592,88	+ 29,86
Pflichtausgaben	301,80	72,67	+315,30	418,88	122,39	+242,25	423,71	170,59	+148,38
Davon:									
Steuern	99,39	13,36	+643,94	163,35	32,41	+404,01	323,56	59,84	+440,71
Soziale Abgaben	202,41	59,31	+241,27	255,53	89,98	+183,99	100,15	110,75	— 9,58
Sonstige Lebensbedürfnisse kulturellen Charakters	534,73	275,02	+ 94,43	886,49	555,04	+ 59,72	1827,63	1073,87	+ 70,19
Davon:									
Gesundheits- und Körperpflege	53,99	28,06	+ 92,41	121,89	65,43	+ 86,29	373,29	236,82	+ 57,63
Schule, Bücher, Vergnügen, Bildung	168,47	101,19	+ 66,49	225,59	129,58	+ 74,09	362,72	308,71	+ 17,50
Fahrgeld	82,47	40,84	+101,93	138,45	63,61	+117,65	167,83	129,79	+ 29,31

eingeengt, während der Kulturstandard unter allen Umständen aufrecht erhalten werden sollte. Nur dadurch wird die weit größere Steigerung der Ausgaben für die „sonstigen Lebensbedürfnisse“ gegenüber den physiologisch notwendigen Lebensbedürfnissen erklärlich.

Als Unterlagen für die Beurteilung der Lebenshaltung in den Jahren 1927 und 1928 sollen in erster Linie *die großen Erhebungen des Statistischen Reichsamts* dienen[1]. Diese umfassen fast 2000 Haushalte, und zwar 896 Arbeiterfamilien, 546 Angestelltenfamilien und 498 Beamtenfamilien. Das durchschnittliche Einkommen pro Haushalt beträgt bei ersteren 3325 RM, bei den Angestellten 4712 RM und in den Beamtenfamilien 5349 RM. Teilt man die Gesamtausgaben wieder in die drei Gruppen: 1. physiologisch notwendige Ausgaben, wozu außer den Ernährungsausgaben auch die für Wohnung, Heizung, Beleuchtung und Bekleidung (einschl. Wäsche) gezählt werden sollen; 2. die Pflichtausgaben (Steuern, Versicherungs- und Verbandsbeitrag); und 3. Kulturausgaben, wozu sämtliche übrigen Verbrauchsausgaben gerechnet werden sollen, so stellen sich die Anteilssätze im Durchschnitt der *Arbeiterhaushalte* — die uns hier zunächst in erster Linie interessieren sollen — auf 75,5, 12,8 und 9,3%, der Rest entfällt auf Ersparnisse und Schuldentilgung. Von den physiologisch notwendigen Ausgaben entfällt der größte Teil auf den Ernährungsbedarf, nämlich 45,3% der Gesamtausgaben. Die Schwankungssätze von der niedrigsten zur höchsten Einkommenstufe sind nur gering: 47,9 und 41,5%. Auf die Wohnungsmiete entfällt ein Durchschnitt von 10%, der in der höchsten Einkommensstufe sich auf 8% senkte. Für Bekleidung und Wäsche ist im Durchschnitt 12,7%, in der höchsten Einkommenstufe 14,6% aufgewendet.

Die physiologisch notwendigen sowie die Pflichtausgaben wird man als „*starre*" *Ausgaben* den „*elastischen*" *Ausgaben*, d.h. den Aufwendungen für Kulturbedürfnisse und den Ersparnissen gegenüberstellen können. Denn mit der Verringerung des Einkommens wird die Einschränkung dieser elastischen Ausgaben am ehesten möglich sein, während mit Erhöhung des Einkommens diese Ausgaben am meisten steigen. So kann man geradezu eine „*Rangordnung der Bedürfnisse*" aufstellen, die besonders zutage tritt, wenn man die Ausgaben nicht auf eine Haushaltung, sondern auf eine „*Vollperson*"[2] berechnet, wodurch eine bessere Ver-

---

[1] Die Erhebungen des *Hamburgischen Statistischen Landesamts* vom Jahre 1927, die in Heft 26 der Statistischen Mitteilungen veröffentlicht sind, und rd. 300 Familien umfassen, unterscheiden sich in den Ergebnissen nur unwesentlich von der Reichserhebung, so daß auf eine eingehende Besprechung verzichtet werden kann. Es sei nur erwähnt, daß der Anteil der physiologisch notwendigen Ausgaben sich bei diesen in einer Großstadt wohnenden Familien etwas geringer, der Anteil der Aufwendungen für kulturelle Bedürfnisse etwas höher stellt als im Reichsdurchschnitt. Nach der Hamburger Erhebung stellte sich der Anteil der Ausgaben für physiologisch notwendige Bedürfnisse auf: Arbeiterfamilien 68,2% (davon Ernährung 35,6%), Beamte 61,1% (Ernährung 25,5%), Angestellte 63,4% (Ernährung 30,1%). Die Anteile der Aufwendungen für kulturelle Bedürfnisse (Körperpflege, Bildung, geistige und gesellige Bedürfnisse) stellten sich: Arbeiter 6,1%, Beamte 12,3%, Angestellte 9,2%. Die Erklärung für diese Unterschiedlichkeit gegenüber dem Reichsdurchschnitt liegt wohl darin, daß in einer Großstadt wie Hamburg mehr Gelegenheit zu Ausgaben für Weiterbildung, Erholung usw. auch Vergnügen sich bietet als im Durchschnitt der übrigen Städte. Dem absoluten Betrage nach ist von den Hamburger Familien im allgemeinen etwas mehr für die Befriedigung der physiologisch notwendigen Bedürfnisse, auch für die Ernährung, aufgewendet worden als im Reichsdurchschnitt: So entfielen in Hamburger Arbeiterfamilien auf die Ernährung 505 RM pro Vollperson gegen 475 RM im Reichsdurchschnitt, für die Beamten stellten sich die Zahlen auf 651 RM gegen 575 RM und für die Angestellten auf 552 RM gegen 572 RM; bei diesen lag also der Reichsdurchschnitt über den Hamburger Zahlen.

[2] Vollperson: männl. Person über 20 = 1, weibl. = 0,90, Jugendliche von 15.—19. Lebensjahr = 0,70, vom 10.—14. Lebensjahr = 0,50, vom 6.—9. Lebensjahr = 0,30, darunter 0,20.

gleichbarkeit der Haushaltungen unabhängig von ihrer Zusammensetzung erzielt wird. An erster Stelle stehen hier diejenigen Güter, für die der Befriedigungsgrad

Tabelle 2. Die Ausgaben pro Vollperson für einige wichtige Lebensbedürfnisse in Arbeiterhaushaltungen 1927/28.

Ausgaben	im Gesamtdurchschnitt		bei einem Jahreseinkommen je Vollperson: bis unter 800 RM		von 800 bis unter 1000 RM		von 1000 bis unter 1500 RM		von 1200 bis unter 1500 RM		von 1500 RM und mehr	
Zahl der Haushaltungen	896		102		215		240		214		125	
	RM	Gesamtausgaben %	RM	Gesamtausgaben %	RM	Gesamtausgaben %	RM	Gesamtausgaben %	RM	Gesamtausgaben %	RM	Gesamtausgaben %
Nahrungs- und Genußmittel	475,73	41,2	331,48	46,4	405,33	44,6	458,30	41,8	531,98	40,0	651,69	36,9
Wohnungsmiete	124,75	10,8	82,18	11,5	105,02	11,6	122,34	11,2	140,77	10,6	170,67	9,7
Einrichtung und Instandhaltung der Wohnung	49,07	4,2	18,68	2,6	30,11	3,3	39,86	3,6	62,70	4,7	100,81	5,7
Heizung und Beleuchtung	44,98	3,9	33,66	4,7	38,23	4,2	44,75	4,1	50,11	3,8	57,50	3,3
Bekleidung und Wäsche	154,27	13,3	97,45	13,6	121,19	13,4	153,34	14,0	172,11	12,9	228,77	13,0
Bildung	23,89	2,1	14,57	2,0	19,30	2,1	23,20	2,1	26,95	2,0	35,49	2,0
Körperpflege	9,84	0,9	4,16	0,6	6,40	0,7	9,12	0,8	11,65	0,9	18,70	1,1
Gesundheitspflege	8,10	0,7	4,95	0,7	5,11	0,6	7,38	0,7	9,59	0,7	14,62	0,8
Erholung	13,78	1,2	5,44	0,8	7,98	0,9	12,47	1,1	17,55	1,3	26,59	1,5
Vergnügen und Geselligkeit	11,46	1,0	3,88	0,6	6,37	0,7	9,70	0,9	13,81	1,0	25,78	1,5
Verkehrsausgaben	15,34	1,3	6,84	1,0	10,12	1,1	12,93	1,2	19,60	1,5	28,61	1,6
Unterstützungen und Geschenke	19,98	1,7	7,67	1,1	8,48	0,9	13,13	1,2	25,09	1,9	54,23	3,1
Ersparnisse und ausgeliehene Darlehen	17,67	1,5	3,47	0,5	6,30	0,7	10,60	0,9	22,49	1,7	54,13	3,0

bereits bei geringer Wohlhabenheit am größten ist. Diese erhöhen sich mit zunehmendem Wohlstand am geringsten; ihr prozentualer Anteil an den Gesamtausgaben senkt sich mit der Erhöhung des Einkommens. Es sind die Ausgaben für den physiologisch notwendigen Bedarf: aber nicht, wie man vielleicht meinen sollte, stehen hier Nahrungsmittel, sondern Heizung und Beleuchtung an erster Stelle, sie sind am wenigsten elastisch. Es folgen die Nahrungsmittel, dann Wohnungsmiete, Bekleidung und Wäsche. Die Ausgaben hierfür erhöhen sich weit weniger stark, als das Gesamteinkommen pro Vollperson steigt. Die Ausgaben für die übrigen Bedürfnisgruppen, das sind in erster Linie die Ausgaben, die der Befriedigung kultureller Bedürfnisse dienen, erhöhen sich durchweg stärker, als die Wohlhabenheit zunimmt; und zwar in folgender Rangordnung: zunächst Bildung und Verkehr. Die anteilsmäßigen Ausgaben hierfür halten sich in allen Einkommenstufen etwa auf der gleichen Höhe. Das gleiche gilt auch für die Ausgaben für Gesundheits- und Körperpflege. Dagegen nehmen die prozentualen Aufwendungen für Erholung, Einrichtung und Instandhaltung der Wohnung, Vergnügen und Geselligkeit, Geschenke, Ersparnisse mit steigender Wohlhabenheit zu; d.h. diese Ausgaben sind so elastischer Natur, daß sie weit schneller steigen, als das Einkommen wächst. In der vorstehenden Tab. 2 ist diese Tendenz noch einmal zahlenmäßig zum Ausdruck gebracht.

In den *Angestellten- und Beamtenhaushaltungen* ist der Anteil, der für die physiologischen Bedürfnisse insonderheit die Ernährung aufgewendet wird, erheblich geringer als in den Arbeiterfamilien. Er schwankt bei ersteren zwischen 41,6% und 28,1 (Durchschnitt 34,5%), bei den Beamtenfamilien zwischen 43,2 und 22,3% (Durchschnitt 33,2%), während der Durchschnitt bei den Arbeitern 45,3% ist. Dieser niedrige Anteilsatz ist nicht allein auf die gehobene Lebenslage der Angestellten und Beamten zurückzuführen, sondern auch darin begründet, daß die Pflichtausgaben, insbesondere bei den Beamten, niedriger sind. So beträgt der Anteilsatz für Versicherungsaufwendungen bei den Arbeitern 8%, bei den Angestellten 7,8%, bei den Beamten nur 3,2%. Dieser geringere Betrag für Pflichtausgaben erlaubt andererseits den Beamten verhältnismäßig mehr für geistige und gesellige Bedürfnisse (Bildung, Erholung) auszugeben. So beträgt im Durchschnitt der Anteilsatz dafür in Arbeiterkreisen 4,0%, in den Angestelltenfamilien 6,6% und in den Beamtenfamilien 7,5%.

Die folgende kleine Tab. 3 gibt in kurzer Form eine Übersicht über die Hauptergebnisse.

Tabelle 3. Die Ausgaben im Durchschnitt einer Arbeiter-, Angestellten- und Beamtenhaushaltung nach der Reichserhebung im Jahre 1927/28.

Ausgaben	Arbeiter		Angestellte		Beamte	
	RM	%	RM	%	RM	%
Physiologisch notwendige Ausgaben	2511,08	**75,5**	3190,24	**67,7**	3700,08	**69,2**
Davon:						
Ernährung	1506,99	**45,3**	1624,81	**34,5**	1775,74	**33,2**
Bekleidung und Wäsche	422,86	**12,7**	595,25	**12,6**	744,99	**13,9**
Pflichtausgaben, Steuern, Versicherung usw.	421,66	**12,8**	651,62	**13,8**	484,68	**9,1**
Kulturausgaben: geistige und gesellige Bedürfnisse, Körperpflege	221,57	**6,6**	475,54	**10,1**	704,23	**13,2**
Sonstige Ausgaben	170,81	**5,1**	394,92	**8,4**	460,38	**8,6**
Davon:						
Ersparnisse	47,79	**1,5**	72,69	**1,5**	71,73	**1,3**
Zusammen	3325,12	**100**	4712,32	**100**	5349,37	**100**

In Ergänzung zu den Ergebnissen der Erhebungen des Hamburgischen Statistischen Landesamts und des Statistischen Reichsamts sei noch ganz kurz auf die Untersuchungen des „*Deutschnationalen Handlungsgehilfenverbandes* (*DHV.*)" (290 Familien), des „*Allgemeinen freien Angestelltenbundes* (*Afabund*) (43 Familien) und des „*Einheitsverbandes der Eisenbahner Deutschlands*" (59 Arbeiter- und 43 Beamtenfamilien) eingegangen, die in den Jahren 1926 bis 1929 erfolgten [1].

Vergleicht man die Ergebnisse der drei Erhebungen miteinander und mit den vorher geschilderten, so ergibt sich im allgemeinen eine große Ähnlichkeit. Mit am besten schneiden hinsichtlich der ganzen Lebenshaltung und des Kulturstandards von jenen drei Erhebungen die Kaufmannsgehilfen des DHV. ab. Der Anteil der Ausgaben für Nahrungs- und Genußmitteln beträgt bei ihnen nur 33%, dagegen bei den Angestellten des „Afabundes" rd. 40%, bei den Eisenbahnarbeitern 42% und den Eisenbahnbeamten rd. 38%; damit zeigen diese Familien einen etwas geringeren Ausgabenanteil für Ernährung als die Arbeiter nach den vorgenannten großen Erhebungen, sie entsprechen etwa dem Anteil in den Angestellten- und Beamtenfamilien dieser Erhebungen. Für die Wohnung (Miete und Hauseinrichtung) wurden 16,5% (Kaufmannsgehilfen), 14—19% (Afabund) und 12,6% (Eisenbahner) aufgewendet. Die Ausgaben für Bekleidung und Wäsche schwankten zwischen 12 und 13%. Für Kulturbedürfnisse (Körperpflege, Bildung, Erholung) wurden von den Kaufmannsgehilfen rd. 13%, von den Angestellten des Afabundes 16%, der Eisenbahnarbeiter 11,5% und den Eisenbahnbeamten 15% aufgewendet. Die genauen Vergleiche untereinander und mit der Erhebung des Reiches ist, da der Begriff „Kulturbedürfnisse" nicht immer gleichmäßig gefaßt ist, eben nicht möglich.

Einen kurzen *Überblick über die Veränderungen in der Lebenshaltung in den Jahren 1925—1929* gibt eine *Untersuchung des Hamburgischen Statistischen Landesamts* [2], das die gleichen Familien-, im ganzen 26 Arbeiterfamilien, fünf volle Jahre lang statistisch bearbeitet hat. In diesen fünf Jahren sind freilich die Einnahmen dieser Familien recht erheblich gestiegen, teils durch Lohnaufbesserungen des Familienvorstandes, teils infolge erhöhter Beiträge der heranwachsenden und mehr verdienenden Familienmitglieder: Das Durchschnittseinkommen stellte sich nämlich 1925 auf rd. 3260 RM, 1929 aber auf 4470 RM. Infolgedessen konnten auch mehr Aufwendungen gemacht und das Leben besser gestaltet werden. Aber diese Entwicklung entsprach ja der Gesamtentwicklung des deutschen Volkes hinsichtlich seiner Lebenshaltung in diesen Jahren. Diese Jahre standen bekanntlich im Zeichen einer aufsteigenden Konjunktur, — wenngleich diese günstige Konjunktur eine Scheinblüte war, basierend auf der zunehmenden Auslandsverschuldung Deutschlands — und infolgedessen der Rückschlag im Jahre 1931 nicht ausblieb. Von Interesse ist es aber trotzdem zu sehen, in welcher Weise die steigenden Einnahmen benutzt wurden, die Lebenshaltung zu verbessern und zu erhöhen. Setzt man die Ausgaben im Jahre 1925 = 100 und berechnet die prozentuale Steigerung, die die Ausgaben für die einzelnen Lebensbedürfnisse aufweisen, so erhält man ein recht klares Bild davon, wobei allerdings zu berücksichtigen ist, daß in dieser Zeit die Preise nicht unerheblich gestiegen sind, und zwar — wie schon erwähnt — für die einzelnen Lebensbedürfnisse in recht unterschiedlichem Maße.

Die weitaus stärkste Erhöhung zeigen die Aufwendungen für Gesundheits- und Körperpflege, nämlich von 1925 = 100 auf 540 im Jahre 1929, in absoluten Zahlen von 36 RM auf über 300 RM. Freilich sind die Preise für Körperpflegeartikel auch gestiegen, aber trotzdem läßt diese Ausgabenerhöhung erkennen, daß diese Fa-

[1] Vgl. über diese Erhebungen S. 9.

[2] Heft 26 der Statistischen Mitteilungen, S. 33 ff. Die hier untersuchten 26 Familien sind in den 5 Jahren von 1925—1929 stets nach der gleichen Erhebungsmethode bearbeitet worden, so daß eine einwandfreie Vergleichbarkeit gegeben war.

milien mit zunehmendem Wohlstand immer mehr Wert auf bessere Pflege ihres Körpers und ihrer Gesundheit gelegt haben. An zweiter Stelle steht die Zunahme der Ersparnisse von 100 (1925) auf 450 (1929), oder in absoluten Zahlen von 29 RM (1925) auf 120 RM (1929). In diesen Zahlen kommt der wachsende Sparwille unseres Volkes, die Einsicht mit der Aufbesserung des Einkommens auch die Zukunft sicherzustellen, andererseits aber auch das zunehmende Vertrauen in unsere Geldverhältnisse und Sparinstitute zum Ausdruck. Eine Verdoppelung der Beträge haben dann die Ausgaben für Anschaffung von Mobilien, Instandhaltung von Bekleidung und Wäsche, Versicherungsbeiträge und Miete erfahren. Recht erheblich sind auch die Aufwendungen für geistige und gesellige Bedürfnisse gestiegen, von 150 RM (1925) auf 235 RM (1929), also um rd. 70%. Fast ebenso stark haben sich die Aufwendungen für Heizung und Beleuchtung sowie die für Anschaffung von Wäsche erhöht, während die Ausgaben für Bekleidung ungefähr gleich geblieben sind. Die Aufwendungen für die Ernährung sind von 1510 RM (1925) auf rd. 1900 RM (1929), also um rd. 30% gestiegen. *Zusammenfassend* wird man also sagen können, daß diese Familien die *Erhöhung ihres Einkommens* in erster Linie benutzt haben, *um ihren kulturellen Lebensstandard zu erhöhen* und zu verbessern, um in stärkerem Maße an den Gütern der Kultur teilzunehmen. Denn während das durchschnittliche Einkommen um 37% gestiegen ist, haben sich, wie erwähnt, die Aufwendungen für geistige und gesellige Bedürfnisse um 70% erhöht, dagegen die für die Ernährung nur um 30% [1].

[1] Einen kurzen zahlenmäßigen Überblick gibt die folgende Tabelle:

Die Zunahme und Abnahme der Ausgaben für die einzelnen Lebensbedürfnisse einer Vollperson in den Jahren 1926 bis 1929 gegenüber 1925 (Verhältniszahlen).

Ausgabengruppen	Die Ausgaben betrugen, 1925=100 gesetzt, in den Jahren			
	1926	1927	1928	1929
Nahrungs- und Genußmittel zusammen	**102,49**	**108,61**	**120,13**	**129,12**
Sonstige Lebensbedürfnisse zusammen	**110,31**	**131,73**	**158,34**	**168,55**
Im einzelnen: Miete	**134,64**	**166,52**	**188,40**	**207,65**
Mobiliar	**68,73**	**120,13**	**179,72**	**212,42**
Heizung und Beleuchtung	**108,55**	**121,96**	**139,90**	**159,12**
Bekleidung	**83,79**	**91,25**	**111,66**	**97,08**
Wäsche	**107,18**	**122,16**	**151,89**	**157,70**
Instandhaltung von Bekleidung und Wäsche	**97,56**	**160,64**	**194,58**	**200,97**
Gesundheits- und Körperpflege	**213,34**	**246,70**	**472,24**	**539,49**
Versicherungen	**133,91**	**151,12**	**189,61**	**207,18**
Schule	**55,56**	**84,96**	**122,22**	**89,06**
Bücher, Vergnügen, Zeitungen, Beiträge	**107,44**	**121,10**	**146,90**	**168,46**
Fahrgeld	**112,68**	**122,76**	**126,04**	**134,27**
Steuern	**87,54**	**98,18**	**110,47**	**121,28**
Schuldabtrag, Zinsen	**175,00**	**439,04**	**133,33**	**157,02**
Landbenutzung, Tierhaltung	**124,34**	**134,93**	**102,46**	**123,14**
Löhne	**37,37**	—	—	—
Geschenke, Unterstützungen	**125,97**	**140,07**	**123,62**	**153,96**
Ersparnisse (und ausgeliehene Darlehen)	**166,50**	**329,57**	**424,64**	**453,47**
Sonstige Ausgaben	**115,95**	**75,42**	**98,25**	**55,38**
Nahrungs- und Genußmittel und sonstige Lebensbedürfnisse insgesamt	**107,29**	**122,81**	**143,60**	**153,4**

Über die spätere Zeit, nach 1929, liegen Erhebungen nicht mehr vor. Auf den Einfluß der Wirtschaftskrise hinsichtlich der Ernährung und Lebenshaltung wird später eingegangen.

4. Die Wohnweise des deutschen Volkes.

Der Gesamtüberblick über die Lebenshaltung des deutschen Volkes wäre nicht vollständig, wenn nicht auch die Wohnverhältnisse eine kurze Berücksichtigung finden würden. Ebenso wie Lebenshaltung und Ernährung ist nämlich auch die Wohnweise erst nach dem Auftauchen des „Masse-Mensch" zu einem Problem, zu der „Wohnungsfrage" geworden, obgleich die Wohnverhältnisse der großen Masse sich in Hinblickung auf die Bequemlichkeit der Unterbringung nicht verschlechtert, sondern verbessert haben. Die Wohnung des modernen Arbeiters, selbst des weniger Bemittelten, ist heute viel komfortabler, schöner und angenehmer wie die seines Standesgenossen vor etwa 100 Jahren. Aber ganz abgesehen davon, daß heute die Ansprüche, die an das Leben und auch an die Wohnweise gestellt werden, sich stark erhöht haben, daß auch von den Armen und Ärmsten eine menschenwürdige Wohnung verlangt wird, sind — rein objektiv — die Wohnverhältnisse heute trotz aller besseren Ausgestaltung, weit weniger hygienisch als früher. Das liegt weniger an der Wohnung an sich, als an der Art und Weise des Wohnens. Früher, vor drei bis vier Generationen, waren die Wohnungen zwar klein und niedrig, was man heute „Komfort" nennt, fehlte ganz. Aber sie lagen in kleinen Städten, Marktflecken oder Dörfern, ein Garten oder Gärtchen war stets vorhanden und Licht und Luft drang von der Straße aus unmittelbar und unbehindert hinein; Erwachsene wie Kinder hatten nur einen Schritt zu machen, um im Freien, in guter frischer Luft zu sein. Heute, in unseren modernen Groß- und Mittelstädten liegen die Wohnungen, wenn sie auch weit geräumiger und höher sind, eng zusammengedrängt an dunklen Korridoren, vielfach nur mit Aussicht auf enge Höfe, die weder genügend Luft noch Licht hereinlassen; meist überfüllt, da infolge der hohen Kosten meistens Untermieter aufgenommen werden. Der Weg von der Wohnung ins Freie führt über Treppen, Korridoren und Höfen, und der früher selbstverständliche Aufenthalt der Kinder in der frischen Luft wird heute immer erst zu einer Aktion, die wegen ihrer Umständlichkeit höchstens einmal am Tage ins Werk gesetzt werden kann. Der moderne Großstadt-Mensch und erst recht auch das Kind ist heute infolge der städtischen Wohnweise viel weniger wie früher „Freiluftwesen", ist mehr und mehr zum „Stubenhocker" geworden. In letzter Zeit sind freilich hier durch die Sport- und Wanderbetätigungen Besserungen eingetreten. Aber die hygienischen Verhältnisse der früheren Zeiten sind trotzdem bei weitem noch nicht erreicht.

Das Problem also, das hier vorliegt, ist nicht eins der Wohnung an sich; an unseren Wohnungen, auch der kleinen ist in baulicher Hinsicht im allgemeinen kaum etwas auszusetzen. Sondern das was wir Wohnungsfrage nennen, dreht sich um *die Art und Weise des Wohnens*. In *vierfacher Gestalt* tritt das Problem an uns heran: erstens hinsichtlich des Preises der Wohnung, es ist das *Mieteproblem*, zweitens im Hinblick auf die Belegung der Wohnungen: das Problem der *Überfüllung der Wohnungen* oder der „*Wohndichte*"; drittens hinsichtlich der Aufnahme familienfremder Personen, um an den hohen Mieten zu sparen, das *Untermieter-*

problem und viertens im Hinblick auf die Zahl der zur Verfügung stehenden Wohnungen: das *Problem des Wohnungsmarktes.*

Es würde den Rahmen und den Zweck dieses Buches weit überschreiten, wollte ich das Wohnungsproblem hier eingehend erörtern. Ich kann hierauf nur insoweit eingehen, als es notwendig ist, den im vorstehenden geschilderten Überblick über die Lebenshaltung des deutschen Volkes zu ergänzen. Deshalb werde ich auch die Vorkriegszeit nur streifen und auch aus der Nachkriegszeit nur das Wesentlichste darstellen[1].

Die *Quellen*, aus denen uns über die Wohnweise der Bevölkerung Erkenntnis kommt, sind neben den Untersuchungen über die Lebenshaltung, vor allem die Erhebungen über die Wohnverhältnisse, wie sie vor dem Kriege zusammen mit den Volkszählungen alle fünf Jahre durchgeführt sind, nach dem Kriege im Mai 1918 und im Mai 1927[2].

Vor dem Kriege hat man insbesondere dem *Mieteproblem* große Beachtung geschenkt und eine Reihe von Untersuchungen liegen darüber vor, die das schon oben S. 15 genannte „Schwabesche Gesetz" bestätigen, wonach der Ausgabenanteil für Miete um so größer ist, je kleiner das Einkommen ist. Nach dem Kriege hat man aus begreiflichen Gründen — da die Höhe des Mietpreises gesetzlich festgelegt war — weniger Gelegenheit gehabt, sich mit diesem Problem zu beschäftigen. Lediglich die Untersuchungen des Statistischen Reichsamts und des Hamburgischen Statistischen Landesamts über die Lebenshaltung minderbemittelter Schichten enthalten Angaben über die Höhe der Miete und ihren Anteil an den Gesamtausgaben. Das ist aber bereits oben abgehandelt worden. Dagegen liegen aus den genannten Wohnungserhebungen der Jahre 1918 und 1927 eingehende Ergebnisse über die *Wohndichte* und das *Untermieterproblem* vor. Beide Fragen spielten schon vor dem Kriege eine große Rolle. Denn die Übervölkerung der Wohnungen war bereits vor dem Kriege sehr beträchtlich: So wohnten in Berlin nach der Zählung von 1905 rd. 600000 Menschen in Wohnungen, in denen jedes Zimmer mit fünf und mehr Personen besetzt war, bei einer Einwohnerzahl von rd. 2 Millionen, die damals Berlin hatte, bedeutete dies also, daß fast jede dritte Person in einer übervölkerten Wohnung hauste, und in den anderen Großstädten war es nicht viel besser[3].

Die *Nachkriegserhebung vom Mai 1927* sieht als übervölkert eine Wohnung an, wenn auf einen Wohnraum — nicht nur Zimmer, Küche rechnet auch als Wohnraum — durchschnittlich mehr als zwei Personen entfallen. Nach dieser Erhebung waren in den deutschen Städten (Gemeinden mit mehr als 5000 Einwohnern) rd. *490000 Wohnungen oder 5,6% aller Wohnungen überfüllt.* Die Zahl *der Bewohner dieser übervölkerten Wohnungen* stellte sich auf rd. *3,2 Millionen oder 9,6% der Bewohner.* Das heißt nichts anderes, als daß *jeder zehnte Städter in einer überfüllten Wohnung lebte.* Teilt man die Wohnungen nach dem Grade der Überfüllung ein,

---

[1] Interessenten verweise ich auf die umfangreiche Literatur, die ich in *meinem* Werk „Statistik", II. Teil S. 125 ziemlich erschöpfend angeführt habe. Außerdem wäre noch zu nennen: HELENE WESSEL: Lebenshaltung aus Fürsorge und aus Erwerbstätigkeit, 1931.

[2] Band 362 der Statistik des Deutschen Reiches; daselbst ist auch die Erhebungsmethode geschildert.

[3] So waren z. B. nach der Zählung von 1910 in Leipzig 6670 Einzimmerwohnungen und 1521 Zweizimmerwohnungen mit fünf und mehr Personen pro Zimmer belegt.

so waren von den 490000 überfüllten Wohnungen 70000 mit drei bis vier Personen pro Wohnraum belegt, 18000 mit vier bis fünf Personen und in rd. 9000 Wohnungen kamen mehr als fünf Personen auf einen Wohnraum! Daß solche überfüllten Wohnungen Brutstätten der verschiedensten Krankheiten sein müssen, daß Tuberkulose und Rachitis hier den besten Nährboden finden, liegt wohl klar auf der Hand. Ganz abgesehen von den moralischen Schädigungen, die ein solches enges Zusammendrängen von Menschen nach sich zieht. Von einem friedlichen häuslichen Leben kann da in den meisten Fällen keine Rede sein, Zank und Streit müssen die traurigen Folgen sein, und nicht selten werden dadurch schwächere Charaktere zu Trinkern und liederlichen Personen.

Und heute dürfte es keinesfalls besser sein. Zwar war die Bautätigkeit von 1927 bis 1931 recht rege. In dieser Zeit sind rd. 1,5 Millionen Wohnungen erstellt worden. Dann aber stoppte die Bautätigkeit infolge der Wirtschaftskrise ab, in den Jahren 1932 und 1933 sind nur noch wenige Wohnungen gebaut worden. Die Zahl der Haushaltungen hat dagegen in diesem Zeitraum sehr stark zugenommen. Zwischen den beiden Zählungen von Juni 1925 und Juni 1933 ist die Zahl der Haushaltungen um 2,2 Millionen oder 14,3% gewachsen. Da in den Jahren 1925 und 1926 nur wenig Wohnungen erstellt sind (rd. 400 000), wird man feststellen müssen, daß die Zahl der Haushaltungen stärker gewachsen ist als die Wohnungsproduktion. M. a. W.: Die Wohnverhältnisse, wie sie die Zählung von Mai 1927 zeigte, sind heute, 1933/34, keinesfalls besser, höchstens infolge der Wirtschaftskrise — worauf ich noch zurückkomme — schlechter.

Sehr eingehend ist 1927 auch das *Untermieterwesen* erfaßt. Schon vor dem Kriege hat die Abvermietung familienfremder Personen, da die Wohnung für die eigene Familie zu teuer war, oft zu schweren Störungen des Familienlebens und zu einer Gefährdung der Sittlichkeit geführt, namentlich dann, wenn infolge der Enge der Wohnräume Kinder und Erwachsene beiderlei Geschlechts ein Zimmer teilen mußten. VIKTOR NOACK gibt uns in seinem Buch: „Kulturschande, die Wohnungsnot als Sexualproblem“[1] geradezu erschütternde Beispiele, auf die ich nur des Raumes wegen nicht näher eingehen kann. Ein *zahlenmäßiges Bild von dem*

[1] Berlin 1925. NOACK faßt seine Eindrücke über die Wohnungsverhältnisse in Deutschland auf Grund von Besichtigungsfahrten in seiner Schrift: „Die Wohnungsnot und das Wohnungselend in Deutschland“, 1930 zusammen. So schildert er zum Beispiel die Berliner Wohnverhältnisse der ärmeren Bevölkerung im Zentrum der Stadt folgendermaßen: „Die Wohnungen sind überwiegend Kellerwohnungen, deren Fenster nur zu einem Drittel, ja oft zu einem Viertel ihrer Höhe über dem Niveau der Straße oder düsteren Mietskasernenhöfe liegen, im übrigen in schmutzigen schmalen Schächten verschwinden, — Wohnungen, zu denen man über acht oder mehr schiefgetretene Stufen hinabsteigt, und deren Türen man am hellen Tage nur tastend findet, weil sie an stockfinsteren Kellergängen liegen. In diesen Höfen und schlimmer noch in diesen Gängen und in den dunklen und nassen Wohnungen selbst lastet eine, von den Ausscheidungen und Abfällen einer Mietskasernenbevölkerung verpestete Luft. ... Häßlich, widerwärtig, ganz und gar naturfremd ist die Welt, die sich hier vor einem auftut.“

„Und dies sind nicht Wohnungen eines sog. Lumpenproletariats, die wir schildern, es sind Wohnungen von Arbeitern, die bei der Ortskrankenkasse versichert sind.“

„Hier in Berlin nistet ein Wohnungselend, schlimmer als alles, was wir im Waldburgischen, im Erzgebirge, in der Eifel gesehen haben, — schlimmer, weil es inmitten der Steinwüste Berlin sich befindet, fernab von der Natur, fernab von Berg, Wald, Fluß und Wiese, — schlimmer auch darum, weil der Weltstädter nervös, zermürbt, aufgepeitscht dem Gift des Wohnungselendes viel leichter erliegt, als die Menschen dort draußen.“

Zusammenwohnen familienfremder Personen in einer Haushaltung oder einer Wohnung gibt uns die genannte Zählung von 1927. Danach gibt es in den erhobenen Gemeinden (mit rd. 5000 und mehr Einwohnern) nicht weniger als 791000 Familien, die keine eigene Wohnung haben, sondern mit anderen Familien zusammenleben müssen; von diesen bestehen 377000 aus Familien mit drei und mehr Personen. Setzt man die Wohnungen mit Untermietern zur Gesamtzahl der Wohnungen in Beziehung, so ergibt sich, daß in den Großstädten jede fünfte Wohnung eine solche ist, die Untermieter entweder in Gestalt von Familien oder Einzelpersonen aufgenommen hat. Von 100 Bewohnern leben in unseren Großstädten nur 73 in einer eigenen Wohnung allein ohne Untermieter, dagegen 27 in Wohnungen, die Untermieter aufgenommen haben[1]. Das ist ein recht betrübliches Ergebnis und zeigt, wie verbesserungsbedürftig unsere Wohnweise ist. Denn das Haus, das Heim, die Familie ist der Grundstock des Staats, die Zelle im Aufbau des Volkskörpers. Diese Zelle gesund zu erhalten ist erstes Erfordernis. Voraussetzung aber für die Gesundung der Familie ist ein eigenes Heim, in dem man schaltet und waltet, und in dem familienfremde Personen nur als Gäste, nicht als Dauermieter hineingehören.

Einen etwas tieferen Einblick in die Wohnverhältnisse, wenn auch nur eines kleinen Teils unserer minderbemittelten Bevölkerung, gestatten die schon mehrfach erwähnten *Untersuchungen des Statistischen Reichsamts über die Lebenshaltung* von 2000 Familien in den Jahren 1927/28. Hier sind durch besondere Erhebungsbogen neben den Mietpreisen auch die *Größe der Wohnungen nach Wohnfläche* und *Luftraum*, die Ausstattung und der Zustand der Wohnungen erhoben worden. Auf den Kopf eines „Vollbewohners“[2] entfiel an Wohnfläche in den 896 Arbeiterhaushaltungen 12,8qm, in den 546 Angestelltenhaushaltungen 19,8qm und in den 498 Beamtenhaushaltungen 21,3qm; an Luftraum kam auf den Vollbewohner in den Arbeiterhaushaltungen 37,4cbm, in den Angestelltenhaushaltungen 60,1cbm und in den Beamtenhaushaltungen 65cbm. Es treten hier also deutlich die besseren und geräumigeren Wohnverhältnisse in den Angestellten- und Beamtenhaushaltungen in Erscheinung. Daß dies aber nicht allein auf die im allgemeinen höheren Einkommen in diesen Kreisen zurückzuführen ist, geht daraus hervor, daß auch bei gleichem Einkommen der auf die Vollperson entfallende Wohnraum

[1] Verteilt man auf die einzelnen Wohnungsgrößen ergibt sich für die Gesamtheit der untersuchten Städte (sämtliche Gemeinden über 5000 Einwohner) folgendes Bild: Von 100 Wohnungen jeder Größenklasse entfallen auf:

in den Wohnungen mit	Wohnungen ohne Untermieter	Wohnungen mit Untermieter
1 Raum . . .	95,6	4,4
2 Räumen . . .	92,6	7,4
3 „ . . .	86,8	13,2
4—6 „ . . .	77,0	23,0
7—9 „ . . .	71,1	28,9
10 und mehr „ . . .	68,1	31,9
in sämtlichen Wohnungen	82,5	17,5

In den kleinen, ohnehin schon stark besetzten Wohnungen ist kaum noch Platz für Untermieter vorhanden, doch ist selbst in den Wohnungen mit nur einem Raum jede 23. mit Untermietern belegt, bei den Wohnungen mit 2 Räumen jede 14., mit 3 Räumen bereits jede 8.; von den Wohnungen mit 4—6 Räumen beherbergt schon fast jede 4. einen oder mehrere Untermieter, von den Wohnungen mit 7 und mehr Räumen annähernd jede 3.

[2] Zwei Personen unter oder eine Person über 12 Jahre.

und Luftraum bei den Beamten und Angestellten ein höherer ist. So kam in der Einkommenstufe 3000—3600 RM auf den Vollbewohner ein Luftraum: in den Arbeiterhaushaltungen 37,0 cbm, in den Angestelltenhaushaltungen 52,0 cbm, in den Beamtenhaushaltungen 51,1 cbm. In den Arbeiterkreisen wird also — wie schon früher hervorgehoben wurde — weniger für die Wohnung, dagegen verhältnismäßig mehr für die Ernährung aufgewendet.

Neben der Gesamtwohnfläche ist auch die *Größe der Schlafräume*, deren Beschaffenheit einen besonders tiefen Einblick in die Wohnverhältnisse gestattet, erhoben. Als Schlafraum gelten dabei alle zum Schlafen benutzten Wohnräume, gleichgültig, ob sie zugleich auch zu Wohnräumen benutzt werden. In den Arbeiterhaushaltungen entfielen etwas mehr als die Hälfte der Wohnfläche und des Luftraumes (52%) auf Schlafräume, in den Angestellten- und Beamtenhaushaltungen dagegen noch nicht die Hälfte, nur 42 bzw. 40%. Berechnet auf den Vollbewohner kamen in den Arbeiterhaushaltungen 19,1 cbm, in den Angestelltenhaushaltungen 24,5 cbm und in den Beamtenhaushaltungen 25,4 cbm Schlafraum. Das sind im allgemeinen zufriedenstellende Zahlen. Ein etwas anderes Bild gibt aber eine Verbindung des Schlafluftraumes mit der Belegungsstärke. Danach betrug der Luftraum des Schlafraumes bei einer Belegungsstärke mit mehr als vier Personen durchschnittlich nur 8,5—11,3 cbm, und das muß als ungenügend angesehen werden.

Ausstattung und Zustand der Wohnungen müssen im allgemeinen als gut und einwandfrei bezeichnet werden, nur verhältnismäßig wenige Wohnungen waren in dieser Hinsicht mangelhaft. Mit Gas und elektrischem Strom waren 36,3% der Arbeiterhaushaltungen, 65,4% der Angestellten- und 74,1% der Beamtenhaushaltungen ausgestattet; nur allein Gas hatten fast die Hälfte der Arbeiterhaushaltungen (46,4%). Weniger zufriedenstellend war freilich die Ausstattung mit Badezimmern: nur 5% der Arbeiterhaushaltungen, 28% der Angestellten-, und 37% der Beamtenwohnungen verfügten über ein eigenes Badezimmer. Fast alle Wohnungen hatten aber wiederum Wasseranschluß; er fehlte nur bei 15% der Arbeiter-, 6,8% der Angestellten- und 3,4% der Beamtenwohnungen. Der Zustand der Wohnungen hinsichtlich „Feuchtigkeit“ und „verwohnt“ war nicht sehr zufriedenstellend: Als „feucht“ wurden 20,6% der Arbeiter-, 18,7% der Angestellten- und 14,9% der Beamtenhaushaltungen bezeichnet, als „verwohnt“ 18,0% der Arbeiter, 15,6% der Angestellten- und 14,1% der Beamtenwohnungen, immerhin ein recht hoher Prozentsatz.

Ein Teil der Haushaltungen hatte auch Untermieter aufgenommen und zwar 16% der Arbeiter, 13% der Angestellten und 12% der Beamten.

Das Bild, das uns diese Erhebung von den Wohnverhältnissen der untersuchten Haushaltungen entwirft, muß als im ganzen durchaus nicht ungünstig bezeichnet werden. Wohnfläche und Luftraum waren gut ausreichend, die Ausstattung und der Zustand der Wohnungen im allgemeinen — von einzelnen Mängeln abgesehen — auch zufriedenstellend. Aber wird man diese Ergebnisse verallgemeinern können? — Für die gesamte Lebenshaltung, insbesondere für die Ernährung konnten wir diese Frage mit einem glatten „ja“ beantworten, da die geschickte Auswahl die Gewähr gab, tatsächlich typische Repräsentanten der großen Masse unseres Volkes vor uns zu haben. Hinsichtlich der Wohnverhältnisse wird dies im allgemeinen wohl auch gelten können, nur ist zu beachten, daß wir hier Haushaltungen vor uns haben, die besonders ordnungsliebend sind und infolgedessen auch auf ordentliche Wohnverhältnisse Gewicht gelegt hatten. In weniger ordnungsliebenden Haushaltungen werden, auch bei gleichem Einkommen, sicher die Wohnungsverhältnisse weniger zufriedenstellend gewesen sein.

Mit diesen Feststellungen ist aber eine sehr wichtige Frage durchaus noch nicht beantwortet, *ob nämlich unser Volk tatsächlich genügend Wohnraum hatte und hat*, um ein Kulturdasein zu führen, wie es sich für ein Volk, das eine Zivilisationsstufe wie die deutsche erklommen hat, gehört. Diese Frage war lange umstritten. Hier stand lange Zeit Meinung gegen Meinung, bis die vor kurzem veröffentlichten Ergebnisse der Zählung der leerstehenden Wohnungen, die zugleich mit der Volkszählung im Juni 1933 stattgefunden hatte, Klarheit geschaffen haben. Man glaubte nämlich aus den verhältnismäßig vielen leerstehenden größeren Wohnungen namentlich in den Großstädten auf einen Überfluß im allgemeinen, namentlich im Hinblick auf die starke Bautätigkeit in den Jahren 1927—1931 — von der schon oben die Rede war —, schließen zu können. Dieser Schluß ist aber nicht berechtigt. *Die Leerwohnungszählung vom Juni 1933 hat dargetan, daß wir keinen Überfluß, sondern im Gegenteil einen Mangel an Wohnungen haben.* Sie hat nämlich insgesamt nur einen Bestand an Leerwohnungen von rd. 1% (in den Großstädten von 1,4%, in den Mittelstädten von 0,9%) ausgewiesen. Verteilt auf die einzelnen Wohnungsgrößen zeigen nur die größeren Wohnungen einen höheren Prozentsatz von 3—4%, an den kleinen und mittleren Wohnungen aber, die für die große Masse unseres Volkes in Frage kommen, ist kein genügender Vorrat vorhanden, noch nicht 1%, während man vor dem Kriege 3%, und zwar mit Recht, als das Mindestmaß annahm, das notwendig wäre, den Bedarf ordnungsmäßig zu befriedigen.

Es mag vielleicht auf den ersten Blick manchem erstaunlich erscheinen, daß trotz der regen Bautätigkeit und des geringen Zuwachses der Bevölkerung infolge des fortgesetzten Geburtenrückgangs ein solch großer Wohnungsmangel vorhanden ist. Aber der Wohnungsbedarf richtet sich nicht nach dem Bevölkerungszuwachs, sondern maßgebend für ihn ist *Zahl wie Zuwachs der Haushaltungen.* Und wie schon oben erwähnt, ist die Zahl der Haushaltungen in dem letzten Jahrzehnt außerordentlich gewachsen: von 1925—1933 um über 2,2 Millionen oder 14%, während die Bevölkerung nur um 4% zugenommen hat. Die Zahl der Haushaltungen ist also dreimal so rasch gewachsen wie die Einwohnerzahl. Wie ist dies möglich? — Nun, die Ursache dieser Discrepanz liegt eigentlich klar auf der Hand. Sie ist darin begründet, daß die starkbesetzten Geburtenjahrgänge der Vorkriegszeit jetzt herangewachsen, in das Heiratsalter eingetreten sind und tatsächlich auch in den meisten Fällen geheiratet haben, während auf der anderen Seite die allgemeine Lebensdauer sich verlängert hat. Das bewirkte eine Vermehrung der Haushaltungen wie nie zuvor und damit zugleich eine außerordentliche Nachfrage nach Wohnungen. Daß trotzdem überhaupt noch ein Leerwohnungsvorrat vorhanden ist, und zwar insbesondere größere Wohnungen leerstehen, ist nur die Folge der Wirtschaftskrise, die eine allgemeine Schrumpfung der Kaufkraft und damit auch der Nachfrage nach Wohnungen nach sich gezogen hat. Ein Teil der Bevölkerung ist nicht mehr in der Lage, die Kosten einer selbständigen Wohnung aufzubringen, mußte seine zu teuer gewordene Wohnung aufgeben, eine kleinere Wohnung nehmen oder gar zu Verwandten ziehen. *Der Leerwohnungsbestand ist somit ein Zeichen der eingetretenen Verarmung unseres deutschen Volkes* und weit entfernt davon, ein Zeichen des Wohnungsüberflusses zu sein.

Welche Folgerungen ergeben sich daraus? Es wäre völlig verkehrt, die Wohnungsproduktion einschränken oder gar einstellen zu wollen — wie man es 1931 und 1932 beabsichtigt hatte. *Im Gegenteil, da wir keinen Überfluß, sondern Mangel an Wohnungen haben, muß gebaut werden.* Freilich wird man darauf Rücksicht nehmen müssen, daß z.T. eine Anzahl größerer Wohnungen, besonders in den Großstädten, leerstehen. Man wird ein Wohnungsbauprogramm entwerfen müssen, das insbesondere die Herstellung von kleinen und mittleren Wohnungen ins Auge faßt, da an diesen auch gegenwärtig Mangel herrscht. In der Zukunft wird man freilich auch an die Erbauung von größeren Wohnungen denken müssen. Denn wir hoffen doch bald diese Wirtschaftskrise überwunden zu haben, wir erwarten einen Aufstieg wie in politischer so auch in wirtschaftlicher Hinsicht. Damit wird sich dann auch die Kaufkraft heben, so daß wir bald Wohnungen in allen Größenklassen benötigen. Heute wohnt noch ein großer Teil unserer städtischen Bevölkerung eng, zusammengedrängt, ungesund und mangelhaft. Geräumig, frei und luftig muß aber ein zukünftiges Geschlecht wohnen; so nur wächst eine neue starke, gesunde und kräftige Generation heran.

IV. Die Ernährungslage des deutschen Volkes in Vergangenheit und Gegenwart.

1. Wandlungen der Volksernährung im Laufe der Zeit.

Die Ernährung wird zum Problem.

Über die Ernährungslage in früheren Zeiten und Jahrhunderten wissen wir nur wenig. Eigentlich stehen nur zwei Tatsachen fest. Einmal, daß die Menschen von jeher eine gemischte Kost bevorzugt haben, daß weder reine Pflanzennahrung noch reine Tiernahrung auf die Dauer Bestand hatten und zweitens, daß aller Wahrscheinlichkeit nach die Ernährung in früheren Zeiten sehr stark verschieden war je nach Rang und Stand. Während die „Vornehmen" und „Hohen" die „beati possidentes" vielfach schlemmten, darbte zumeist die Masse des Volkes[1].

Hinsichtlich des ersten Punktes stimmen Historiker wie Ethnographen überein, daß reine Pflanzennahrung stets nur ein Notbehelf dann war, wenn aus irgendwelchen Gründen animalische Erzeugnisse nicht zu erlangen waren. Auf der anderen Seite kennen wir aber auch kein Volk, das ausschließlich sich von Fleisch genährt hätte. Wir finden bei Jäger- wie bei Nomadenvölkern stets auch einen, wenn vielleicht nur recht primitiven Ackerbau. Diese Unmöglichkeit des Menschen, allein von Fleisch zu leben, dürfte physiologisch in dem Bau der Kauwerkzeuge und der Verdauungsorgane begründet sein. Zweifelhaft mag allerdings sein,

---

[1] Vgl. hierzu auch *meinen* Aufsatz: Hunger und Ernährung im Handbuch der sozialen Hygiene und Gesundheitsfürsorge, 5. Band; ferner LICHTENFELT: Geschichte der Ernährung 1913.

ob es nicht Fischervölker gegeben hat, die ausschließlich von dem Konsum von Fischen gelebt haben.

Wenn somit die omnivore Eigenschaft des Menschen feststehen dürfte, so hat doch *die Art der Ernährung im Laufe der Zeit große Veränderungen* erfahren. Will man die Tendenz, die hier herrscht, in einem einzigen Satz zusammenfassen, so kann man vielleicht sagen: das Streben des Menschen ging stets dahin, die leicht verdaulichsten, bekömmlichsten und dabei doch schmackhaftesten, und andererseits die, die geringste Mühe der Zubereitung erfordernden Nahrungsmittel auszusuchen; und die Fleischnahrung zeigte sich in dieser Hinsicht allen anderen überlegen, nicht nur infolge ihres hohen Nährwertes (Eiweißgehaltes) und ihrer Schmackhaftigkeit, sondern auch durch die Möglichkeit der reichen Abwechslung. Denn auch dies läßt sich ganz allgemein feststellen, daß — namentlich mit höherer Kultur — das Bestreben sich zeigt, die Ernährung möglichst abwechslungsreich zu gestalten.

In diesem seinem Streben nach bekömmlicher, schmackhafter und abwechslungsreicher Kost wurde der Mensch von den verschiedensten Faktoren beeinflußt und zum Teil in Schranken gehalten, so daß man eine Reihe von *Ursachenkomplexen* unterscheiden kann, die die Wandlungen in der Ernährung beeinflußt und damit wieder den körperlichen wie geistigen Zustand des betreffenden Volkes mit bestimmt haben. Denn nicht nur der Mensch bestimmte sich seine Nahrung unter dem Einfluß der verschiedensten Faktoren, sondern ebenso hat auch die jeweilige Ernährungsweise den Menschen in seiner körperlichen wie geistigen Veranlagung beeinflußt. Als solche Ursachenkomplexe wird man feststellen können:

1. *Die Natur*, insonderheit die Bodenbeschaffung und das Klima des betreffenden Landes.
2. *Das Herkommen, das Gebräuchliche*, die Sitte und Anschauungen über das, was zuträglich ist oder nicht.
3. *Religiöse Anschauungen und Vorschriften*, die gewisse Speisen vorschreiben, andere wieder verbieten.
4. *Der jeweilige kulturelle Zustand*, die Einsicht in die Naturzusammenhänge und die Höhe des Bildungsniveaus; und schließlich im Zusammenhang damit.
5. *Der Stand der Wirtschaft und Technik.*

Wenn auch alle diese Faktoren auf die Ernährungsweise von Einfluß sind, so treten sie doch in den verschiedenen Zeitepochen in recht unterschiedlichem Maße hervor. In dem Kindheitsalter der Völker und Kulturen sind es in erster Linie die Natur (Bodenbeschaffenheit und Klima), sowie ferner Herkommen und religiöse Anschauungen, die die Art der Ernährung bestimmen. Die wilden Völkerschaften essen und trinken alles Genießbare, was die Natur und die Gelegenheit ihnen bietet, Perioden der Dürre, Aussterben des Wildstandes lassen sie hungern und darben. Mit dem Aufsteigen zur ersten, primitiven Kulturstufe wird dann die Ernährungsweise durch das Herkommen in Verbindung mit religiösen Vorschriften geregelt. Beides ist vielfach auf die Erfahrung früherer Generationen über das, was zuträglich und bekömmlich ist, zurückzuführen. Solche Ge- und Verbote gewisser Speisen finden wir schon frühzeitig bei allen Völkerschaften und sie haben sich bis in die neueste Zeit — wie z. B. Schweinefleischverbot bei den Juden, Fasten in katholischen Gegenden — erhalten.

Mit fortschreitender Kultur, der zunehmenden Einsicht in die physikalischen und wirtschaftlichen Zusammenhänge und in Verbindung damit den Fortschritten der Wirtschaft durch Änderungen in der Technik infolge Erfindungen tritt der Einfluß der Natur des Landes sowie des Herkommens und der religiösen Anschauungen mehr und mehr zurück, und das Bestreben gewinnt die Oberhand, *die Nahrung immer zweckmäßiger zu gestalten durch Auswahl der Speisen, die leicht verdaulich, bekömmlich und schmackhaft sind und eine abwechslungsreiche Kost gestatten. Reich eiweißhaltige Stoffe werden dabei bevorzugt, vor allem Fleisch, dann auch Milch, Eier, Butter, Käse.*

Die vegetabilische Nahrung wird verfeinert, und zwar in doppelter Weise: einmal durch Anbau der feineren, einweißhaltigeren Vegetabilien an Stelle der gröberen, zum anderen durch bessere Bereitung der aus diesen Stoffen hergestellten Speisen, feinere Ausmahlung des Mehles u. dgl. Dazu tritt das Bestreben, einmal die Kost durch Gewürze reizvoller, zum anderen durch Genußmittel wie Zucker, Kakao, Kaffee, Tee u. dgl. abwechslungsreicher zu gestalten. Eine Differenzierung zwischen der Kost der Ober- und Unterschicht tritt jetzt ein und wird vielfach immer noch verschärft und vergrößert. Aber während in den primitiven Zeiten diese Differenzierung auf dem Herkommen, der Sitte oder in religiösen Vorschriften beruht, ist sie später in der wirtschaftlichen Ohnmacht der unteren sozialen Klassen begründet. Auch diese haben das Bestreben, ihre Nahrung zu verbessern, sie vermögen es nur nicht, da ihnen die finanziellen Mittel fehlen.

Die zweite oben erwähnte Tatsache, *die Unterschiedlichkeit in der Ernährung zwischen „vornehm" und „gering", „hoch" und „niedrig", „reich" und „arm"* finden wir in der Geschichte aller Völker vielfach belegt.

Sobald die Völker sich in Ständen gliedern, wird auch ein großer Unterschied in der Ernährung gemacht. Die Gleichmäßigkeit in der Ernährung, wie sie grundsätzlich und im großen und ganzen heute besteht, wo der Arme, wenn auch nicht der Qualität, so doch der Art nach die gleichen Nahrungsmittel genießt wie der Reiche, war den früheren Zeiten unbekannt. So erzählt uns HERODOT aus Ägypten, daß Rind- und Gänsefleisch sowie „heiliges Gebäck" nur Nahrung der Priester sein dürfte, dem Volke dagegen verboten war, das neben Weizen und Gerste nur Fische verzehren durfte, deren Genuß wiederum den Priestern verboten war. In Asien, dem typischen Land des Kastenwesens, ist der Unterschied der Ernährung zwischen „hoch" und „niedrig" besonders groß gewesen. So wird aus Japan berichtet, daß der Genuß von Geflügel, an dem es in Japan niemals gemangelt hat, ein Privileg der besser situierten Klassen gewesen sei, während der Arme, der „Kuli" sich mit Reis begnügen mußte. Bekannt ist die Schlemmerei und Völlerei der „beati possidentes" zu Beginn unserer Zeitrechnung, der ein elend lebendes Proletariat, das nach „panem et circensem" verlangte, gegenüberstand. Und das gleiche Bild am Ausgang des Mittelalters, zu Beginn der sog. neuen Zeit. Die oberen Schichten ernährten sich außer von den Erträgnissen der Jagd (die dem Bauer verboten war) von den Abgaben, den „Zehnten" der hörigen Bauern, die in dem besten Vieh, Milch, Eiern und dem besten Korn bestanden, während die Nahrung des niederen Volkes — wie uns um 1544 SEBASTIAN MÜNSTER berichtet — aus „schwarze Ruckenbrod, Haberbrey, oder gekochten Erbsen und Linsen" bestand, ihr Trank war Wasser und Molken. Und dieser Zustand erhielt sich Jahrhunderte, ja er verschlimmerte sich noch teilweise infolge der großen und langen Kriege, so besonders während des 30jährigen. Aber auch im 18. Jahrhundert war es keinesfalls besser, da die Ausbeutung und Unterdrückung der Bauern durch die Grundherrn ihnen kaum das Notdürftigste zum Leben ließ. So schreibt 1740 ein französischer Bischof an den Minister FLEURY: „Unseren Landleuten fehlt die Hälfte des Jahres ihr Brot aus Gerste und Hafer, das ihre einzige Nahrung bildet." 1752 sagte FLOQUET im Parlament der Normandie: „Die Wohlhabenden haben Mühe, ihr Leben mit Brot zu fristen, das gemeine Volk entbehrt es völlig und muß, um nicht Hunger zu sterben, zu Nahrungsweisen greifen, die der Menschheit zur Schande gereichen." GOETHE berichtet in seiner italienischen Reise 1786, daß die welschen Tiroler in der Hauptsache Mais und Buchweizen genossen, das ganze Jahr hindurch aber kein Fleisch. „Außerdem essen sie noch Früchte und grüne Bohnen, die sie in Massen absieden und mit Knoblauch und Öl anmachen[1]." Dies nur eine kleine Auslese. Und wenn auch die Berichte übertrieben sein mögen — man braucht meistenteils von den älteren Berichten nur die Hälfte zu glauben — so gewinnt man doch den Eindruck, daß die Ernährung der Masse des Volkes in der damaligen Zeit, gemessen an der gegenwärtigen, elend und jämmerlich war.

Erst im Laufe des 19. Jahrhunderts, und zwar in Deutschland vornehmlich von der zweiten Hälfte an, besserten sich die Ernährungsverhältnisse. Die Kost wurde reichhaltiger, abwechslungsreicher und vor allem qualitativ besser, indem an Stelle grober, oft mangelhaft zubereiteter Nahrungsmittel eine feinere, einen

---

[1] Nach LICHTENFELT a. a. O.

höheren Nährwert enthaltende und leichter verdauliche Kost trat. Zurückzuführen war dies vor allem einmal auf das *Eindringen der Wissenschaft, der Agrikulturchemie in die landwirtschaftlichen Betriebe.* Jetzt wurde die Feldbestellung eine intensivere, bessere Sorten konnten angebaut werden, ein höherer Ertrag pro Hektar wurde erzielt, die Viehhaltung hob sich, das Vieh wurde gemästet. Dazu kam zweitens die *bessere Verarbeitung der Früchte durch Neuerungen in der Technik und die bessere Zubereitung der Speisen durch Kenntnisse der Zubereitungsmethoden, und drittens die Fortschritte im Gewerbe, Industrie und Handel,* die in Verbindung mit der Verbesserung der Verkehrsmittel und -wege es gestatteten, Agrarprodukte aus klimatisch günstiger gelegenen Ländern den dichtbevölkerten Staaten Europas zuzuführen. Mit dem Aufsteigen auch der unteren Volksschichten zum Lichte der Kultur und Zivilisation, der Metamorphose des alten Handwerksgesellen und hörigen Bauern zum modernen Industriearbeiter, der zunehmenden Industrialisierung und Verstädtigung, der Entwicklung des Dorfes zur Stadt, der Stadt zur Großstadt, damit Hand in Hand gehend der Vermehrung und Verfeinerung der Bedürfnisse und Ansprüche, trat eine Zunahme des Fleischverbrauchs auch der unteren Schichten und ein Übergang von der Roggenbrotnahrung zum Weizenbrot ein.

Doch obgleich sich die Ernährungsverhältnisse im Laufe des letzten Jahrhunderts ganz zweifellos gebessert haben, wurden sie trotzdem *immer mehr zu einem Problem,* das der Erforschung und Klarlegung bedurfte. Wenn auch die Ernährung der großen Masse in den früheren Jahrhunderten kümmerlich und schlecht war, das Volk oft geradezu darbte, war die Ernährung in den damaligen Zeiten doch kein Problem wie heute. Es fehlten nämlich zwei wichtige Voraussetzungen: Einmal brachte die heimische Erde alles Notwendige. Freilich es fehlte der ausgleichende Handel. Kurz nach der Ernte, besonders wenn diese günstig war, hatte das Volk reichlich zu essen zu niedrigen Preisen. Es herrschte ein gewisses Wohlleben, es wurde unbekümmert und meist unbesorgt um die Zukunft gut gelebt. Verschwendung und Vergeudung mag oft an der Tagesordnung gewesen sein. Wenn allerdings die Ernten schlecht ausfielen, dann war die Not groß, und der Hunger stand vor der Tür. Unsere Berichte dürften sich auf solche schlechten Zeiten beziehen. Aber eins fehlte doch, das uns heute bedrückt: die ständige Sorge der Gegenwart: die Sicherstellung der lebensnotwendigen Einfuhr vom Ausland. Man war noch nicht wie heute zu einem mehr oder weniger großen Teil auf das Ausland angewiesen. Der heimische Boden ernährte noch die Bevölkerung völlig.

Zum anderen aber wurde die damalige schlechte Ernährung nicht als etwas durchaus Verbesserungsbedürftiges und Verbesserungsmögliches empfunden. Dazu war die Kultur noch zu primitiv, die Ansprüche zu gering, die Bedürfnisse zu einfach, das Denken noch nicht aufgewacht. Man fand sich mit den gegebenen Verhältnissen ab, ob sie gut oder schlecht waren. Man nahm sie hin als Schicksal, als von Gott gegeben. Eine Sache wird aber erst dann zum Problem, wenn ihre Unzulänglichkeit erkannt und ihre Verbesserungsmöglichkeit erstrebt wird. Das war erst in den letzten Jahrzehnten vor dem Kriege der Fall. Da erst erkannte man den Einfluß der guten Ernährung auf die Leistungsfähigkeit in körperlicher und nicht minder in geistiger Hinsicht. Man wurde gewahr, daß man nur mit einer gut ernährten und damit leistungsfähigen Arbeiterschaft wirtschaftlich in die Höhe kommen und auf dem Weltmarkt der Konkurrenz ein Paroli bieten konnte.

Dazu kam noch ein zweiter Punkt: nämlich die *Wandlungen in der Ernährung infolge Industrialisierung und Verstädtigung* der Bevölkerung. Jahrhundertelang war die Ernährung der großen Masse der Minderbemittelten gleichmäßig und stabil: in der Hauptsache Vegetabilien, Roggenbrot, Kartoffeln, Gemüse, wenig Fleisch, Milch und etwas Butter. Und der Landmann, der Bauer gedieh bei dieser Ernährung. Diese grobe voluminöse, vegetabilische Kost war seinen Lebens- und Arbeitsbedingungen angepaßt, wenn es auch Zeiten gab, in denen er darben mußte.

Da kam die Industrialisierung und stellte ganz andere höhere Anforderungen an Körper und Geist. Denn das darf man wohl ruhig aussprechen: die Arbeit des Landmannes ist wohl körperlich recht anstrengend, aber gesund, da, wenn auch tüchtig, so doch in Ruhe und ohne nervöse Hast gearbeitet wird. Die Arbeit des Städters aber und seine Lebensweise ist nervenverbrauchend, vielfach gesundheitsschädigend und erfordert eine Ernährung, die ein Gegengewicht gegen diese zerstörenden Kräfte bietet.

So wurde also *die Ernährungsfrage von zwei Seiten aus zu einem Problem*: Einmal durch das Aufsteigen der großen Masse zum Lichte der Kultur und Zivilisation, wodurch die Lebens- und Arbeitsweise eine andere wurde, was wiederum dazu führte, daß neue Bedürfnisse erweckt, Ansprüche erhöht und somit auch Forderungen auf bessere Ernährung gestellt wurden. Zum anderen durch die Erkenntnis der Wichtigkeit einer guten und sachgemäßen Ernährung zur Erhaltung der Leistungsfähigkeit von Geist und Körper.

Mit diesem Problem: Volksernährung werden wir uns im folgenden zu beschäftigen haben. Die Methoden, die angewandt werden, um dies Problem zu meistern, sind schon oben besprochen: es sind einmal die statistisch-wissenschaftlichen Untersuchungen, zum anderen die Ergebnisse der Ernährungsphysiologie.

2. Die Ernährung des Städters und des Landbewohners in der Gegenwart.

Oswald Spengler hat in seinem „Untergang des Abendlandes“[1] auf die Gegensätzlichkeit in der seelischen Verfassung des Stadtbewohners und des Dörflers aufmerksam gemacht. Beide gehören anderen, sich nur wenig berührenden Denkkreisen an, der Bauer ist „geschichtslos“, die Stadt und der Städter allein repräsentieren die jeweilige Kultur. Dieser Unterschied in der Seele kommt auch in der Ernährung zum Ausdruck, und hier sehen wir vielleicht am deutlichsten jene Wechselwirkung zwischen Ernährung und geistigem wie körperlichem Habitus der Bevölkerung, von der schon oben die Rede war. Der Bauer steht in ständiger, inniger Berührung mit der Natur und wird daher von dieser in ganz anderem Maße beeinflußt als der Städter, für den die soziale Um- und Mitwelt bestimmend ist auf seine Denkungsart. Infolgedessen halten sich auf dem Lande die herkömmlichen Gebräuche auch in der Ernährung viel länger als in der Stadt. Die Veränderungen gehen hier weit langsamer vor sich; es wird, wie in allem anderen, so auch in der Ernährung, an dem festgehalten, was traditionell gebräuchlich ist. Was Vater und Großvater aßen, dasselbe verzehren auch Sohn und Enkel.

[1] II. Teil S. 109 ff.

Und diese konservative Art in der Ernährung wirkt wiederum zurück auf die körperliche wie geistige Beschaffenheit des Bauern, hilft mit die konservative Denkungsart, den traditionellen Sinn im Bauerntum aller Länder zu erhalten und zu festigen. Denn wenn auch jener aus der naturalistischen Schule stammende Spruch „Der Mensch ist, was er ißt" übertrieben sein mag, ein Stück Wahrheit steckt doch darin. Den Einfluß der Stoffe, die wir unserem Körper zu seinem Aufbau zuführen, auf die ganze körperliche wie seelische Entwicklung des Menschen leugnen zu wollen, scheint mir nicht angängig. Nur wird man sich natürlich vor Übertreibungen zu hüten haben.

Die Nahrung des Städters ist demgegenüber „rationeller", mehr von Zweckmäßigkeitsgründen diktiert. Die Bestrebungen, die Kost durch Übergang zu stärker eiweißhaltigen Nahrungsmitteln zu verbessern, an die Stelle einer mehr vegetabilischen Nahrung eine mehr animalische treten zu lassen, kommen hier viel elementarer zum Durchbruch. Dazu kommt, daß der Bauer mehr isoliert und abgeschlossen von der Welt lebt, der Städter dagegen in den Strudel des Weltverkehrs einbezogen ist. Auch das wirkt in der gleichen Richtung der weiteren Differenzierung der Nahrung. Denn für den Landmann wird infolgedessen das Selbstverständliche und Gegebene sein, in der Hauptsache von dem Ertrage seiner Scholle zu leben, während auf den Tisch des Städters die Früchte aus aller Herren Länder gelangen.

Das erwähnte Streben des Städters, an die Stelle der gröberen, schwerer verdaulichen Kost eine feinere, leichter verdaulichere und stärker eiweißhaltige zu setzen, hat aber nicht nur in dem mehr „rationallen" Denken des Städters, seinem Brechen mit dem Altüberkommenen sowie in der Möglichkeit der leichteren Erlangung aller gewünschten Nahrungsmittel seinen Grund, sondern auch in seiner *anders gearteten Beschäftigungsweise.* Die vornehmlich körperliche, stets im Freien ausgeübte Tätigkeit des Landmannes verlangt und verträgt eine derbere Kost. Der Appetit ist stark, die Organe sind gut ausgearbeitet und kräftig; Roggenbrot, Gemüse, Leguminosen, Kartoffeln, Milch, aber weniger Fleisch und tierische Fette ist hier die natürliche, den Verhältnissen angepaßte Ernährung. Eine ganz andere Ernährung bedarf dagegen die vielfach sitzend ausgeübte, selten im Freien, meist in geschlossenen Räumen stattfindende, stets nervenaufregende und nervenverbrauchende Tätigkeit des Städters. Sei es im Maschinensaal der Fabrik oder in den Büros der großen Unternehmungen, sei es in den Kontoren der Handelshäuser oder am Studiertisch und Laboratorium des Gelehrten, stets verlangt seine Tätigkeit ein fortgesetztes Aufpassen und Achtgeben, ein fortwährendes Anspannen des Geistes, und damit ist *ein starker Verbrauch an Nerven- und Geisteskraft* verbunden. Einer solchen Tätigkeit entspricht keine derbe Kost, hier verlangt der Magen *Nahrungsmittel, die bei leichter Verdaulichkeit einen hohen Nährwert haben*, da den angestrengten, nervös überreizten Organen möglichst wenig Arbeit zugemutet werden darf. Eine derbe Kost würde hier zu Verdauungsstörungen führen. Das gilt in ganz besonderem Maße für den rein geistigen Arbeiter. Eine solche Kost ist aber Weizenbrot an Stelle von Roggenbrot und vor allem mehr Fleisch, tierische Fette und Fisch. Dazu kommt noch ein zweites Moment, das in der gleichen Richtung wirkt: Die Trennung von Arbeitsstätte und Wohnstätte, die in den Großstädten räumlich sehr weit auseinanderliegen, hat zu der sog. „durchgehenden Arbeitszeit", die ohne längere Pausen, 8, 9 und 10 Stunden beträgt, geführt. Soll der Körper ohne gesundheitsschädigende Wirkungen solch lange Pausen im Essen vertragen, so braucht er eine Nahrung, die lange vorhält, einen großen Sättigungswert hat. Das ist aber allein die Fleischkost. Während bei vorwiegend vegetabilischer Nahrung fünf Mahlzeiten am Tage eingehalten werden müssen, kann sich der Großstädter bei vorwiegend animalischer Kost mit drei, unter Umständen sogar mit zwei Mahlzeiten begnügen.

Damit soll durchaus nicht gesagt sein, daß die Kost des Landbewohners etwa eine schlechtere, unterwertigere gegenüber des Städters sei. Sie war schlecht nur bei den ausgebeuteten hörigen Feudalbauern früherer Zeiten und bis zur Gegenwart bei den schlecht bezahlten Landarbeitern und manchmal bei dem ländlichen Gesinde. Im besser situierten Bauerntum und erst recht bei den grundbesitzenden Klassen begegnen wir dagegen einer, wenn auch einfachen, so doch ganz vorzüglichen Kost[1]. Denn *die Nahrung in ländlichen Kreisen ist natürlich und echt*; Kunstprodukte, durch die Industrie hergestellte Nahrungsmittel kommen gar nicht oder doch nur ganz vereinzelt auf den Tisch. In *der städtischen Bwvölkerung* dagegen und namentlich in den minderbemittelten Schichten, herrscht, vor allem in den letzten Jahrzehnten das Streben vor, die immer teurer werdenden natürlichen, „echten" Nahrungsmittel *durch künstliche, durch Surrogate* zu ersetzen: an Stelle der Butter tritt die Margarine, an Stelle frischer Milch kondensierte oder Milchpulver, Ei wird ersetzt durch „Eiersatz", frisches Fleisch durch Konserven oder Wurst minderwertiger Qualität, statt Honig wird Kunsthonig oder Marmelade genossen u.dgl. Selbst wenn diese künstlichen Nahrungsmittel der Gesundheit auch nicht direkt schädlich sind, so bedeuten sie doch immerhin eine *Beeinträchtigung der Kost*, da alle diese Surrogate — mit Ausnahme der medizinischen Präparate — weit weniger Nährwert haben, vielfach auch weniger bekömmlich sind als die echten Stoffe, die sie ersetzen sollen. Aber nicht wenige dieser Ersatzstoffe sind auch direkt gesundheitsschädlich.

Diese Feststellungen sind von Bedeutung für das Problem der Volksernährung. *Nicht die Erforschung der Ernährungsverhältnisse des Landbewohners, sondern der*

---

[1] Daß die Kost des Landbewohners auch heute noch eine recht gute ist, beweisen die darüber vorliegenden Untersuchungen. Vor allem sind zu nennen: M. Hofer: Die Lebenshaltung des Landarbeiters, Wirtschaftsrechnungen von 130 Landarbeiterfamilien, 1930 und H. Tiedke: Die Ernährungsweise des pommerschen Landarbeiters, 1933. Wie aus diesen Untersuchungen hervorgeht, ist nicht nur der Verbrauch an Brot und Kartoffeln, sondern auch an Fleisch größer als im Durchschnitt städtischer Arbeiterfamilien. So stellte sich pro Tag und Vollperson der Konsum an Brot auf 360 g gegen 307 g in städtischen Familien, der Kartoffelverbrauch auf 790 g gegen 422 g, der Fleischverbrauch auf 130 g gegen 126 g. Der Verbrauch an den übrigen Nahrungsmitteln entsprach ungefähr den städtischer Familien. Allerdings wird dabei bemerkt, daß der Ausgabenanteil für Ernährung besonders hoch sei; er stellte sich nämlich auf 57% gegen 45% in städtischen Arbeiterfamilien. Das ist aber ganz natürlich, da der Landarbeiter bei weitem nicht die Gelegenheit zu „sonstigen Ausgaben" (Vergnügen, Erholung, Bekleidung usw.) hat als der Städter. Auch die Untersuchungen von Scheunert und Krzywankte (Ztschr. f. Ernährung, 1932, Heft 2) bestätigen diese Tatsache der guten Ernährung der Landarbeiter. Bei einer Umfrage der „Deutschen Landwirtschaftlichen Gesellschaft", die sich auf 72 Fragebogen im April und 52 Fragebogen im August 1930 erstreckte, betrug der Gesamtverbrauch an Kalorien pro Tag und Vollperson 3839 bzw. 3743, die Grenzwerte lagen zwischen 2800 und 4500. Auch die Eiweißzufuhr war sehr groß: sie betrug im Mittel in der Aprilwoche 104,2 g pro Tag und Vollperson, in der Augustwoche 100,8 g, dieGrenzwerte lagen zwischen 70 g und 120 g, also im ganzen erheblich höher als im städtischen Arbeiterfamilien.

des Städters steht an erster Stelle. Die Fragen, die sich hier aufdrängen, sind vornehmlich folgende: erstens ist die Ernährungslage des Städters, des Industriearbeiters wie des Büroangestellten qualitativ und quantitativ so ausreichend, daß die volle Leistungsfähigkeit von Geist und Körper gewährleistet wird, und zweitens inwieweit kann die Ernährung des Städters durch die heimische Produktion gedeckt werden, welche Nahrungsmittel und in welcher Menge müssen dagegen vom Ausland bezogen werden, und weiter, in welchem Maße ist es möglich, die Ernährung des deutschen Volkes, ohne Verschlechterung der Qualität, so umzustellen, daß — wenn auch vielleicht nicht die gesamte Ernährung — so doch ein möglichst großer Teil des Bedarfs auf der heimischen Scholle erzeugt werden kann. Dies sind die beiden Probleme, die uns in der Hauptsache im folgenden beschäftigen sollen. Bevor wir sie unmittelbar behandeln, soll der Einfluß der Familienstärke (Kinderzahl der Familien) sowie des Berufs und des Einkommens auf die Ernährung kurz erörtert werden, da wir auch hierdurch Beiträge zur Aufhellung unseres Problems erhalten.

3. Der Einfluß der Familienstärke (Kinderzahl der Familien) auf die Ernährung.

Über diese Frage geben fast sämtliche oben aufgeführten statistischen Erhebungen über die Lebenshaltung Auskunft; insbesondere auch die große *Vorkriegsuntersuchung* des Kaiserlich Statistischen Amts vom Jahre 1907. Freilich müssen wir uns hierbei auf die Erörterung der Ausgaben für die Nahrungsmittel beschränken, da, wie schon erwähnt, der Verbrauch nicht einwandfrei festgestellt ist. Hinsichtlich der Nahrungsmittelausgaben aber zeigen sich folgende charakteristische *Gesetzmäßigkeiten.* Mit steigender Kopfzahl der Familien erhöht sich nicht nur der absolute Betrag, der für die Ernährung ausgegeben wird, sondern auch der Prozentanteil; letzterer steigt von 40,6% in Familien mit zwei Köpfen auf 58,2% in zehnköpfigen Familien. Je größer die Familie ist, ein desto größerer Teil muß für die Ernährung ausgegeben, ein desto kleinerer bleibt für die Befriedigung der übrigen Bedürfnisse übrig.

Innerhalb der Ausgaben für die einzelnen Nahrungsmittel zeigen sich aber mit steigender Kopfzahl *wesentliche Verschiebungen*: Der Anteil der Ausgaben für die hochwertigen animalischen und teuren Nahrungsmittel geht zurück, dagegen steigen dem absoluten Betrage nach wie anteilsmäßig die Ausgaben für vegetabilische Nahrungsmittel. Besonders charakteristisch ist hierbei der Rollentausch von Fleisch und Brot. Der Ausgabenanteil von Fleisch, Wurst und Fischen geht von 27,4% der Gesamtausgaben für Ernährung auf 23,9% zurück, der Ausgabenanteil von Brot steigt dagegen von 13,7 auf 21,6%.

In der *Nachkriegszeit* hat insbesondere die Erhebung des Statistischen Reichsamts vom Jahre 1927/28 sich mit der Frage des Einflusses der Kinderzahl auf die Ernährung beschäftigt. Hier sind die Ausgaben auf die Vollperson[1] umgerechnet, wodurch infolge Ausschaltung der unterschiedlichen Zusammensetzung der Haushalte der Einfluß der Familienstärke noch klarer hervortritt. Da zeigt sich zunächst, daß die auf die Vollperson entfallende Nahrungsausgabe mit wachsender

[1] Vom 15. Lebensjahr an männliche Person = 100, weibliche = 90, vom 10.—14. Lebensjahr = 75, bis zum 9. Lebensjahr = 50.

Kinderzahl zurückgeht, d.h. also je mehr Kinder in der Familie vorhanden sind, eine desto geringere Verbrauchsquote entfällt auf den Kopf der Person. So wird bei gleichem Einkommen in Arbeiterkreisen in Haushaltungen mit einem Kind für die Ernährung 508 RM pro Vollperson aufgewendet, dagegen in Haushaltungen mit vier und mehr Kindern nur 354 RM, bei den Angestellten zeigt sich ein Rückgang von 522 auf 395 RM und bei den Beamtenfamilien von 546 auf 387 RM. Unterschieden nach den einzelnen Nahrungsmitteln zeigt sich — immer gleiche Einkommensverhältnisse vorausgesetzt — insbesondere eine Einschränkung im Verbrauch der Nahrungsmittel, die zu den Hauptträgern der Eiweißstoffe gehören wie vor allem Butter, Eier, Fleisch, Fische. Aber auch der Verbrauch von Gemüse und Obst weist einen starken Rückgang auf. Eine Zunahme haben nur Brot und Kartoffeln, sowie Margarine und Schmalz als Ersatz für Butter zu verzeichnen. Das bedeutet, daß *mit zunehmender Familiengröße die Qualität der Ernährung sich wesentlich verschlechtert*, denn es findet ein Ersatz der wertvollen teuren Nahrungsmittel durch geringwertigere billigere statt, ferner auch ein Übergang zu billigeren Sorten und minderen Qualitäten[1].

Diese Feststellungen sind in *kultur- und sozialpolitischer Hinsicht von größter Tragweite*; sie werden zu einer ernsten Mahnung auf steuer- wie lohnpolitischem Gebiete soviel wie nur möglich eine Entlastung der kinderreichen Familien herbeizuführen. Denn die Bekämpfung des Geburtenrückgangs und damit des drohenden Verfalls unseres Volkes erfordert, alle Kräfte aufzubieten, den Familien mit einer größeren Kinderzahl das Leben zu erleichtern, um sie hinsichtlich ihrer Lebenshaltung nicht soviel schlechter zu stellen als kinderlose Familien. Dazu gehören neben Steuerermäßigungen auch andere Vergünstigungen und Besserstellungen namentlich hinsichtlich der Einkommen (Kinderzulagen im Lohn). Die Schwierigkeiten in der Durchführung solcher Maßnahmen sollen keineswegs verkannt werden. Sie sind aber auch im Interesse einer kräftigen und gesunden Ernährung unseres Nachwuchses notwendig, um zu verhindern, daß in Familien, die ihre Pflicht gegenüber Volk und Vaterland durch Erhaltung einer zahlreichen Nachkommenschaft erfüllen, die Ernährung schlechter und minderwertiger ist, als in kinderlosen und kinderarmen Familien.

---

[1] Wie stark die Verbrauchseinschränkung bei zunehmender Kinderzahl ist, sollen hier einige wenige Zahlen erweisen: So betrug bei gleichem Einkommen in Arbeiterfamilien der Rückgang der Ausgaben pro Vollperson in Haushaltungen mit 4 Kindern gegenüber Haushaltungen ohne Kinder: bei Butter 75%, bei Eiern 60%, bei Obst 64%, bei Gemüse 54%, bei Fleisch und Fleischwaren 52%, bei Fischen 54%, bei Nährmitteln (Reis, Grieß, Müllereifabrikaten) 18%, bei Zucker 12%. Dagegen betrug die Zunahme an Schwarzbrot 37%, dem aber eine Abnahme des Weizengebäcks von 35% gegenüberstand; — die Zunahme des Verbrauchs an Kartoffeln betrug 26% und die an Margarine sogar 71%. In den Angestellten- und Beamtenhaushaltungen zeigen sich ganz ähnliche Unterschiede in der Ernährung zwischen kinderlosen und kinderreichen Familien. Auch die Untersuchungen des *Hamburgischen Statistischen Landesamtes* bestätigen das oben Gesagte. Nach der Erhebung von 1927 entfielen bei gleichen Einkommen in Prozentsätzen der Ernährungsausgaben auf Fleisch und Fleischwaren in kinderarmen Familien 32%, in Familien mit 4 und mehr Kindern 22%; für Eier stellten sich die Sätze auf 4,5 und 2,6%, für Obst auf 6,0 und 4,8%, für Gemüse auf 5,6 und 3,9%; dagegen umgekehrt für Kartoffeln: 3,7 und 5,1%, Brot: 13,1 und 19,0%.

4. Beruf und Einkommen in ihrem Einfluß auf die Volksernährung.

Schon oben wurde hervorgehoben, daß sowohl der Beruf wie die Stellung im Beruf und insbesondere die Höhe des Einkommens, die ja vielfach vom Beruf abhängt, einen wesentlichen Einfluß auf die gesamte Lebensweise und besonders auf die Art der Ernährung hat. Der Einfluß des Berufs auf die Ernährung kann in doppelter Hinsicht in Erscheinung treten: Einmal wird die Art der Berufstätigkeit einen unmittelbaren Einfluß auf die Ernährung erlangen, indem durch die Ausübung der verschiedenen Berufstätigkeiten die geistigen und körperlichen Kräfte in verschiedenem Maße in Anspruch genommen werden, wodurch eine verschiedenartige Ernährung bedingt wird. Zum anderen wird aber der Beruf und vor allem die Stellung im Beruf auch die Ernährung mittelbar beeinflussen, und zwar dadurch, daß die Berufsstellung die ganze Lebensführung und Lebensweise bestimmt. Nicht nur durch die unterschiedliche Höhe des Einkommens, die allerdings hier die maßgeblichste Rolle spielt, sondern auch durch die von der Berufstätigkeit abhängige Einteilung der ganzen Tagesordnung. So hat ein selbständiger Unternehmer im allgemeinen eine ganz andere Tagesordnung als ein Arbeiter, dieser wiederum eine andere als ein Beamter oder Angestellter. Daß dieses auf die Ernährung zurückwirkt, ist selbstverständlich.

Betrachten wir zunächst *die unmittelbare Einwirkung der Berufstätigkeit auf die Ernährung*, so ist einer Verschiedenheit in der Ernährung schon Erwähnung getan, der zwischen der Landwirtschaft treibenden und der städtischen Bevölkerung. Wir werden unsere Untersuchung daher in der Hauptsache auf die städtischen Berufe beschränken können. Hier werden wir zunächst zwischen Berufen, die mehr körperliche Tätigkeit bedingen, und solchen, die weniger oder gar keine körperliche Arbeit, dagegen geistige Anspannung verlangen, scheiden können. Die Ernährungsweise beider Arten Arbeiter ist in vieler Hinsicht unterschiedlich, und zwar bedingt durch die verschiedenartigen Veränderungen, die Muskelarbeit und geistige Arbeit im Körper hervorrufen. Körperliche Arbeit hat — wie schon oben ausgeführt[1] — einen starken Verbrauch von Calorien zur Folge, bei geistiger Arbeit ist dieser weit geringer, dagegen gehen bei dieser gewisse andere physiologische Veränderungen (Zunahme des Phosphorsäuregehaltes des Blutes) vor sich, die eine eiweiß- und zwar besonders fleischeiweißhaltige Ernährung erfordern. Durch die Natur ihrer Arbeit wird daher der Muskelarbeiter auf eine mehr kompakte, derbere, vielfach vegetabilische Kost, die viel Calorien enthält, der geistige Arbeiter dagegen auf eine feinere, mehr animalische Bestandteile enthaltende Nahrung, die bei geringerem Caloriengehalt viel Eiweiß enthält, hingewiesen. Diese Tatsache wird durch die Erhebungen über Haushaltsrechnungen bestätigt, die ein starkes Überwiegen der Fleisch- und Fettnahrung, daneben auch einen großen Zukkerverbrauch bei Zurücktreten der vegetabilischen Kost bei geistigen Arbeitern, dagegen ein Hervortreten der Kartoffel-Legominosen- und Cerealien-Nahrung bei Handarbeitern zeigen[2].

---

[1] Vgl. II, Die Ergebnisse der Ernährungsphysiologie, S. 9.

[2] Vgl. a. a. GROTJAHN: Über Wandlungen in der Volksernährung (Leipzig 1912), der eine sehr große Zahl von Budgets aus den verschiedenen Quellen — vor allem aus LE PLAY: „Les Ouvriers Europeens" und „Les Ouvriers des Deux Mondes", ferner E. ENGEL: Die Lebenshaltung belgischer Arbeiterfamilien früher und jetzt, 1895; F. WÖRISHOFFER: Die

Die körperlich Berufstätigen wird man aber hinsichtlich ihrer Ernährung noch weiter differenzieren können, und zwar in solche, die *schwere*, die *mittlere* und die *leichte* Körperarbeit verrichten. Zu den ersteren dürften die Berg- und Hochofenarbeiter, zu den zweiten die Arbeiter in Maschinenfabriken, die Schlosser, die Schmiede, ferner die Arbeiter der Elektrizitätsindustrie, der Industrie der Steine und Erden, des Baugewerbes und z.T. im Handel (z.B. Hafenarbeiter) gehören, zu der dritten Gruppe die Arbeiter der Textilindustrie, im Bekleidungsgewerbe und Reinigungsgewerbe. Die Nahrung des Schwerarbeiters wird in bezug auf die Derbheit der Kost mehr der des Landmannes ähneln; dürfte aber im allgemeinen fleisch- und auch fettreicher sein als die des Landarbeiters. Gegenüber der Kost der nur leichtere körperliche Arbeit verrichtenden Personen dürfte sie nicht nur massiger sein, sondern vor allem auch mehr Fleisch und Fett enthalten. Die Nahrung der letzteren wird — namentlich bei geringerem Einkommen — in der Hauptsache aus Kartoffeln und Cerealien bestehen.

Dies wird auch durch die Erfahrung bestätigt. So zeigt — nach den Zusammenstellungen von GROTJAHN — des Budget eines Kohlenhäuers aus dem Ruhrgebiet, 1886, folgenden Verbrauch auf die erwachsene männliche Person nach dem ENGELschen Verfahren berechnet:

---

soziale Lage der Fabrikarbeiter in Mannheim, 1891; KUHNA: Die Ernährungsverhältnisse der industriellen Arbeiterbevölkerung in Oberschlesien, 1894, u. a. — gesammelt hat, aus denen der größere Fleischverbrauch und verhältnismäßig geringere Vegetabilienverbrauch der geistigen Arbeiter hervorgeht. So zeigt das Budget eines akademisch gebildeten Beamten im Kanton Thurgau, 1891, auf die männliche erwachsene Person umgerechnet, einen Verbrauch von 149 kg Cerealien, 111 kg Kartoffeln, 23 kg Zucker, 19 kg Fett, 118 kg Fleisch; das eines Berliner Arztes, 1910: 100 kg Cerealien, 147 kg Kartoffeln, 31 kg Fett, 80 kg Fleisch; das eines Berliner Kaufmanns: 1880 121 kg Cerealien, 131 kg Kartoffeln, 32 kg Zucker, 28 kg Fett, 115 kg Fleisch. Dagegen das Budget eines Arbeiters der Eisenbahnwerkstätten in Frankfurt a. M., 1888: 136 kg Cerealien, 9 kg Leguminosen, 505 kg Kartoffeln, 51 kg Milch, 13 kg Fett, 36 kg Fleisch, das eines Arbeiters einer chemischen Fabrik in Frankfurt a. M. 1888: 182 kg Cerealien, 682 kg Kartoffeln, 12 kg Fett, 25 kg Fleisch. Das eines Grazer Schuhfabrikarbeiters, 1900: 312 kg Cerealien, 33 kg Kartoffeln, 12 kg Zucker, 8 kg Fett, 18 kg Fleisch. Das eines flandrischen Schuhmachers, 1895: 320 kg Cerealien, 347 kg Kartoffeln, 415 kg Milch, 15 kg Fett, 16 kg Fleisch; das eines Zurichters einer belgischen Waffenfabrik, 1893: 248 kg Cerealien, 128 kg Kartoffeln, 5 kg Zucker, 7 kg Käse, 23 kg Fett, 31 kg Fleisch; das eines belgischen Messerschmieds, 1891: 340 kg Cerealien, 370 kg Kartoffeln, 11 kg Fett und verschwindend wenig Fleisch. Alles auf die erwachsene männliche Person (Konsumtionseinheit) und das Jahr auf Kilogramm nach dem ENGELschen Verfahren (s. o.) umgerechnet. Freilich ist hier auch die unterschiedliche Einkommenslage der geistigen und körperlichen Arbeiter zu berücksichtigen, worauf im folgenden eingegangen wird. Die *Nachkriegsuntersuchungen* scheinen einen so großen Unterschied in der Ernährung zwischen den einzelnen Berufsgruppen nicht mehr zu bestätigen: So war nach der Hamburger Untersuchung vom Jahr 1926 der Fleischverbrauch in den 146 Arbeiterfamilien mit 142 kg sogar größer als in den Beamten- und Angestelltenhaushaltungen (123—129 kg), im Brotverbrauch waren nur ganz geringe Unterschiede, nur der Kartoffelverbrauch war bei den Arbeitern größer und der Gemüse- und Obstkonsum bei ihnen geringer. — Auch die Untersuchungen des Statistischen Reichsamts vom Jahre 1927/28 zeigen — wenn man nur die Berufs- nicht die Einkommensunterschiede berücksichtigt — keine großen Unterschiede in der Ernährung von Arbeitern, Angestellten, Beamten. Allerdings zeigen letztere Untersuchungen, daß, wenn auch der Fleischverbrauch in Beamten- und Angestelltenkreisen nicht höher war, doch feinere Fleischsorten verzehrt wurden. Diese geringere Unterschiedlichkeit in der Ernährung zwischen den Berufsgruppen in der Nachkriegszeit rührt daher, daß hier ausschließlich städtische Familien erhoben sind, die unter ähnlichen Lebensbedingungen stehen. Auch der städtische Industriearbeiter benötigt heute — wie schon oben hervorgehoben wurde — eine gemischte Kost mit starker Betonung der animalischen Nahrung und nicht eine kompakte voluminöse vegetabilische Kost wie der Handwerker alten Stils.

249 kg Cerealien, 24 kg Kartoffeln, 39 kg Fett, 42 kg Fleisch; das eines Bergarbeiters aus dem nördlichen Frankreich, 1893: 259 kg Cerealien, 170 kg Kartoffeln, 8 kg Zucker, 26 kg Fett, 50 kg Fleisch; das eines sächsischen Schlossers im Jahre 1886: 179 kg Cerealien, 210 kg Kartoffeln, 15 kg Fett, 54 kg Fleisch. Dagegen das Budget eines Genter Webers aus dem Jahre 1884: 205 kg Cerealien, 303 kg Kartoffeln, 28 kg Milch, 10 kg Fett und verschwindend wenig Fleisch. Ebenso zeigen die schon oben in der Anmerkung aufgeführten Budgets des flandrischen Schuhmachers, des Grazer Schuhfabrikarbeiters und des belgischen Messerschmiedes einen hohen Cerealien- und Kartoffelverbrauch, dagegen einen sehr geringen Fleischverbrauch.

Doch noch bedeutender als der unmittelbare Einfluß der Berufstätigkeit ist der mittelbare, bedingt vor allem durch die *unterschiedliche Höhe des Einkommens.* Zwischen Wohlhabenden und Minderbemittelten, zwischen reich und arm, ergeben sich wesentliche Unterschiede in der Ernährung, die zwar in erster Linie qualitativer Art sind, z.T. aber auch verschieden sind hinsichtlich der Nahrungsmittel, die genossen werden. Zunächst ist die Kost der wohlhabenden Schichten weit reichhaltiger und damit abwechslungsvoller als die der ärmeren Bevölkerung. Auf den Tisch des reichen Mannes kommen all die Nahrungs- und Genußmittel, die die jeweilige Kulturstufe kennt; nicht mit einer einzigen Speise begnügt man sich, wie der minderbemittelte, sondern jede Mahlzeit besteht aus einer Reihe von Speisen. Dadurch soll der Appetit angereizt werden, so daß in den wohlhabenden Schichten vielfach auch quantitativ mehr genossen wird als in den ärmeren. Doch nicht nur reichhaltiger, sondern vor allem auch qualitativ wertvoller ist die Ernährung der Oberschicht. Denn der Wohlhabende kann sich seine Kost frei nach seinem Belieben wählen, der Minderbemittelte ist dagegen in der Auswahl seiner Nahrungsmittel durch sein Unvermögen beschränkt. Infolgedessen werden in den gutsituierten Kreisen die stark eiweißhaltigen Nahrungsmittel wie Fleisch, Butter, Eier in besonderem Maße bevorzugt, und auch der Zucker, z.T. in Gestalt von Zuckerwaren, spielt hier eine große Rolle; dem Minderbemittelten dagegen erlaubt seine beschränkte Vermögenslage nicht, diese wertvollen, aber teueren Nahrungsmittel in ausreichender Menge sich zu beschaffen, und so wird hier gezwungenermaßen zu einer Kost gegriffen, die zwar nicht kräftig ist, dafür aber schon bei nur geringeren Ausgaben ein Sättigungsgefühl hervorruft, nämlich zu magen- und darmfüllenden Nahrungsmitteln wie Kartoffeln, Leguminosen, Roggenbrot.

Die schlechtere Ernährung der Minderbemittelten wird auch durch die Ergebnisse der Lebenshaltungsstatistik (Haushaltsrechnungen) bestätigt. Nach den vom *Deutschen Metallarbeiterverband* 1908 durchgeführten Wirtschaftsrechnungen stellte sich pro Kopf der Verbrauch an Fleisch: bei einem Einkommen von 900—1200 Mark auf 21,6 kg jährlich, dagegen bei einem Einkommen von über 2500 Mark auf 27,8 kg. Dagegen geht der Kartoffelverbrauch von 133,5 kg in den untersten Einkommenstufen unter 1200 Mark auf 108,8 kg in der höchsten Einkommenstufe über 2500 Mark zurück. Nach den *Erhebungen des Kaiserlich Statistischen Amts* über 852 Haushaltsrechnungen des Jahres 1907 stieg der Verbrauch pro Familie an Fleisch und Wurstwaren in den erhobenen 522 Arbeiterhaushalten von 106,1 kg bei einem Einkommen bis 1200 Mark auf 112,8 kg, bei Einkommen von 1600—2000 Mark und schließlich auf 153,8 kg, bei Einkommen von 2000—3000 Mark. Noch deutlicher tritt die Zunahme des Fleischverbrauchs mit steigendem Wohlstande bei den untersuchten 218 Beamtenhaushalten hervor. Es betrug hier der Verbrauch einer Familie an Fleisch und Wurstwaren bei einem Einkommen von 1200—1600 Mark 108,4 kg, dagegen bei einem Einkommen von 4000—5000 Mark 226,2 kg.

Auch die aus den verschiedensten Quellen zusammengestellten Budgets in der schon erwähnten Schrift von GROTJAHN bestätigen die erwähnten Tatsachen. GROTJAHN stellt hier die freigewählte Kost der Wohlhabenden — 12 Budgets — einmal der Kost der städtischen Handwerker, Unterbeamten und gutgestellten Arbeiter — 18 Budgets —, zum anderen der Kost der von jeder Naturalwirtschaft losgelösten, auf reinen Geldlohn angewiesenen industriellen und großstädtischen Arbeiter — zirka 400 Budgets — gegenüber. Als mittlere Normalkost der wohlhabenden Kreise nimmt GROTJAHN — umgerechnet auf eine erwachsene männliche Person nach dem ENGELschen Verfahren — auf Grund der von ihm gesammelten Haushaltsrechnungen an: 175 kg Cerealien, 25 kg Fett, 175 kg Kartoffeln, 100 kg Fleisch, 25 kg Zucker. Einen geringeren Fleisch-, Fett- und Zuckerverbrauch haben dagegen bereits die städtischen Handwerker, Unterbeamte und gutgestellte Arbeiter, Bei den diesen Kreisen entnommenen Budgets erreicht der Fleischverbrauch — auf die erwachsene männliche Person umgerechnet — nur selten 100 kg, hält sich im allgemeinen zwischen 60 und 70 kg, beträgt zum Teil sogar nur 50 kg, und der Fettverbrauch schwankt im allgemeinen zwischen 15 und 20 kg. Noch weit weniger animalisch ist die Kost in den Budgets der großstädtischen Industriearbeiter. Hier beträgt nur in den seltensten Fällen der Fleischverbrauch 50 kg, meist schwankt er zwischen 25 und 35 kg, ist vielfach noch geringer. Auch der Fett- und, soweit angegeben, der Zuckerverbrauch ist sehr gering. Ersterer beträgt im allgemeinen 10—15 kg, selten höher, vielfach geringer; der Zuckerverbrauch ist im großen ganzen ein wenig höher, etwa 15—20 kg, vielfach aber ebenfalls geringer.

Auch die *Nachkriegserhebungen* beweisen die Unterschiedlichkeit der Ernährung in wohlhabenden und minderbemittelten Schichten. Da hier der Verbrauch weit eingehender erhoben ist, sind wir in der Lage, für die Nachkriegszeit ein noch klareres Bild von der Unterschiedlichkeit in der Ernährung bei verändertem Einkommen zu entwerfen. Verfolgen wir den unterschiedlichen Verbrauch an den einzelnen Nahrungsmitteln, so stellte sich nach der *Hamburger Erhebung* des Jahres 1926 der Verbrauch an Fleisch und Fleischwaren in den beiden untersten Einkommenstufen auf nur 97 und 113 kg, dagegen in den beiden höchsten Einkommenstufen auf 148 und 173 kg, auch der Milchkonsum stieg von 350 auf 566 l, der Butterverbrauch von 14 auf 55 kg. Dagegen ging der Konsum an billiger Margarine von 48 auf 41 kg zurück. Wiederum zeigten Gemüse- und Obstverbrauch eine starke Erhöhung von 103 kg (Gemüse) bzw. 62 kg (Obst) auf 180 kg (Gemüse) und 265 kg (Obst).

Noch deutlicher treten die Unterschiede in der Ernährung zwischen minderbemittelten und wohlhabenden Schichten in der *Untersuchung des Statistischen Reichsamts* vom Jahre 1927/28 hervor. Berechnet man — um die unterschiedliche Zusammensetzung der Haushalte auszuschalten — den auf eine Vollperson entfallenden Verbrauch, so zeigen sich folgende charakteristische Gesetzmäßigkeiten: Mit steigendem Einkommen nimmt der Verbrauch an den wertvollen eiweißhaltigen, deshalb aber teuren Nahrungsmittel stark zu, während der Konsum an den kompakten kohlehydratreichen Nahrungsmitteln und ebenso auch an den billigeren Ersatzstoffen (wie z. B. Margarine) zurückgeht.

So steigt der Fleischverbrauch von der untersten zur höchsten Einkommenstufe bei den Arbeitern von 33 kg auf 60 kg oder um 80%, den Angestellten von 33,6 auf 56,5 kg oder 70%, bei den Beamten von 39,6 auf 56 kg oder 40%. Noch weit stärker ist die Zunahme im Verbrauch von Butter: bei den Arbeitern von 2,7 auf 10,1 kg oder 270%, bei den Angestellten von 5,4 auf 14,6 kg oder 170%, und bei den Beamten ebenfalls von 5,4 auf 14,9 kg oder 175%. Auch der Konsum an Milch, Eiern, Fischen, ferner Gemüse, Obst, Nährmittel und Zucker zeigt eine recht beträchtliche Zunahme. So steigt z. B. der Gemüseverbrauch bei den Arbeiterfamilien von 30,6 auf 48,6 kg oder 60%, Obst von 15,8 auf 51,6 kg oder 220%. In den höheren Einkommenstufen der Angestellten und Beamten steigt der Gemüse- und Obstkonsum sogar bis auf über 50 kg (Gemüse) und rd. 65 kg (Obst). Der Zuckerverbrauch erhöht sich von 14 kg in der untersten Einkommenstufe der Arbeiterfamilien auf rd. 18 kg in der höchsten Stufe der Angestellten. Dagegen nimmt mit zunehmender Wohlhabenheit der Verbrauch an den im Verhältnis zu ihren Sättigungswert billigen Nahrungsmitteln ab. So geht in Arbeiterkreisen der Konsum von Roggenbrot von der untersten zur höchsten Einkommenstufe von 99,3 auf 73,3 kg oder um 25% zurück; auch der Konsum an Margarine, der Ersatz für Butter, mindert sich um 11,8 auf 7,1 kg oder 40%. Noch stärker tritt dieser Verbrauchsrückgang in Erscheinung, wenn man auch die Angestellten- und Beamtenhaushalte mit in Betracht zieht. Dann zeigt sich ein Absinken des Roggenbrotkonsums bis auf 60 kg. Es zeigt sich dann auch eine Abnahme des Kartoffelverbrauchs — der bei den Arbeiterfamilien allein nicht zu bemerken ist — von rd. 160 auf rd. 135 kg. Anders wie der Roggenbrotkonsum verhält sich dagegen der Verbrauch von Weizengebäck; der mit zunehmendem Einkommen eine recht starke Steigerung aufweist, so z. B. bei den Arbeitern von 18 auf 36 kg, ansteigend bei den Angestellten- und Beamtenhaushalten bis auf fast 45 kg.

So offenbart sich also auch *in der Ernährung eine gewisse „Rangordnung der Bedürfnisse"*, je nach dem Grade ihrer Dringlichkeit oder Entbehrlichkeit: an erster Stelle stehen Brot, tierische Fette (Margarine), Kartoffeln, es folgen Nährmittel, Zucker, Gefrier- und Hackfleisch, Speck, Fische, Schweinefleisch und Wurst. Zu allerletzt folgen Weizenbrot, Gemüse, Rindfleisch, Eier, Geflügel, Butter und Obst, schließlich die Genußmittel (alkoholische Getränke und Tabak). Setzt man die Ausgaben dafür in Verhältnis zu den Gesamtausgaben, so zeigt sich, daß anteilsmäßig pro Vollperson die Ausgaben für die billigen und meist kalorienreichen und daher leicht sättigenden Nahrungsmittel bei steigendem Wohlstand (vor allem für Brot, Kartoffeln, Margarine, aber auch Nährmittel und Zucker) absinken, dagegen die für die teuren, eiweißhaltigen Lebensmittel (besonders Fleisch, Butter, Eier, Gemüse, auch Obst) zunehmen. Interessant ist eine *Gegenüberstellung von Ausgaben und Verbrauch, woraus Schlüsse auf die Qualität der aufgenommenen Nahrungsmittel* sich ergeben. So zeigt sich, daß die Ausgaben für Fleisch und Fleischwaren mit zunehmender materieller Besserstellung weit mehr steigen als die verbrauchten Mengen: So sind für Fleisch pro Haushaltung in der untersten Einkommenstufe von Arbeiterfamilien 311 RM, in der obersten Einkommenstufe von Beamtenfamilien dagegen 449 RM, verausgabt. Das ist eine Steigerung um 45%. Der Fleischverbrauch ist aber nur von 133,7 kg auf 167,5 kg, also um 25% gestiegen; es ist somit bei erhöhtem Einkommen weit mehr Qualitätsfleisch gekauft und konsumiert worden. Das wird auch deutlich, wenn man den Verbrauch der einzelnen Fleischsorten betrachtet: Mehrverbrauch an Rind- und Kalbfleisch, Schinken, Geflügel und Wild, Minderverbrauch an billigen Wurstsorten, Hackfleisch und vor allem Gefrierfleisch[1]. Auch die Ausgaben für Milch sind stärker gestiegen als der Milchkonsum, erstere haben in den Arbeiterhaushaltungen von der untersten bis zur höchsten Einkommenstufe etwa um 60%, letzterer hat nur um etwa 20% zugenommen, ein Zeichen, daß mit verbessertem Einkommen mehr Qualitätsmilch konsumiert worden ist. Das gleiche zeigt sich auch hinsichtlich des Gemüseverbrauchs: die Ausgaben dafür haben sich fast verdoppelt, der Verbrauch ist aber nur um rd. 70% gestiegen, d. h. also es ist besseres und feineres Gemüse gekauft worden. Auch ein Vergleich der Obstausgaben und des Obstverbrauchs zeigt das gleiche Verhalten, ebenso der Ausgaben und des Verbrauchs an Fetten.

Zusammenfassend wird man feststellen können, daß *mit wachsendem Einkommen die Ernährung wesentlich besser wird.* Die Kost wird gehaltvoller und weit reicher an Nahrungsmittel, die die Hauptträger der Eiweißstoffe sind. Insbesondere zeigt sich eine ganz besondere Vorliebe der Bevölkerung für die Fleisch- und Fettnahrung, die — natürlich bis zu gewissen Grenzen — vor allen anderen Nahrungsmitteln bevorzugt wird, und auf die, soweit es die Vermögensverhältnisse nur irgendwie gestatten, mehr verausgabt wird. Zu dem gleichen Ergebnis gelangte bereits auf Grund der Vorkriegsuntersuchungen W. Gerloff in seinem

[1] So ist von der untersten zur höchsten Einkommenstufe der Verbrauch von Schweinefleisch um 80%, der von Aufschnitt um 110%, der von Rindfleisch um 160% und der von Kalbfleisch um 500% gestiegen.

Tabelle 4. Die Jahresdurchschnittsausgaben einer Haushaltung für die Ernährung gegliedert nach Einkommenstufen (nach der Erhebung des Statistischen Reichsamts 1927/28).

Ausgaben für	2500—3000 RM 255 Arbeiter-familien		4300—5100 RM 131 Angestellten-familien		6100—7300 RM 79 Beamtenfamilien	
	RM	%	RM	%	RM	%
Animalische Nahrungsmittel:						
Fleisch- und Fleischwaren	311,11	**26,0**	353,61	**23,9**	449,06	**23,6**
Davon:						
Rindfleisch	42,68	**3,6**	53,39	**3,6**	72,63	**3,8**
Schweinefleisch	53,81	**4,5**	51,71	**3,5**	70,92	**3,7**
Kalbfleisch	8,81	**0,7**	23,48	**1,6**	26,51	**1,4**
Hammelfleisch	4,79	**0,4**	6,03	**0,4**	7,89	**0,4**
Gefrierfleisch	15,94	**1,3**	9,58	**0,6**	10,30	**0,6**
Speck	25,83	**2,2**	20,85	**1,4**	23,23	**1,2**
Schinken	7,62	**0,6**	15,63	**1,1**	19,64	**1,0**
Wurst und sonstigen Aufschnitt	106,79	**9,7**	118,18	**8,6**	148,44	**7,8**
Fische	20,23	**1,7**	24,81	**1,7**	31,64	**1,7**
Milch und Milcherzeugnisse . . .	217,07	**18,2**	317,99	**21,5**	424,91	**22,3**
Davon:						
Milch	127,58	**10,7**	146,19	**9,9**	188,95	**9,9**
Butter	63,65	**5,3**	138,03	**9,3**	193,35	**10,1**
Käse	25,84	**2,2**	33,77	**2,3**	42,61	**2,3**
Eier	49,06	**4,1**	66,00	**4,5**	80,67	**4,2**
Fette	75,31	**6,3**	55,92	**3,8**	63,60	**3,4**
Davon:						
Margarine	50,09	4,2	36,06	**2,5**	42,38	**2,3**
Animalische Nahrungsmittel insges.	672,78	**56,3**	818,33	**55,4**	1049,88	**55,2**
Vegetabilische Nahrungsmittel:						
Brot und Backwaren	192,65	**16,1**	210,04	**14,2**	252,78	**13,3**
Davon:						
Roggen-, Grau-, Misch- und Schwarzbrot	116,83	9,8	94,63	**6,4**	119,40	**6,3**
Weißbrot, Weizenkleingebäck, sonstige Backwaren	75,82	**6,3**	115,41	**7,8**	133,38	**7,0**
Nährmittel	49,29	**4,1**	46,40	**3,1**	67,56	**3,6**
Kartoffeln	63,28	**5,3**	55,69	**3,8**	67,24	**3,5**
Gemüse	49,54	**4,2**	64,34	**4,4**	74,26	**3,9**
Obst	44,24	**3,7**	82,76	**5,6**	123,94	**6,5**
Zucker	33,27	**2,8**	36,95	**2,5**	48,14	**2,5**
Kaffee, Tee, Kakao	39,23	**3,3**	56,48	**3,8**	64,52	**3,4**
Schokolade und andere Süßigkeiten	11,09	**0,9**	20,36	**1,4**	28,17	**1,5**
Öle, Fette und verschiedene Nahrungsmittel	22,74	**1,9**	27,28	**1,8**	41,93	**2,2**
Vegetabilische Nahrungsmittel insges.	505,33	**42,3**	600,30	**40,6**	768,54	**40,4**
Speisen und Getränke im Wirtshaus und andere fertige Speisen. . . .	16,81	**1,4**	58,56	**4,0**	84,78	**4,4**
Nahrungsmittel insgesamt	1194,92	**100,0**	1477,19	**100,0**	1903,20	**100,0**

Werke: „Wirtschaftsführung und Haushaltsaufwand deutscher Volksschullehrer"[1], der sein Resultat in die Worte zusammenfaßt: „daß bei steigendem Haushalts-

[1] 1910.

Tabelle 5. Der Jahresverbrauch je Vollperson an Nahrungsmitteln im Durchschnitt einer Arbeiterhaushaltung nach der Reichserhebung 1927/28.

Verbrauch an	bei einem Jahreseinkommen je Vollperson				
	bis unter 800 RM	von 800 bis unter 1000 RM	von 1000 bis unter 1200 RM	von 1200 bis unter 1500 RM	von 1500 RM und mehr
	Zahl der Haushaltungen				
	102	215	240	214	125
	kg	kg	kg	kg	kg
Nahrungsmittel:					
Fleisch und Fleischwaren	33,0	40,5	45,3	51,8	60,0
Davon:					
Rindfleisch	3,9	4,8	6,6	7,0	9,9
Schweinefleisch	6,0	6,6	7,8	8,8	10,0
Kalbfleisch	0,6	0,8	1,3	2,0	3,2
Hammelfleisch	0,5	0,5	0,5	0,7	1,0
Hackfleisch	1,7	2,4	1,9	2,2	2,5
Geflügel	0,4	0,6	0,7	1,0	1,4
Gefrierfleisch	3,2	4,0	4,0	4,7	3,7
Wurst, Aufschnitt, Konserven	10,3	13,1	14,7	16,7	18,8
Fette	16,4	15,6	14,2	13,9	11,2
Davon:					
Margarine	11,8	10,8	9,7	9,7	7,1
Fische	6,2	6,0	6,4	7,1	8,3
Milch und Milcherzeugnisse:					
Davon:					
Milch	109,4 l	137,9 l	154,3 l	166,2 l	168,9 l
Butter	2,7	4,3	5,3	7,4	10,1
Käse	3,6	4,3	4,6	5,2	6,2
Eier	78 Stck.	129 Stck.	147 Stck.	171 Stck.	227 Stck.
Brot und Backwaren	117,5	115,1	113,0	106,9	109,8
Davon:					
Roggen-, Grau-, Misch- und Schwarzbrot	99,3	93,2	87,5	77,1	73,3
Weißbrot und Weizenkleingebäck	14,8	17,3	19,9	22,4	26,5
Sonstiges Backwerk	3,4	4,6	5,6	7,4	10,0
Nährmittel	23,9	24,7	25,0	23,9	24,6
Kartoffeln	147,8	160,3	156,7	148,4	150,0
Gemüse	30,6	35,6	39,6	44,1	48,6
Obst	15,8	23,5	29,1	36,0	51,6
Zucker	14,1	17,0	16,0	17,6	17,7
Sonstiges	6,8	7,7	8,4	9,1	10,5

aufwand die Ausgabenquote für pflanzliche Nahrung schneller als jene für tierische fällt. Von den Ausgabenquoten für tierische Nahrung aber sinkt die für sonstige tierische Nahrung verwandte Quote der Gesamtausgaben schneller als das Ausgabenprozent für Fleisch. — Je geringer der Haushaltsaufwand überhaupt ist, desto größer ist die für pflanzliche Nahrung verwandte Ausgabenquote“.

Mit *diesen Feststellungen, die dem wirklichen Leben entstammen* und nicht nur „graue Theorien“ sind, glaube ich *den Beweis erbracht zu haben*, daß diejenigen, die jetzt wieder wie schon vor dem Kriege davon reden, *das deutsche Volk konsu-*

miere unnötig viel Eiweiß und Fleisch, es könnte billiger und sparsamer sowie gesundheitlich zuträglicher leben, wenn es weniger Fleisch und andere Eiweißträger wie Butter, Milch, Eier, sondern mehr Kartoffeln und Gemüse verzehre, nicht recht haben. Freilich für eine ganz kleine Zahl Begüterter mag es zutreffen, daß sie zuviel Fleisch essen und infolgedessen Karlsbader und Marienthaler Kuren gebrauchen müssen, nicht aber für die große Masse unseres Volkes, und auf die Ernährungsweise dieser kommt es an.

In den beiden vorstehenden Tabellen 4 u. 5 (S. 46 u. 47) habe ich die wichtigsten Ergebnisse noch einmal übersichtlich zusammengefaßt.

V. Kritische Stellungnahme zur Ernährungslage des deutschen Volkes vom physiologischen Gesichtspunkt.

Im folgenden soll versucht werden, festzustellen, ob und in welcher Weise die Ernährung der großen Masse des deutschen Volkes den Anforderungen entspricht, die in gesundheitlicher Hinsicht gestellt werden müssen, oder anders ausgedrückt, ob die Ernährung auch der minderbemittelten Schichten die Erhaltung der Gesundheit und Leistungsfähigkeit unseres Volkes gewährleistet.

1. Die Erfahrungen der Kriegsernährung.

Die Ernährung in der Kriegszeit hat heute wohl kaum mehr ein unmittelbares Interesse, dazu ist die Zeit, die uns seit diesen Jahren trennt, zu groß. Dagegen kommt der Kriegsernährung ein großes mittelbares Interesse zu, denn wir können aus den damals gemachten Erfahrungen viel über die zweckmäßigste Art der Ernährung lernen. Wir haben in der Kriegsernährung gleichsam ein Experiment vor uns — wenn auch ein unfreiwilliges bei einem sehr wenig erwünschten Zustand —, aber die anormalen Ernährungsbedingungen, unter denen unser Volks damals gestellt war, lassen erkennen, wie diese auf die Volkskraft und Volksgesundung gewirkt haben.

Über die Ernährungslage während der Kriegszeit unterrichten uns — wie schon erwähnt — *vier große Erhebungen*, die *vom Kriegsausschuß für Konsumenteninteressen* in den Monaten April 1916, Juli 1916, April 1917 und April 1918 unternommen sind. Diese Untersuchungen sind vom Kaiserlich Statistischen Amt bearbeitet und im Reichsarbeitsblatt veröffentlicht worden[1], die Ergebnisse sind dann physiologisch von A. Loewy ausgewertet und in zwei Aufsätzen veröffentlicht worden[2]. Diese Untersuchungen umfaßten: April 1916: 858 Haushaltungen, Juli 1916: 146, April 1917: 342, und April 1918: 249 Haushaltungen. Wie war danach die Ernährungslage? — Wie bekannt waren damals die wichtigsten Nahrungsmittel rationiert, die rationierten Mengen waren aber so ungenügend, daß ohne Zukauf von im freien Handel zu erlangenden Lebensmitteln eine Ernährung überhaupt nicht möglich war. In welcher Weise ein solcher Zukauf stattfand, ist nun auch aus diesen Erhebungen zu ersehen. Es zeigte sich hier, daß der Menge

---

[1] Reichsarbeitsblatt 1917 sowie Sonderheft 17 und 21 des Reichsarbeitsblattes.

[2] „Über Kriegskost“, Deutsche Medizinische Wochenschrift 1917, Nr. 6 und 7, und „Statistische Erhebungen über die Kriegskost im dritten Jahr“, Zeitschrift für physikalische und diätetische Therapie, Bd. XXIII

nach der Zukauf nicht rationierter Nahrungsmittel mit zunehmendem Einkommen stark anstieg. Während in der untersten Einkommenstufe dem Gewicht nach die rationierten Nahrungsmittel etwa das Sechsfache der zugekauften betrugen, in der zweituntersten das Fünffache, stellten sie sich in der höchsten Stufe nur noch auf etwas mehr als das Doppelte. Freilich wurde die Ernährungsweise dadurch nicht in dem Maße der Zunahme des Gewichtes der im freien Handel gekauften Nahrungsmittel besser, denn der Anteil von Eiweiß und Calorienzahl, der aus diesen Nahrungsmitteln stammte, nahm nur sehr gering zu. Die Ursache lag daran, daß die freien Nahrungsmittel nur arm an Nährstoffen waren, die wertvollen Nahrungsmittel wie Fleisch, Milch, Butter, Eier, Brot, Mehl waren rationiert, und ein Zukauf von ihnen im Schleichhandel äußerst schwer und gefahrvoll, da unter Strafe gestellt. So war also auch die Ernährung der etwas besser gestellten Schichten nicht viel gehaltvoller als die der ärmeren. Die im folgenden gegebenen Durchschnittsberechnungen werden daher die Ernährung der breiten Masse der städtischen Bevölkerung im Kriege im großen ganzen wahrheitsgetreu widerspiegeln.

Um einen Überblick über die Ernährungslage in der Kriegszeit zu erhalten, ist in der folgenden Tab. 6 der auf den Kopf einer Vollperson entfallende Verbrauch

Tabelle 6. Der durchschnittliche monatliche Verbrauch an den wichtigsten Nahrungsmitteln im Kriege und im Frieden.

Nahrungsmittel	Auf den Kopf entfielen in Gramm							
	Im Kriege				Im Frieden			
	Kriegserhebung des Konsumentenausschusses				Erhebung des Kaiserlich Statistischen Amts vom Jahre 1907/08		320 Haushaltsrechnungen von Metallarbeitern 1908	Durchschnittl. Verbrauch einer erwachsenen Person 1912/13[1]
	April 1916	Juli 1916	April 1917	April 1918	Arbeiterfamilien	Beamtenfamilien		
Brot und Backwaren	8 770	9 245	8 352	9 374	—	—	13 155	11 010[2]
Mehl	1 445	1 917	1 876	1 593	—	—	1 110	
Kartoffeln	16 793	12 779	12 025	21 807	7 666	8 400	10 590	16 380
Butter Fette . .	862	784	507	614	1116[3]	1 175[3]	525[5]	750
Fleisch, Fleischwaren, Konserven	1 901	1 768	1 829	1 710	2 291[4]	2 808[4]	2 064[6]	4 020
Fische, Räucherwaren, Konserven	857	794	311	777	—	—	—	690
Eier	600	420	300	450	430	520	425	510
Milch, Milchkonserven . .	9 870	9 170	11 000	9 000	10 560	13 800	11 160	13 813
Käse	363	520	448	397	316	225	—	360
Gemüse, Obst, Obstkonserven	2 573	4 898	1 938	3 671	—	—	—	10 740
Zucker	1 184	1 299	907	844	—	—	—	1 410

[1] Nach den Berechnungen von Kuszynski und Zuntz in dem Aufsatz: „Deutschlands Nahrungs- und Futtermittel.“ Allg. Stat. Arch. Bd. 9, Heft 1.

[2] Einschließlich Grütze, Teigwaren, Graupen.

[3] Nur Butter. [4] Nur Fleisch, keine Wurst.

[5] Nur Butter und pflanzliche Fette. [6] Einschließlich tierischer Fette.

an den wichtigsten Nahrungsmitteln, dem schätzungsweisen durchschnittlichen Verbrauch in einem Monat der letzten Friedensjahre gegenübergestellt.

Zu dieser Tabelle ist einmal zu bemerken, daß der Friedensverbrauch nur Annäherungszahlen enthält, da genaue Verbrauchsanschreibungen in den Vorkriegserhebungen, wie schon erwähnt, fehlen. Die Zahlen sind, so kann man ruhig sagen, Mindestwerte, in Wirklichkeit dürfte der Verbrauch auch in minderbemittelten Schichten größer gewesen sein. Zweitens beziehen sich die Friedenszahlen auf den Kopf an sich, während die Zahlen der Kriegserhebungen sich auf eine Vollperson, allerdings nach einem sehr einfachen Umrechnungsschema[1] beziehen. Auch aus diesem Grunde sind die Friedenszahlen vergleichsweise niedriger als die Kriegswerte. Und trotzdem zeigt sich nach den Kriegserhebungen an allen Nahrungsmitteln eine sehr starke Abnahme im Verbrauch gegenüber der Vorkriegszeit, ausgenommen allein an Kartoffeln. Besonders die wertvollen teuren eiweißhaltigen Nahrungsmittel wie Fleisch, Butter, Milch, Eier, auch Gemüse und Obst haben eine außerordentliche Einschränkung erfahren, die mit der längeren Dauer des Krieges sich immer mehr vergrößerte. Dabei ist bemerkenswert, daß sich die Unterschiede in der Ernährung zwischen den einzelnen Einkommenstufen immer mehr verwischten, d.h. daß auch die etwas besser gestellten Familien sich nur ebenso schlecht ernähren konnten wie die ärmeren Kreise.

Besonders deutlich tritt diese Verschlechterung der Ernährungslage während des Krieges durch *Berechnung des Wärmewertes* und der in den Nahrungsmitteln enthaltenen *Nährstoffe* hervor, wie sie für die Erhebungen des Jahres 1916 und 1917 von LOEWY durchgeführt ist. Danach betrug der Eiweißgehalt der Nahrung, auf den Tag und die Vollperson umgerechnet, im April 1916: 68,29 g, im Juli 1916: 66,77g, und das Jahr 1917 brachte einen weiteren Rückgang auf nur 59,93 g. Muß schon die geringe Gesamteiweißzufuhr als recht bedenklich bezeichnet werden, so fällt besonders erschwerend ins Gewicht, daß der Prozentsatz des animalischen Eiweiß äußerst gering war; er stellte sich im April 1916 auf 45,9%, im Juli 1916 auf 46,3% und im April 1917 auf nur 43,1% der Gesamteiweißzufuhr. Dagegen lieferte die Summe an Getreide und Kartoffeln 52—55% des Gesamteiweiß. Der Wärmewert der Nahrung betrug April 1916: 2320, Juli 1916: 2230 und April 1917: 2120 Calorien, sank im letzten Kriegsjahr sogar bis 1350 Calorien. Ganz besonders gering war aber wiederum die Fettzufuhr, die nach den Berechnungen LOEWYS nur 19,5% der Gesamtcalorienmenge ausmachte gegenüber einem Friedenswert von 25,8%.

Es war also eine *typisch eiweiß- und fettarme Ernährung*, die wir bei den städtischen Familien im Kriege antrafen. Der Hunger wurde durch voluminöse, viel Kohlehydrate enthaltende Nahrungsmittel gestillt. Da diese Nahrungsmittel aber verhältnismäßig wenig Sättigungswert hatten, litten die Familien im Kriege an einem ständigen Hungergefühl. Eine solche vegetarische und eiweißarme Ernährung wird auch heute noch von manchen Forschern — insbesondere von HINDHEDE und seiner Schule — als durchaus zweckmäßig betrachtet. Durch Laboratoriumsversuche wollte man festgestellt haben, daß die Eiweißmenge auf 64,6 g (HINDHEDE), ja sogar bis auf 48,94 g (CASPARI und GLÄSSNER[2]) pro Tag und Vollperson herabgedrückt werden könnte, ohne daß das N-Gleichgewicht erschüttert

[1] Männliche und weibliche Person über 11 Jahren = 1, Kinder unter 11 Jahren = 0,50.
[2] Zeitschrift für physik. diät. Therapie, Heft 9. Vgl. auch die Literaturangaben auf S. 11.

würde und die daraus resultierenden schweren gesundheitlichen Schädigungen aufträten.

Aber was für einzelne Versuchspersonen im Laboratorium gelten mag, trifft durchaus noch nicht für die große Masse der Bevölkerung zu, die ein Leben des Alltags mit Arbeit, Anstrengungen aller Art, Mühen und Sorgen führt. Ganz abgesehen davon, daß die Zahl der im Laboratorium untersuchten Personen viel zu gering ist, um allgemeingültige Schlüsse daraus zu ziehen, stehen diese Personen auch in der Regel unter ganz besonderen Lebensbedingungen, wodurch sie als Versuchsobjekt für die große Masse m. E. meist ungeeignet werden. In der Kriegsernährung haben wir aber einen Versuch im großen mit im ganzen rd. 1600 Familien und über 6000 Köpfen vor uns, die nicht im Laboratorium unter besonderen Bedingungen, sondern im täglichen Leben in der Arbeit, im Beruf standen. *Wie diese Familien auf eine überwiegend vegetarische, eiweißarme und fast fettlose Kost reagierten, das ist maßgebend und wäre ein vollständiger Beweis dafür, wie eine Ernährung nicht beschaffen sein darf, oder positiv gesprochen: beschaffen sein muß, um Körper und Geist gesund zu erhalten. Und wie reagierten die Familien auf die Kriegsernährung?*

Hierüber liegen eine große Anzahl *einwandfreier, objektiver Berichte* vor, von denen ein Teil RUBMANN in seiner Schrift „Hunger“[1] gesammelt hat. Da ist ein *Gutachten* RUBNERS, in dem es u. a. heißt: „Der Nahrungsmangel war so groß, daß in manchen Städten, z.B. in Leipzig, der durchschnittliche Körpergewichtsverlust der Bevölkerung auf 20—25% angegeben war. Im äußeren, an den schlotternden Kleidern, an Hautfarbe, Miene und Ausdruck sah man die Spuren des körperlichen Zusammenbruchs. Die körperliche Leistungsfähigkeit sank dementsprechend. Schlaffheit, Müdigkeit nach mäßigen Anstrengungen gehörten zur Regel, aber auch auf geistigem Gebiet fiel die Minderwertigkeit, Indolenz, der Mangel an Initiative und Schaffenslust, wie auch die nervöse, gereizte Stimmung ins Auge.“ Oder an anderer Stelle: „Die allgemeine Sterblichkeit hatte sich bis Ende 1916 wenig verändert, von da an stieg sie; am günstigsten schneiden die Kinder bis ins schulpflichtige Alter ab, obschon unter ihnen, in einzelnen Distrikten wenigstens, Rückwirkungen des Nahrungsmangels nicht zu verkennen sind. Ganz ausgeprägt ist die Zunahme der Sterblichkeit vom 50. Lebensjahre ab . . . Besonders schwer ist vom Standpunkte der Volkshygiene die starke Zunahme der Tuberkulosemortalität zu beurteilen . . . So geht das, was Hygiene und Humanität in jahrelangen Kämpfen gegen diese Volksseuche geschaffen haben, restlos dahin, und Jahrzehnte mögen vergehen, bis hier wieder die Spuren des Verhängnisses sich tilgen lassen. In derselben Ohnmacht wie gegenüber der Tuberkulose sind wir übrigens auf dem ganzen Gebiet der Krankenernährung überhaupt.“

Der Stadtschularzt Professor Dr. THIELE und der Lehrer FRIEDRICH LORENZ entwerfen ein ergreifendes Bild von den Wirkungen der eiweißarmen und schlechten Kost auf die Schulkinder, in dem es heißt, daß „die Zahl der Unterernährten um über die Hälfte, die der Blutarmen und Bleichen so hoch gestiegen ist, daß die Hälfte aller Schüler als solche zu bezeichnen sind“. Dies sei nur eine ganz kleine Auswahl.

Was also lehren uns die Erfahrungen der Kriegsernährung? — Daß für die große

[1] Berlin 1919. Vgl. außerdem: RUBNER: Deutschlands Volksernährung im Kriege, Leipzig 1916.

Masse der städtischen Bevölkerung eine überwiegend vegetabilische, an animalischem Eiweiß und Fett sowie auch an frischem Gemüse und Obst arme Kost durchaus nicht genügt, um sie widerstandsfähig gegen Krankheiten zu erhalten und ihre Leistungsfähigkeit zu gewährleisten, daß vielmehr eine solche Ernährung schwere Schädigungen in gesundheitlicher, in körperlicher und geistiger Hinsicht im Gefolge hat. *Eine an tierischem Eiweiß, Fett, Obst und Gemüse reiche Kost ist kein Luxus, sondern notwendig, um die Bevölkerung gesund und kräftig zu erhalten; da andernfalls durch Störung des N-Gleichgewichts wie auch durch Vitaminmangel schwere gesundheitliche Schädigungen eintreten.*

Nun könnte man freilich den *Einwand* erheben, daß die Kriegskost infolge der Hungerblockade ganz besonders minderwertig gewesen sei, so daß man aus der Kriegsernährung überhaupt keine Erfahrungen über die Ernährung im Frieden gewinnen und keine Schlüsse ziehen könne. Diesem Einwand muß ich allerdings eine gewisse Berechtigung zugestehen. Die schweren Schädigungen in gesundheitlicher, körperlicher und seelischer Hinsicht, die die Kriegskost zur Folge gehabt hat, wären in ihrer ganzen Schwere sicher nicht bei überwiegend vegetabilischer Ernährung in Friedenszeiten bei guter Beschaffenheit des Brotes, der Kartoffeln, des Gemüses und der Fette aufgetreten. Denn was der Städter namentlich in den späteren Kriegsjahren zu essen bekam, war in jeder Hinsicht minderwertig und schlecht: das Brot aus schlechtem muffigen Mehl und z.T. recht zweifelhaften Zutaten, Kartoffeln, die man in normalen Zeiten an das Vieh verfüttert hätte, an Gemüsen fast ausschließlich Rüben, die Fette oft ranzig.

Aber trotzdem muß ich meine Behauptung aufrechterhalten, daß wir aus der Ernährung im Kriege lernen können, wie eine fleisch- und fettarme Kost auf städtische Familien wirkt. Der Mangel an animalischem Eiweiß und Fett hat gerade deshalb, weil es sich hier um die städtische Bevölkerung handelte, so verheerend gewirkt. Denn unsere *Landbevölkerung* ist von der Hungerblockade, wenn überhaupt, so doch nur *in ganz geringem Grade in Mitleidenschaft* gezogen worden. Wenn dies auch z.T. daran lag, daß dem Landmann die agrarischen Erzeugnisse auf seinem eigenen Boden zuwuchsen, er nur das an den Städter abgab, was er, nachdem er sich gesättigt hatte, entbehren konnte, so hat doch andererseits die Tatsache, daß der Landbewohner so wenig unter der Hungerblockade gelitten hat, auch darin seinen Grund, daß er auf eine animalisches Eiweiß enthaltende Kost lange nicht in dem Maße angewiesen ist als der Städter. Die Ernährung des Landmannes war vor dem Kriege eine überwiegend vegetabilische, voluminöse; kompakte Nahrungsmittel bildeten den Hauptbestandteil seiner Kost. Der Städter aber hatte vor dem Kriege in weit stärkerem Maße animalische Nahrungsmittel verzehrt, da er diese als Ersatz seiner nervenaufbrauchenden Tätigkeit und Arbeit benötigte. Im Kriege kehrte sich dieses Verhältnis in der Ernährungsweise zwischen Stadt und Land bis zu einem gewissen Grade um[1]. Und daß der Städter so sehr schwer durch die eiweiß- und fettarme Kost getroffen wurde, lag eben daran, daß er gemischte Kost mit starker Betonung animalischer Nahrung notwendig hat, um im Gleichgewicht zu bleiben, um sich gesund und leistungsfähig

[1] Siehe näheres darüber in *meinem* Aufsatz: „Die Veränderungen in der Lebenshaltung städtischer Familien im Kriege“, Archiv für Sozialwissenschaft und Sozialpolitik, Mai 1917. Wertvolles Material enthält auch: Dr. F. W. Bach: Untersuchungen über die Lebensmittelrationierung im Kriege, München ohne Jahresangabe. Vgl. auch meine Schrift: Der Konsument in der Kriegswirtschaft, 1916.

zu erhalten. So bildet für uns die *Kriegsernährung doch einen Versuch, aus dem wir ersehen können, wie schädigend eine Ernährung, die nicht die genügende Menge Eiweiß und Fette aufweist, für städtische Familien ist.* Eine Eiweißmenge, die unter 70 g pro Tag und Vollperson bleibt, hat nach diesen Erfahrungen schwere gesundheitliche Schädigungen zur Folge. Über 70 g muß die Eiweißmenge betragen, wenn körperliche Schädigungen ferngehalten werden sollen. Soll der Körper wirklich gesund, kräftig und leistungsfähig bleiben, so wird man *80 g als Mindestmaß* annehmen müssen.

2. Die Ernährung in den ersten Nachkriegsjahren[1].

Über *die Ernährungslage in der Inflationszeit* liegt nur wenig Material vor. Das ist begreiflich, denn jene Zeit des ständig absinkenden Geldwertes war der Führung von Haushaltsrechnungen keineswegs zuträglich. Ist doch der erste Versuch einer großzügigen Erhebung über die Lebenshaltung und Ernährung minderbemittelter Schichten, den Anfang 1923 das *Hamburgische Statistische Landesamt* versucht hat, an der Entwertung des Geldes gescheitert. Diese Erhebung, die das ganze Jahr 1923 fortgeführt werden sollte, mußte schon Anfang Februar abgebrochen werden. Außer dieser Erhebung, auf die ich gleich zu sprechen komme, liegen aus der Inflationszeit noch zwei kleinere Untersuchungen vor, die aber infolge ihres geringen Umfanges nur ungenügenden Aufschluß über die damalige Ernährungslage geben. Trotzdem seien sie in ihren Hautergebnissen hier erwähnt. Die eine Untersuchung bezieht sich auf eine dreiköpfige Arbeiterfamilie (Ehepaar und ein minderjähriges Kind) der *Altonaer Firma Salomon*, die erstmalig im Jahre 1905 ihre Ausgaben für die Ernährung aufgezeichnet hat; im Jahre 1920 ist dann dieses Arbeiterbudget weiter verfolgt worden, so daß wir hier in der Lage sind, bei ein und derselben Familie die Ausgaben für die Lebensbedürfnisse im Jahre 1905 mit denen im Jahre 1920 vergleichen zu können[2]. Die zweite (ungedruckte, nicht veröffentlichte) Arbeit ist auf meine Anregung hin von einer meiner Hörerinnen, Frl. GERTRUD ÖHLKE, verfaßt und bezieht sich auf 147 Familien des Eisenbahnerverbandes Groß-Hamburg, die ihre gesamten Ausgaben im Monat Juli 1921 aufgezeichnet haben.

Die *Altonaer Familie* hat ihre Anschreibungen das ganze Jahr 1920 hindurch geführt; vom Hamburgischen Statistischen Landesamt sind daraufhin die in den aufgenommenen Nahrungsmitteln enthaltenen Nährstoffe und der Wärmewert (Calorienzahl) der Nahrung in den einzelnen Monaten berechnet worden, und zwar auf der Grundlage der Analysen der SCHALL-HEISLERschen Nahrungsmitteltabellen. Sodann wurden diese berechneten Werte zu einem konstruktiven „Normalverbrauch" in Beziehung gesetzt. Als Normalverbrauch wurde für den erwachsenen Mann pro Tag bei 3000 Calorien 100 g Eiweiß, 60 g Fett und 500 g Kohlehydrate angenommen. Dieser allerdings namentlich hinsichtlich des Eiweißbedarfs sehr hohe Normalverbrauch wurde von der Familie in keinem einzigen Monat voll erreicht. Die Calorienzahl überschritt nur allein im Dezember die Zahl 3000 um einen Prozent. Im übrigen schwankte sie zwischen 68,8% im Juli und 99,7% im Oktober. Der Fettbedarf, der mit 60 g nur als mäßig anzusehen ist, wurde außer im Dezember auch im Oktober, September, Juni, August und Juli (Reihenfolge nach der Höhe der Zahlen) überschritten. Er schwankte zwischen 80,8% im Januar und 150,3% im Oktober. Etwas erstaunlich erscheint es, daß auch der

---

[1] Vgl. hierüber auch *meinen* Aufsatz: „Hunger und Ernährung" im Handbuch der sozialen Hygiene und Gesundheitsfürsorge, fünfter Band.

[2] Veröffentlicht im Heft 12 der Statistischen Mitteilungen über den hamburgischen Staat, Hamburg 1921.

Kohlehydrateverbrauch von 500 g in keinem Monat erreicht wurde. Er schwankte zwischen 64,5% im Juli und 95,5% im Dezember. Verhältnismäßig am niedrigsten war die Eiweißzufuhr. Den höchsten Prozentsatz mit 74,5%, d. h. also (da auf 100 g Eiweiß berechnet) 74,5 g erreichte sie im Monat März; am geringsten war sie im Juli mit nur 47,6 g. Einen etwas höheren Eiweißgehalt hatte die Nahrung nur noch im Dezember mit 66,1 g, im September mit 65,9 g, im Januar mit 61,5 g, im August mit 60,7 g, im April mit 60,5 g; den geringsten Einweißgehalt hatte die Nahrung im Juli mit 47,6 g und im Februar mit 48,2 g. Vergleicht man die einzelnen Monate miteinander, so schneidet der Dezember (Weihnachten) am besten ab; es folgen die daran stoßenden Monate, November, Oktober, Januar. Am schlechtesten stehen die Sommermonate Juni und Juli da.

Unter der Voraussetzung, daß die Verbrauchsanschreibungen vollständig und erschöpfend gewesen sind — woran ich aber zweifeln möchte — war dies eine Ernährung, die hinsichtlich der Eiweißzufuhr nicht besser war als die Kriegskost. Allerdings wird sie sich in der Qualität der aufgenommenen Nahrungsmittel vorteilhaft von der Kriegsernährung unterschieden haben. Aber selbst wenn man zugibt, daß die Anschreibungen nicht ganz vollständig waren und infolgedessen einen Zuschlag von etwa 10% macht, ist sie immer noch als sehr mangelhaft zu bezeichnen.

Zu einem ähnlichen Ergebnis kommt die zweite genannte Untersuchung von Gertrud Öhlke, die sich zwar auf einen größeren Personenkreis: 147 Familien mit über 1000 Köpfen bezieht, aber nur einen Monat lang, Juli 1921, durchgeführt ist. Für 67 Familien, die genauere Verbrauchsanschreibungen gemacht hatten, konnten die Nährwerte und der Wärmewert der Nahrung, und zwar wiederum auf Grund der Analysen von Schall-Heisler berechnet werden. Da ergibt sich nun — vorausgesetzt, daß die Anschreibungen vollständig waren — ein geradezu erschütterndes Bild von der Mangelhaftigkeit der Ernährung dieser Eisenbahnarbeiterfamilien. Die Eiweißzufuhr stellte sich pro Tag und Vollperson[1] auf nur 53,6g, wovon 22,4g oder 42% auf animalische Nahrungsmittel entfielen. Der Fettgehalt der Nahrung betrug nur 40,9g, die Kohlehydratezufuhr 335,5g und der Wärmewert 2011 Calorien. Daß eine solche Ernährung völlig unzureichend ist, steht außer Zweifel. Selbst wenn die Anschreibungen etwas lückenhaft gewesen sein sollten und man deshalb im Höchstfall eine Fehlergrenze von 10% zurechnet, so kommt man mit knapp 60g Eiweiß, 45g Fett, 370g Kohlehydrate und 2200 Calorien noch immer zu einer Ernährung, die man nicht anders als mit Unterernährung bezeichnen kann.

Und daß diese Untersuchungen — selbst wenn sie kleine Fehlerquellen enthalten sollten — die Ernährungslage während der Inflationszeit im großen ganzen richtig widerspiegeln, geht auch aus der Schrift von Henriette Fürth[2] hervor, die an das Problem vom Standpunkt der Individualbeschreibung einer einzigen Haushaltung herantritt, und die ihre Beobachtungen in die Worte zusammenfaßt: „Was wir hier konstatieren, ist menschlich gesehen geradezu erschütternd. Der Verbrauch hochwertiger Nahrungsmittel hat sich stark, bei einzelnen in erschreckendem Maße, vermindert. An ihre Stelle sind Surrogate oder mindernährhaltige Nahrungsmittel, wie Kartoffel usw., getreten . . .“ „Die Tatsache, daß selbst unter so außergewöhnlich günstigen Vorbedingungen — (Haushalt gehörte zur Friedenszeit zu den sehr gutsituierten Kreisen) — ein Herabgleiten des ganzen Lebensstandes unvermeidbar war, enthüllt den Abgrund, dem die breiten Massen unseres Volkes mit wachsender Geschwindigkeit entgegengetrieben werden.“

Auch *am Ende der Inflationszeit*, im Jahre 1923, hatten sich die Ernährungsverhältnisse noch nicht oder doch kaum gebessert. Das zeigt die schon oben

[1] Männlich und weibliche Person über 11 Jahre = 1,0, Kinder unter 11 Jahren = 0,50.
[2] Der Haushalt vor und nach dem Kriege, Jena 1922.

erwähnte *Untersuchung des Hamburgischen Statistischen Landesamts* über 86 Großhamburger Familien des Mittelstandes im Januar 1923. Nach dieser Erhebung kamen auf Grund der Analysenberechnung von SCHALL-HEISLER auf den Kopf (Vollperson)[1] und Tag auch nur 58,3g Eiweiß, dagegen war der Fettgehalt der Nahrung mit 78,2g schon reichlicher und zufriedenstellend, Kohlehydrate 381g, Wärmewert 2510 Calorien. Das Statistische Amt schreibt dazu, daß diese Zahlen aber noch der Ergänzung bedürfen, da einmal bei etwa 4% der Ausgaben die Verbrauchsmengen nicht angegeben waren und ferner aller Voraussicht nach auch der Kartoffelverbrauch infolge früherer Vorratseinkäufe nicht voll angegeben war. Rechnet man also eine Fehlergrenze von etwa 5% dazu, so würde sich der Nährwert der aufgenommenen Nahrungsmittel erhöhen auf: rd. 60g Eiweiß, 80g Fett, 400g Kohlehydrate bei 2700 Calorien. Auch das ist eine Ernährung, die immer noch völlig ungenügend ist, ganz besonders wiederum hinsichtlich der Eiweißzufuhr und des animalischen Anteils daran. Denn von den 58,3g angegebenen Eiweiß waren nur 24,1g, also 41%, animalischen Ursprungs.

Nach der Stabilisierung der Währung sind in den Jahren 1924/25 die Bemühungen, Wirtschaftsrechnungen aufzustellen — und zwar mit besseren Erfolgen als während der Inflation —, fortgesetzt worden. So liegen für die erste Hälfte des Jahres 1924 und die erste Hälfte des Jahres 1925 derartige Untersuchungen des Hamburgischen Statistischen Landesamts vor[2]. Die Zahl der untersuchten Familien betrug im ersten Halbjahr 1924 22 mit 93 Personen, im ersten Halbjahr 1925 78 mit 321 Personen; die Zahl der Konsumtionseinheiten (Vollpersonen) — 2 Kinder unter 11 Jahren gleich eine erwachsene Person gerechnet — stellte sich auf 87 bzw. 243. Das ganze Jahr 1925 sind im ganzen 80 Familien mit 309 Personen in die Erhebung einbezogen worden. Dem Beruf nach gehörten die Familien in der Hauptsache dem gehobenen Arbeiterstande an, aber auch Angestellte und Privatbeamte befinden sich darunter.

Die Ergebnisse werfen ein bedeutsames Licht auf die Ernährungsverhältnisse minderbemittelter Familien in der ersten Zeit nach der Stabilisierung unserer Geldverhältnisse. Zunächst ist die Steigerung der Einnahmen wie der Ausgaben — wovon schon oben die Rede war — bemerkenswert. Diese Erhöhung der Einnahmen wie der Ausgaben hatte eine Hinaufsetzung der Lebensansprüche zur Folge, die zum Ausdruck kam in einer starken absoluten wie auch anteilsmäßigen Zunahme der Ausgaben für „sonstige" in der Hauptsache kulturelle Bedürfnisse, dagegen einem anteilsmäßigen Rückgang der Ausgaben für die physiologisch unbedingt notwendigen Lebensmittel von 53,5 auf 44,7%. Dem absoluten Betrage nach sind dagegen auch die Ausgaben für die Lebensmittel gestiegen, nämlich von 235,73 RM auf 351,12 RM. Mit einer Verbesserung der Ernährung ging also Hand in Hand eine noch stärkere Steigerung der Ausgaben für die übrigen (kulturellen) Lebensbedürfnisse.

Sehr eingehend ist der *Verbrauch an Nahrungsmitteln* sowie der auf den Kopf

[1] Personen über 11 Jahre = 1,0. Kinder unter 11 Jahren = 0,50.

[2] Veröffentlicht im Oktoberheft der Hamburger Stat. Monatsberichte des Jahres 1925, S. 238ff. Vgl. auch meinen Aufsatz: „Ernährungslage und Lebenshaltung des deutschen Volkes in den Jahren 1924/26" i. d. Klinischen Wochenschr., Jg. 5, Nr. 28 u. 29, 1926. Sowie ferner die Schrift: „Die Lebenshaltung minderbemittelter Familien in Hamburg im Jahre 1925", Heft 20 der Stat. Mitteilungen über den Hamburgischen Staat, in der das ganze Jahr 1925 behandelt wird; 80 Familien mit 309 Personen haben hier Anschreibungen gemacht.

einer Vollperson entfallende *Nährwert* nach den Analysen der Nahrungsmitteltabellen von SCHALL-HEISLER ermittelt. Im Laufe der Untersuchungsjahre ergaben sich bezüglich des Verbrauchs an Nahrungsmitteln zunächst recht bemerkenswerte Verschiebungen, die sich im allgemeinen dadurch charakterisieren lassen, daß *der Konsum an Qualitätswaren auf Kosten minderwertiger oder Ersatzwaren zunahm.*

So zeigte sich eine Steigerung des Verbrauchs an Fleisch und Fleischwaren pro Haushaltung von 28,7 kg im ersten Vierteljahr 1924 auf rd. 35 kg im ersten Vierteljahr 1925, ganz besonders ist auch der Butterkonsum gestiegen von 2,1 auf 3,1 kg, der Milchverbrauch stieg von 58 auf 71 Liter, im zweiten Vierteljahr 1925 sogar auf 91,7 Liter. Der Konsum an Eiern erhöhte sich von 52 Stück auf 99 Stück und 180 Stück. Der Verbrauch von Gemüse verdoppelte sich: von 9,5 kg auf rd. 19 kg. Dagegen blieb der Brot- und Kartoffelverbrauch ziemlich unverändert, es trat nur eine Veränderung insofern ein, als der Konsum an Roggenbrot etwas abnahm, dagegen der an Weizengebäck stieg. Alles in allem ist also *eine wesentliche Verbesserung der Ernährung von 1924 auf 1925 zu verzeichnen, die auch im weiteren Verlaufe des Jahres 1925 anhielt.*

Besonders deutlich tritt diese Verbesserung in der Ernährung insbesondere gegenüber der Inflationszeit durch Berechnung der *auf den Kopf der Vollperson entfallenden Nährwerte*[1] hervor. Man erhält dann folgendes Ergebnis (s. Tab. 7).

Tabelle 7. Der Nährwert der Nahrungsmittel nach den Erhebungen von 1921, 1923, 1924 und 1925.

		Nährwert pro Tag und Vollperson			
		Eiweiß	Fett	Kohlehydrate	Calorien
Juli 1921:					
absolut	g	53,6	40,9	355	2011
davon: animalisches	g	22,4	34,2	15	464
,,	%	**41,79**	**83,62**	**4,23**	**23,07**
Januar 1923:					
absolut	g	58,3	78,2	381	2510
davon: animalisches	g	24,1	49,3	8	630
,,	%	**41,18**	**63,04**	**2,10**	**25,10**
1. Quartal 1924:					
absolut	g	53,5	80,1	317	2261
davon: animalisches	%	25,0	59,0	9	696
,,	%	**46,73**	**73,66**	**2,84**	**30,78**
2. Quartal 1924:					
absolut	g	64,5	92,4	370	2635
davon: animalisches	g	30,6	59,9	12	838
,,	%	**47,44**	**64,83**	**3,24**	**31,80**
1. Quartal 1925:					
absolut	g	69,1	94,9	373	2652
davon: animalisches	g	37,3	52,1	13	720
,,	%	**53,98**	**54,90**	**3,49**	**27,15**
2. Quartal 1925:					
absolut	g	68,3	95,5	357	2577
davon: animalisches	g	38,2	55,6	16	769
,,	%	**55,93**	**58,22**	**4,48**	**29,84**
3. Quartal 1925:					
absolut	g	66,7	93,7	360	2568
davon: animalisches	g	35,1	52,7	16	724
,,	%	**52,62**	**56,24**	**4,44**	**28,19**
4. Quartal 1925:					
absolut	g	68,7	95,1	372	2635
davon: animalisches	g	39,2	56,7	14	775
,,	%	**57,06**	**59,62**	**3,76**	**29,41**
Jahr 1925:					
absolut	g	68,8	94,0	374	2648
davon: animalisches	g	37,7	54,4	15	749
,,	%	**54,72**	**57,81**	**3,93**	**28,30**

Deutlich tritt hier die starke Zunahme des Fettgehalts der Nahrung, aber auch die nicht unbeträchtliche Erhöhung der Eiweißzufuhr zutage. Von 1921—1925 stieg der Fettgehalt der Nahrung von 40,9 auf 94 g oder 137,4%, der Eiweißverbrauch von 53,6 auf 68,8 g oder um fast 30%. Der Caloriengehalt der Nahrung zeigte beträchtliche Schwankungen; er war

[1] Die Analysierung der Nährwerte erfolgte durchgängig auf Grund der Nahrungsmitteltabellen von SCHALL-HEITLER, so daß eine Vergleichbarkeit gegeben ist.

am geringsten im ersten Quartal 1924, in der die Ernährung überhaupt infolge der starken Teuerung nach der Stabilisierung am mangelhaftesten war, am größten im Jahre 1925. Recht bemerkenswert ist ferner die Zunahme des animalischen Eiweißes auf Kosten des vegetabilischen Eiweißes. Im Juli 1921 und auch noch in den Jahren 1923 und 1924 machte die animalische Kost noch nicht die Hälfte der insgesamt aufgenommenen Eiweißmengen aus. Sie betrug im Juli 1921 41,8%, 1923 sogar nur 41,2% und 1924: 46—47% der Eiweißzufuhr. Erst von 1925 an war das animalische Eiweiß mit mehr als der Hälfte an der Gesamteiweißmenge beteiligt, und zwar im ersten Quartal 1925 mit 54%, im zweiten Quartal 1925 mit 56%. Nur allein durch Fleisch und Fleischwaren wurde in Prozenten der Gesamteiweißzufuhr gedeckt 1921 10,1%, 1923 19,5%, erstes Quartal 1924 23%, zweites Quartal 1924 24,4%, erstes Quartal 1925 30,4%, zweites Quartal 1925 28,6%. In bezug auf die Calorienmenge ergibt sich eine ähnliche Entwicklung.

3. Die Ernährungslage nach den großen Erhebungen der Jahre 1926—1928.

Über die Ernährungslage in dieser Zeit sind wir am besten unterrichtet, denn in diese Jahre fallen die großen Erhebungen über die Lebenshaltung, die im Jahre 1926 und 1927 vom Hamburgischen Statistischen Landesamt angestellt sind und je 300 Haushaltungen umfassen, sowie die umfangreiche Untersuchung des Statistischen Reichsamts über rd. 2000 Haushaltungen in den Jahren 1927/28[1].

Betrachten wir zunächst *die Hamburger Erhebung des Jahres 1926*. Die 300 untersuchten Haushaltungen sind hier nach Berufsgruppen (146 Arbeiter, 108 Lehrer und Beamte, 24 kaufmännische und 22 sonstige Angestellte) unterschieden, ferner auch nach der Höhe des Einkommens. Wie schon oben erwähnt, bestand zwischen den einzelnen Berufsgruppen kein großer Unterschied in der Ernährungsweise. Der Menge nach ist sogar von den Arbeiterfamilien mehr Fleisch und Fettwaren verzehrt als von den Angestellten- und Beamtenfamilien. Freilich war die Qualität der gekauften Waren bei letzteren in der Regel etwas besser. Dagegen war die Ernährung sehr erheblich verschieden je nach dem Einkommen. Auf diese Unterschiede ist oben hingewiesen worden; hier gilt es zu untersuchen, *ob die Ernährung auch in den niederen Einkommenstufen den Anforderungen entsprochen hat, die vom physiologischen Gesichtspunkt zu stellen sind.* Wir werden daher den Verbrauch auf den Tag und Vollperson umrechnen, um durch Analyse die in den Nahrungsmitteln enthaltenen Nährwerte und den Wärmegehalt der Nahrung zu ermitteln. Diese Analyse wurde durchgeführt auf Grund der Nahrungsmitteltabellen von SCHALL-HEISLER. Die nachstehende Tab. 8 läßt, getrennt nach animalische und vegetabilische Nahrungsmittel, erkennen, welchen Gehalt an Nährstoffen und Calorien die aufgenommene Nahrung in den einzelnen Einkommenstufen hatte. Dazu wurden die Familien in folgende Einkommenstufen getrennt: bis 2500 RM 22 Familien, von 2501—3000 RM 48 Familien, von 3001—3500 RM 52 Familien, von 3501—4000 RM 39 Familien, von 4001—4500 RM 31 Familien, von 4501—5000 RM 28 Familien, von 5001—6000 RM 35 Familien, von 6001—7000 RM 27 Familien und über 7000 RM 18 Familien.

Im *Gesamtdurchschnitt* ergibt sich eine Eiweißzufuhr von 74,6 g, wovon 41,7 g oder 56% animalischen Ursprungs sind, der Fettgehalt der Nahrung ist mit 106 g sehr reichlich, vielleicht eine Folge des maritimen Klimas Hamburgs, dessen Bevölkerung einer erhöhten Fettzufuhr bedarf. Verhältnismäßig gering ist dagegen

[1] Die Quellenwerke, in denen die Erhebungsmethoden angegeben sind, s. oben S. 9.

Tabelle 8.
Der Nährwert und die Calorienzahl der von einer Vollperson täglich verbrauchten Nahrungsmittel nach der Hamburger Erhebung von 1926.

Einkommengruppen MR	Eiweiß		Fett		Kohlehydrate		Calorien	
	g	%	g	%	g	%	abs.	%
Animalische Nahrungsmittel								
bis 2500	32,74	50,50	87,92	92,67	8,67	2,28	1002	37,00
2501—3000	41,95	57,16	103,22	94,14	18,82	4,94	1228	42,59
3001—3500	39,60	55,28	94,63	92,99	18,18	4,69	1136	40,20
3501—4000	42,70	55,67	102,57	93,65	17,80	4,28	1222	40,26
4001—4500	42,53	55,26	100,11	93,33	19,92	4,75	1206	39,82
4501—5000	40,67	55,48	98,00	93,57	20,17	5,01	1179	40,38
5001—6000	46,09	57,87	104,46	93,74	24,61	5,83	1281	41,44
6001—7000	43,89	56,32	102,33	93,43	19,89	4,73	1234	40,33
mehr als 7000	42,09	50,95	100,66	92,95	19,86	3,97	1211	35,71
zusammen animalische Nahrungsmittel . . .	41,69	55,88	101,25	93,62	19,08	4,71	1219	41,58
Vegetabilische Nahrungsmittel								
bis 2500	32,09	49,50	6,95	7,33	371,91	97,72	1706	63,00
2501—3000	31,44	42,84	6,43	5,86	362,42	95,06	1655	57,41
3001—3500	32,04	44,72	7,13	7,01	369,48	95,31	1690	59,80
3501—4000	34,00	44,33	6,96	6,35	397,84	95,72	1813	59,74
4001—4500	34,44	44,74	7,16	6,67	399,52	95,25	1823	60,18
4501—5000	32,64	44,52	6,74	6,43	382,57	94,99	1741	59,62
5001—6000	33,56	42,13	6,98	6,26	397,73	94,17	1810	58,56
6001—7000	34,04	43,68	7,19	6,57	400,57	95,27	1826	59,67
mehr als 7000	40,52	49,05	7,64	7,05	480,44	96,03	2180	64,29
zusammen vegetabilische Nahrungsmittel . . .	32,92	44,12	5,20	6,38	385,74	95,29	1713	58,42
Nahrungsmittel zusammen								
bis 2500	64,83	100	94,87	100	380,58	100	2708	100
2051—3000	73,39	100	109,65	100	381,24	100	2883	100
3001—3500	71,64	100	101,76	100	387,66	100	2826	100
3501—4000	76,70	100	109,53	100	415,64	100	3035	100
4001—4500	76,97	100	107,27	100	419,44	100	3029	100
4501—5000	73,31	100	104,74	100	402,74	100	2920	100
5001—6000	79,65	100	111,44	100	422,34	100	3091	100
6001—7000	77,93	100	109,52	100	420,46	100	3060	100
mehr als 7000	82,61	100	108,30	100	500,30	100	3391	100
Nahrungsmittel insgesamt	74,61	100	106,45	100	404,82	100	2932	100

die Kohlehydratezahl mit nur 405g, wobei zu bemerken ist, daß Fett und Kohlehydrate sich gegenseitig ergänzen können. Dem hohen Fettgehalt entspräche also eine niedrigere Kohlehydratezufuhr. Der Wärmewert beträgt knapp 3000 Calorien. Die Ernährung wird man also mit Ausnahme der zu geringen Eiweißzufuhr als im ganzen zufriedenstellend bezeichnen können. In letztgenannter Hinsicht ist sie aber jedenfalls recht verbesserungsbedürftig gewesen, denn 80g Eiweiß muß als Mindestmaß angesehen werden. Andererseits ist die Verbesserung der Ernährung gegenüber den vorangegangenen Jahren 1924 und 1925 ganz unverkennbar. Im Jahre 1925 betrug die Eiweißzufuhr noch nicht 70g (68,8g) und der Calorienwert nur 2648. Der Fettgehalt war freilich schon damals mit 94g recht hoch.

Wie sah es nun aber *in den einzelnen Einkommenstufen* aus ? — Hinsichtlich des *Eiweißbedarfes* kann eigentlich nur die höchste Einkommenstufe mit über 7000 RM Jahreseinkommen zufriedenstellen. In dieser Gruppe, die allerdings nur 18 Familien umfaßte, stellte sich der Eiweißgehalt auf über 80g (82,6g); der Anteil der animalischen Nahrungsmittel an der Eiweißzufuhr war aber gerade in dieser Gruppe sehr gering; er machte mit 42g eben die Hälfte aus; es erklärt sich dies dadurch, daß in diesen 18 Familien, die eine größere Kinderzahl aufwiesen als der Durchschnitt, der Brot- und Kartoffelverbrauch sehr groß war, demgegenüber der Verbrauch an Fleisch, Fisch und Eiern verhältnismäßig zurücktrat. Die schon oben besprochene Abhängigkeit der Ernährung von der Familienstärke (Kinderzahl) tritt hier deutlich in Erscheinung. In den beiden nächsthöchsten Einkommenstufen, denen im ganzen 62 Familien angehörten, war der Eiweißgehalt mit 78g bzw. 79,7g gerade eben ausreichend. Bei diesen Familien war jedoch der Anteil, den animalische Nahrungsmittel an der Gesamteiweißzufuhr hatten, mit 56—58% recht hoch; besonders groß war in diesen Familien der Konsum an Milch, Eiern und Käse. Sie dürften sich vielleicht noch etwas besser ernährt haben als die 18 Familien der obersten Einkommenstufe. Die Kost der 70 Familien der Einkommenstufe von 3500—4500 RM zeigte auch noch einen Eiweißgehalt, der als gerade genügend bezeichnet werden kann: knapp 77g; auch bei ihnen war der Anteil der animalischen Nahrungsmittel mit rd. 55% zufriedenstellend. *Bei den 150 Familien, die in den übrigen Einkommenstufen lagen, war aber die Ernährung hinsichtlich des Eiweißgehaltes unzureichend, besonders gilt dies von den 22 Familien der untersten Einkommensgruppe.* Bei letzteren war auch der Anteil des Eiweißes animalischen Ursprungs mit nur 50,5% deshalb so gering, weil die Gesamteiweißzufuhr ungenügend war. Bei diesen Familien ist die Gefahr der zeitweiligen Störung des N-Gleichgewichts nicht ausgeschlossen gewesen.

Der *Fettgehalt* der Nahrung war bei allen Familien recht hoch; von dieser Seite aus gesehen dürfte die Ernährung höchstens zu „reichlich“ gewesen sein. Auch der Kohlehydratgehalt gibt zu Besorgnissen keinen Anlaß, um so weniger als ein etwaiger Mangel durch die reichliche Fettzufuhr hätte ausgeglichen werden können. Die *Calorienzahl* war nur in den höheren Einkommenstufen voll ausreichend, dagegen sicher zu gering in den drei unteren Einkommenstufen[1].

[1] Faßt man die einzelnen Einkommenstufen zu größeren Gruppen zusammen, so ergibt sich folgendes Bild:

Nährstoffe, Calorien pro Tag und Vollperson	Der durchschnittliche Nährwert bei einem Einkommen		
	bis 3500 RM 122 Familien	von 3501—5000 RM 98 Familien	über 5000 RM 90 Familien
Eiweiß	69,62 g	75,14 g	80,20 g
Fett	101,41 g	97,94 g	109,38 g
Kohlenhydrate . .	381,87 g	411,64 g	447,52 g
Calorien	2746	2851	3059

Von diesem Gesichtspunkt betrachtet, war bei 90 Familien die Ernährung im allgemeinen befriedigend, dagegen bei 122 Familien ungenügend.

Zusammenfassend wird man sagen können, daß von den 300 vom Hamburgischen Statistischen Landesamt im Jahre 1926 untersuchten Familien 22, die der untersten Einkommenstufe angehörten, tatsächlich „unterernährt" waren; die Eiweißzufuhr war so gering, daß die Aufrechterhaltung des N-Gleichgewichts nicht unter allen Umständen gewährleistet war, und die Calorienzahl zu gering; ausreichend war nur der Fettgehalt der Nahrung. Von den übrigen Familien war bei 128 der Eiweißgehalt zwar sehr gering, immerhin doch aber ausreichend, um schwerere Schädigungen zu verhüten; die Calorienzahl war knapp; die Ernährung wird man daher als kümmerlich bezeichnen müssen. Von 70 Familien ist zu sagen, daß der Eiweißgehalt ihrer Kost knapp genügend war, die Calorienzahl ausreichend, die Ernährung also im ganzen zu Bedenken keinen Anlaß gab. Nur bei 80 Familien von den 300 war die Eiweißzufuhr und Calorienzahl wirklich ausreichend, so daß man die Ernährung als zufriedenstellend bezeichnen kann. Alles in allem war nach dieser Untersuchung *die Ernährungslage in Hamburger Arbeiter-, Angestellten- und Beamtenschichten im Jahre 1926 noch recht verbesserungsbedürftig.*

Dieses Urteil wird auch durchaus bestätigt durch eine Untersuchung der 300 Familien, *gegliedert nach Berufen und Familiengröße.* Hinsichtlich des ersten Punktes zeigt sich, daß am besten die Lehrer und Beamten, am schlechtesten die Angestellten abschneiden. Die Eiweißzufuhr beträgt bei den Lehrern 78g, die Calorienzahl ihrer Nahrung 3081, bei den Angestellten weist aber ihre Kost nur einen Eiweißgehalt von 65,6—72,3g und eine Calorienzahl von 2647—2836 auf. Dazwischen stehen die Arbeiter mit einer Eiweißzufuhr von 74,1g und einer Calorienzahl von 2936. Bei den Arbeitern dürfte der Eiweißverbrauch entsprechend ihrer immerhin mehr körperlichen Tätigkeit im großen ganzen vielleicht genügend gewesen sein, während *bei den kaufmännischen Angestellten, deren Beruf überwiegend geistige Arbeit verlangt, die Eiweißzufuhr unbedingt unzureichend war. Diese Familien waren „unterernährt"*, denn der verhältnismäßig hohe Fettgehalt, der auch ihre Nahrung aufwies, konnte den schweren Mangel ungenügender Eiweißzufuhr nicht ausgleichen[1].

Gegliedert nach Familiengröße war hinsichtlich der Eiweißzufuhr die Ernährung nur in den Familien bis 3 Vollpersonen mit rd. 81g ausreichend, während schon bei den Familien mit 4 Vollpersonen die Eiweißzufuhr auf nur 60g sank. Allerdings zeigten die Familien mit 5 und mehr Vollpersonen wieder einen etwas größeren Eiweißgehalt in ihrer Nahrung (67—69g), als genügend kann er aber nicht be-

[1] In der folgenden Übersicht sind noch einmal die Nährwerte und die Calorienzahl, unterschieden nach *Berufsgruppen*, zusammengestellt.

an Nährwerten und Calorien	Es entfielen pro Tag und Vollpersonen in				
	146 Arbeiter-familien	102 Lehrer-familien	6 Beamten-familien	24 kaufmännische Angestell-tenfamilien	22 sonstige Angestell-tenfamilien
Eiweiß . . . . g	74,05	77,94	72,56	65,62	72,31
Davon animalisches	41,32	43,89	40,32	35,19	40,72
In Prozenten	**55,08**	**56,31**	**55,58**	**53,63**	**56,31**
Fett . . . . g	107,36	109,68	113,89	94,08	101,46
Kohlehydrate	399,32	426,03	400,02	367,27	390,31
Calorien	2936	3081	2992	2647	2836

zeichnet werden. Der schon oben erwähnte Einfluß der Familienstärke auf die Ernährung kommt somit auch in dieser Untersuchung zum Ausdruck[1].

Die Untersuchungen des Statistischen Reichsamts in den Jahren 1927 und 1928[2] erlauben noch tiefer in die Ernährungslage unseres Volkes in dieser Zeit einzudringen, schon weil sie sich auf einen weit größeren Personenkreis erstrecken und das ganze Reichsgebiet umfassen. Wie schon oben erwähnt sind im ganzen 896 Arbeiterhaushalte, 546 Angestellten- und 498 Beamtenhaushalte in die Erhebung einbezogen worden. Die Berechnung der Nährwerte und Calorienzahl erfolgte durch das Statistische Reichsamt, und zwar dienten die Analysen von KESTNER-KNIPPING in ihrem Buch: Die Ernährung des Menschen (1928) als Grundlage. Es ist nur der Eiweißgehalt und die Calorienzahl berechnet, nicht dagegen Fettgehalt und Kohlehydrate, da diese sich nach Ansicht der Reichsgesundheitsbehörden gegenseitig weitgehend vertreten können. Wenn freilich auch Eiweißgehalt und Calorienzahl den Wert einer Nahrung in der Hauptsache bestimmen, so ist doch zu bedauern, daß die beiden anderen Nährwerte keine Berücksichtigung erfahren haben.

Die Analysenberechnungen sind also nicht ohneweiteres mit denen vom Hamburgischen Statistischen Landesamt und von mir durchgeführten auf Grund der Analysen von SCHALL-HEISLER zu vergleichen, wenngleich der Unterschied kein großer ist[3]. Für die Arbeiterfamilien habe ich — bevor noch die Nährwertberechnungen des Statistischen Reichsamts veröffentlicht waren — eine Analysenberechnung nach SCHALL-HEISLER vorgenommen und das Ergebnis in der Klinischen Wochenschrift veröffentlicht[4]. Der Unterschied zwischen den Berechnungen des Statistischen Reichsamts und den meinigen ist, wie gesagt, nur sehr gering: Mein Eiweißgehalt ist um einige Gramm höher, dagegen die Calorienzahl etwas geringer. Im folgenden werde ich in erster Linie die Analysenberechnung des Statistischen Reichsamts geben, daneben vergleichsweise dann meine Berechnung stellen.

[1] Ein zusammenfassendes zahlenmäßiges Bild von dem *Einfluß der Kinderzahl auf die Ernährung* gibt die folgende Übersicht:

Es entfielen an Nährwerten und Calorien pro Tag und Vollperson.

Nährwerte, Calorien	in Haushaltungen mit .... Vollpersonen					
	bis 2	über 2—3	über 3—4	über 4—5	über 5—6	7 und mehr
Eiweiß . . . . g	81,12	81,20	60,28	69,23	63,56	66,87
Davon animalisches . .	46,59	46,25	29,15	36,89	34,69	35,47
In Prozenten	**57,43**	**56,96**	**48,36**	**53,29**	**54,58**	**53,04**
Fett . . . . g	115,36	115,51	88,50	98,62	91,02	108,31
Kohlehydrate . . . . . g	421,58	430,20	385,49	394,98	351,28	390,49
Calorien	3134	3170	2642	2817	2543	2887

[2] Einzelheft 22 der Statistik des Deutschen Reiches.

[3] Der Unterschied zwischen den beiden Analysenmethoden liegt darin, daß SCHALL-HEISLER die KÖNIGschen, KESTNER-KNIPPING die RUBNERschen Zahlen zugrunde legen. 1 g Eiweiß nach KÖNIG 4,6, nach RUBNER 4,1 Calorien, 1 g Kohlehydrate 4,0 bzw. 4,1 Calorien, 1 g Fett nach beiden Berechnungsarten 9,3 Calorien. Der Unterschied ist also nur sehr gering.

[4] 1930, Nr. 33/34. Hier habe ich auch Fett und Kohlehydrate berücksichtigt.

Wenden wir uns nun zunächst den *Arbeiterhaushaltungen* zu. Im Durchschnitt der 896 Arbeiterfamilien kam pro Tag und Vollperson[1] eine *Eiweißzufuhr* von 82,2g, wovon 42,4g oder 51,6% auf animalische Nahrungsmittel entfielen. Die Calorienzahl betrug 2886. Eine Kost, die diese Nährwerte aufweist, muß im allgemeinen als ausreichend bezeichnet werden. Bedenken hinsichtlich einer Unterernährung der großen Masse der untersuchten Familien werden kaum auftauchen können. Nach meinen Berechnungen war, wie erwähnt, die Eiweißzahl etwas höher: 86,1g, die Calorienzahl etwas geringer: 2850. Von den 86,1g Gesamteiweiß entfielen nach meiner Berechnung sogar 57,2g oder 66% auf animalische Nahrungsmittel. Ich habe außerdem den *Fett-* und *Kohlehydratgehalt* der Ernährung ermittelt: ersterer betrug 89,1g, letzterer 327g. Danach war die Ernährung fettreich und arm an Kohlehydraten: in Verbindung mit einer genügenden Eiweißzufuhr ist dies das Zeichen einer guten fleisch- und fettreichen Ernährung, in der die voluminösen Lebensmittel wie Kartoffeln und Brot keine überragende Bedeutung spielen. Fleisch und Fleischwaren allein lieferten — nach beiden Berechnungen — etwa 20g Eiweiß, Milch 13—14g Eiweiß, Brot und Backwaren 21g (Reich), 15,7g (meine Berechnung), Kartoffeln 6,3g bzw. 6,7g Eiweiß.

War somit *im Durchschnitt die Ernährung der untersuchten Familien, gemessen an den ermittelten Nährwerten und der Calorienzahl, im ganzen zufriedenstellend*, so erheben sich zwei weitere Fragen: Standen die aufgenommenen Nahrungsmittel in einem richtigen Verhältnis zueinander, wurden im Verhältnis zu den voluminösen Nahrungsmitteln auch *genügend animalische* und *ferner ausreichend Gemüse und Obst* aufgenommen, um einen Mangel an Vitaminen zu vermeiden? — Und zweitens: wie war die Ernährung in den einzelnen Einkommenstufen, hatten auch die minderbemittelten Familien der untersuchten 896 Arbeiter eine genügende Ernährung?

Die erste Frage, die man im Hinblick auf die ermittelten Nährwerte vielleicht für überflüssig halten könnte, wird doch ernster und schwerwiegender, wenn man *den Tagesverbrauch an den wichtigsten Lebensmitteln* pro Haushaltung, pro Vollperson und pro Kopf an sich berechnet, wie ihn die nebenstehende Tab. 9 zeigt.

Es zeigt sich dann nämlich, daß *der Verbrauch an den hochwertigen eiweißreichen und vitaminhaltigen Nährmitteln gegenüber dem Verzehr von voluminösen kohlehydrathaltigen Nahrungsmitteln verhältnismäßig gering gewesen ist.* Berücksichtigt man nämlich, daß es sich hier in der Hauptsache um Industriearbeiter in unseren Groß- und Mittelstädten handelt, die infolge ihrer Lebens- und Arbeitsweise, um leistungsfähig zu bleiben, eine Kost benötigen, die fleisch- und fettreich ist, dann muß ein Konsum an Fleisch und Fleischwaren von durchschnittlich täglich 400g pro Haushaltung oder 126g pro Vollperson als knapp ausreichend bezeichnet werden. Es kam also täglich im Durchschnitt noch nicht $\frac{1}{2}$ Pfund Fleisch einschließlich Wurst und Aufschnitt auf den Tisch. Dies ist besonders ungenügend auch im Hinblick darauf, daß dieser nur geringe Fleischverbrauch nicht durch einen größeren *Fischkonsum* ergänzt wurde. Denn an Fischen (frischen und geräucherten) entfielen nur 58g auf die Haushaltung und 18g auf die Vollperson. Das ist sehr zu bedauern, denn ein größerer Konsum der nahrhaften, eiweißreichen und auch

[1] Erwachsene männliche Person = 1,0, erwachsene weibliche Person = 0,90, Jugendliche vom 9.—14. Lebensjahr = 0,75, unter 9 Jahren = 0,50. Diese unterschiedliche Berechnung erschwert den Vergleich mit der Hamburger Erhebung.

nicht teuren Fische würde eine wertvolle Verbesserung der Nahrung der großen breiten Masse unseres Volkes bedeuten. Deshalb ist die Anregung der Regierung Fischtage einzuführen und dadurch auf einen größeren Fischverbrauch hinzuwirken, sehr zu begrüßen. Gegenüber dem nur mäßigen Konsum an Fleisch und Fisch ist ein recht großer Verbrauch an Kartoffeln und Brot zu verzeichnen. Denn es betrug der Verbrauch an *Kartoffeln* fast 1,4kg pro Haushaltung und über 420g pro Vollperson und der an *Brot und Backwaren* über 1kg pro Haushaltung

Tabelle 9.
Der Tagesverbrauch an den wichtigsten Lebensmitteln stellte sich in Arbeiterhaushaltungen 1927/28.

	pro Haushaltung	pro Vollperson	pro Kopf
Fleisch und Fleischwaren	400 g	126 g	95 g
Milch	1,3 l	½ l	$^3/_{10}$ l
Butter	49 g	16 g	11 g
Fette außer Butter	151 g	39 g	36 g
Käse	42 g	13 g	10 g
Eier	1,3 St	½ St.	$^3/_{10}$ St.
Fische	58 g	18 g	14 g
Brot und Backwaren	1030 g	307 g	245 g
Nährmittel	222 g	67 g	53 g
Kartoffeln	1387 g	421 g	330 g
Gemüse	348 g	109 g	83 g
Obst	263 g	85 g	63 g
Zucker	146 g	45 g	35 g
Bier	$^3/_{10}$ l	$^1/_{10}$ l	0,07 l

und über 300g pro Vollperson. Unzureichend war dagegen der *Milchverbrauch* mit nur ½ l pro Vollperson und 0,3 l pro Kopf überhaupt. Das gleiche gilt, in ausgesprochenerem Maße sogar, von dem Verbrauch an *Butter* und *Käse*, der nur 16 und 13g pro Vollperson und 11 und 10g pro Kopf überhaupt betrug. Besser steht es mit dem Verbrauch an *anderen Fetten* (Margarine in der Hauptsache), der mit 39g (Vollperson) bzw. 36g (pro Kopf) überhaupt als gerade genügend anzusprechen ist. Es wird also deutlich ersichtlich, daß die Butter, vornehmlich in den unteren Einkommenstufen, fast ganz durch Margarine ersetzt worden ist.

Als recht bedenklich muß auch der *zu geringe Verbrauch an Gemüse und Obst* angesehen werden: nur 109g (Gemüse) bzw. 85g (Obst) pro Vollperson und 83g bzw. 63g pro Kopf. Von diesen vitaminreichen Nahrungsmitteln sollte gerade in der heutigen Zeit, die so hohe Anforderungen an unsere Nerven stellt, weit mehr genossen werden. Gerade hinsichtlich dieser Nahrungsmittel hat sich die Kost der gegenwärtigen Generation gegenüber den alten Zeiten, in denen die gesamte Bevölkerung und auch der Städter in einem viel innigeren Zusammenhang mit der Natur stand, wesentlich verschlechtert. Denn Obst und Gemüse sind die hauptsächlichsten *Vitaminträger*. Wenn auch vielleicht von mancher Seite die Gefahr eines Vitaminmangels übertrieben wird, so darf man doch andererseits nicht leichtsinnig die Schädigungen unterschätzen, die durch einen zu geringen Genuß von vitaminhaltigen Nahrungsmitteln, wie außer von Gemüse und Obst auch von Butter, Fett, Milch, Fleisch herbeigeführt werden können. Es darf wohl als ziemlich sicher gelten, daß die bei manchen Personen sich einstellende leichte Ermüdbarkeit und Unlust zu Tätigkeiten zu einem Teil auf Vitaminmangel zurückzuführen sind. In den letzten beiden Jahren haben sich Gemüse wie Obst wesentlich verbilligt, während die Qualität infolge sorgsamerer Pflege und wohl auch besserer Sortierung sich gehoben hat. Es ist daher auch der Genuß von Gemüse und Obst in der letzten Zeit gestiegen, was sehr zu begrüßen ist[1].

Über die zweite Frage nach der *Beschaffenheit der Ernährung in den einzelnen Einkommenstufen* und damit der Ernährungslage der minderbemittelten Familien der Erhebung gibt die nachstehende Tab. 10 Aufschluß.

Tabelle 10. Der Tagesverbrauch an Eiweiß und Calorien je Vollperson im Durchschnitt einer Arbeiterhaushaltung nach der Reichserhebung 1927/28.

Jahreseinkommen je Vollperson		Animalische Nahrungsmittel			Vegetabilische Nahrungsmittel				Nahrungsmittel[2] insgesamt
		insgesamt	davon		insgesamt	davon			
			Fleisch- und Fleischwaren	Milch und Milcherzeugnisse		Brot und Backwaren	Kartoffeln	Gemüse	
unter 800 RM 102 Familien	Eiweiß g	30,4	14,2	12,7	37,9	21,7	6,1	1,3	68,8
	,, %	**44,18**	**20,38**	**18,46**	**55,09**	**31,54**	**8,87**	**1,89**	**100**
	Calorien abs.	889	229	266	1611	797	315	20	2530
	,, %	**35,14**	**9,05**	**8,93**	**63,68**	**31,50**	**12,45**	**0,79**	**100**
von 800 bis unter 1000 RM 215 Familien	Eiweiß g	37,7	17,4	16,0	38,8	21,3	6,6	1,6	77,3
	,, %	**48,77**	**22,51**	**20,70**	**50,19**	**27,55**	**8,54**	**2,07**	**100**
	Calorien abs.	1027	283	357	1698	787	342	22	2771
	,, %	**37,06**	**10,21**	**12,88**	**61,28**	**28,40**	**12,34**	**0,79**	**100**
von 1000 bis unter 1200 RM 240 Familien	Eiweiß g	41,9	19,5	17,7	38,9	21,1	6,4	1,8	82,1
	,, %	**51,04**	**23,75**	**21,56**	**47,38**	**25,70**	**7,80**	**2,19**	**100**
	Calorien abs.	1091	318	409	1697	781	334	24	2858
	,, %	**38,17**	**11,13**	**14,31**	**59,38**	**27,33**	**11,69**	**0,84**	**100**
von 1200 bis unter 1500 RM 214 Familien	Eiweiß g	47,4	22,8	19,2	37,4	20,0	6,1	1,9	86,5
	,, %	**54,80**	**26,36**	**22,20**	**43,24**	**23,12**	**7,05**	**2,20**	**100**
	Calorien abs.	1200	360	479	1675	752	316	26	2966
	,, %	**40,46**	**12,14**	**16,15**	**56,47**	**25,35**	**10,65**	**0,88**	**100**
von 1500 RM und mehr 125 Familien	Eiweiß g	53,3	26,3	20,4	39,0	20,7	6,1	2,1	95,2
	,, %	**55,99**	**27,63**	**21,43**	**40,97**	**21,74**	**6,41**	**2,21**	**100**
	Calorien abs.	1274	404	552	1775	787	320	30	3193
	,, %	**39,90**	**12,65**	**17,29**	**55,59**	**24,65**	**10,02**	**0,94**	**100**
Gesamtdurchschnitt 896 Familien	Eiweiß g	42,4	20,0	17,4	38,4	21,0	6,3	1,8	82,2
	,, %	**51,58**	**24,33**	**21,17**	**46,72**	**25,55**	**7,66**	**2,19**	**100**
	Calorien abs.	1102	322	416	1690	778	327	24	2866
	,, %	**38,45**	**11,24**	**14,52**	**58,97**	**27,15**	**11,41**	**0,84**	**100**

[1] Anhaltspunkte für die Steigerung des Gemüseverbrauchs gibt die Produktionsstatistik, die eine Zunahme der Gemüseanbaufläche von 1927—1932 um 12,5% feststellte; in Zusammenhang damit sind auch die Gemüseernten fast von Jahr zu Jahr gestiegen. So stellte sich nach den Berechnungen des Instituts für Landwirtschaftliche Marktforschung die Gemüseernte im Jahre 1927 auf rd. 2,4 Mill. t, dagegen 1932 auf 2,8 Mill. t, das ist eine Steigerung von fast 15%. Auch die Preise für Gemüse und Obst sind seit 1928 stark gesunken, und zwar weit stärker als die für Fleisch und Fleischwaren; während letztere um etwa 15—25% zurückgegangen sind, haben sich die Gemüsepreise um etwa 50% ermäßigt. Es ist daher heute auch den minderbemittelten Schichten möglich, verhältnismäßig mehr Gemüse und Obst zu verzehren.

[2] Einschließlich Genußmittel; infolgedessen ist die Summe der Prozentsätze etwas geringer als 100.

Danach war *die Eiweißzufuhr wie auch die Calorienzahl in den beiden untersten Einkommenstufen, denen 317 Haushaltungen angehörten, ganz unzureichend*, namentlich gilt dies von den 102 Haushaltungen der untersten Einkommenstufe, wo der Eiweißgehalt noch nicht 70g (68,8g), die Calorienzahl nur 2530 betrug. Etwas zufriedenstellender war in dieser Hinsicht die Ernährung der 215 Haushaltungen der zweiten Einkommengruppe mit 77,3g Eiweiß bei einer Calorienzahl von 2771. Der Anteil des Eiweißes tierischen Ursprungs war ebenfalls bei den Familien der untersten Einkommenstufe mit nur 44,2 % völlig ungenügend; auch in der zweiten Gruppe machte animalisches Eiweiß noch nicht die Hälfte des Gesamteiweißes aus. Nur in den drei höheren Einkommenstufen, zu denen allerdings die Mehrzahl der Familien gehörte (240+214+125=579) war die Ernährung ausreichend. Der Eiweißgehalt der Nahrung überschritt 80g, die Calorienzahl grenzte an 3000, überschritt die Zahl zum Teil. Die 125 Familien der höchsten Einkommenstufe ernährten sich sogar sehr gut. Der Anteil des Eiweißes animalischen Ursprungs betrug in allen drei Einkommenstufen mehr als die Hälfte der Gesamteiweißzufuhr, in den beiden höchsten machte er sogar 54,8 und 56 % aus. In welcher Weise mit zunehmender Wohlhabenheit der Anteil animalischen Eiweißes an der Gesamteiweißmenge stieg, geht aus folgender kleiner Übersicht (Tab. 11) hervor.

Tabelle 11. Verbrauch an Eiweiß und Calorien je Vollperson in Arbeiterhaushaltungen 1927/28.

Jahreseinkommen je Vollperson in RM	Tagesverbrauch				Unterste Stufe (unter 800 RM = 100)			
	Animalische Nahrungsmittel		Vegetabilische Nahrungsmittel		Animalische Nahrungsmittel		Vegetabilische Nahrungsmittel	
	Eiweiß g	Calorien	Eiweiß g	Calorien	Eiweiß g	Calorien	Eiweiß g	Calorien
unter 800	30,7	895	38,1	1635	100	100	100	100
800 bis „ 1000	38,2	1036	39,1	1735	124	116	103	106
1000 „ „ 1200	42,7	1104	39,4	1754	139	123	103	107
1200 „ „ 1500	48,5	1219	38,0	1747	158	136	100	106
1500 und mehr . .	55,5	1313	39,7	1880	181	147	104	115
Durchschnitt	42,4	1118	38,9	1748	—	—	—	—

Wir werden also abschließend unser oben gefälltes Urteil über die Ernährung der Arbeiterfamilien dahin revidieren müssen, daß unsere Behauptung einer guten, fleisch- und fettreichen Kost sich nur auf die Familien der drei höheren Einkommenstufen beziehen kann, *während die 317 Familien der beiden untersten Einkommenstufen, ganz besonders aber die 102 Familien der untersten Gruppe sich nur mangelhaft und schlecht ernähren konnten. Die Gefahr der Störung des N-Gleichgewichts* war bei ihnen ebenso gegeben wie bei den minderbemittelten Familien der Hamburger Bevölkerung.

In den *Angestelltenhaushaltungen* war nach der Reichserhebung — im Gegensatz zu der Hamburger Erhebung — die Ernährungslage etwas besser als in den Arbeiterhaushaltungen. Während nach der Hamburger Erhebung der Durchschnittssatz der Eiweißzufuhr bei den sonstigen Angestellten 72,3g, bei den kaufmännischen Angestellten nur 65,6g, dagegen bei den Arbeitern 74g betrug, stellte sich nach der Reichserhebung der Durchschnittssatz für Eiweiß bei den Angestellten auf 84,2g, bei den Arbeitern aber nur auf 82,2g. Der Wärmewert der Nahrung betrug bei den Angestellten nach der Reichserhebung 2924 gegen 2836 bzw. 2647 nach der Hamburger Erhebung. Die Ernährung der 546 Angestelltenfamilien der Reichserhebung war also, gemessen am Eiweißgehalt und der Calorienzahl, recht zufriedenstellend.

Berechnet man den *Tagesverbrauch an den wichtigsten Lebensmitteln* pro Haushaltung und Vollperson, so ergibt sich folgendes Bild (Tab. 12).

Tabelle 12.
Der Tagesverbrauch an den wichtigsten Lebensmitteln stellte sich in den Angestelltenhaushaltungen 1927/28.

	pro Haushaltung	pro Vollperson
Fleisch und Fleischwaren	371 g	132 g
Milch	1,2 l	$^{2}/_{5}$ l
Butter	89 g	32 g
Fette außer Butter	87 g	28 g
Käse	42 g	15 g
Eier	1,4 St.	½ St.
Fische	60 g	21 g
Brot und Backwaren	867 g	289 g
Nährmittel	175 g	58 g
Kartoffeln	1161 g	392 g
Gemüse	345 g	120 g
Obst	337 g	118 g
Zucker	136 g	46 g
Bier	$^{1}/_{5}$ l	0,08 l

Danach war der Fleischverbrauch pro Haushaltung etwas geringer, pro Vollperson ein wenig höher als in den untersuchten Arbeiterhaushaltungen[1]. Der Milchkonsum war ungefähr gleich; dagegen erheblich höher — um das Doppelte — der Butterverbrauch (32 g gegen 16 g pro Vollperson), dafür wurde weniger Margarine und Schmalz genossen: 28 g gegenüber 39 g. Nimmt man alle Fettsorten zusammen, so war aber der Fettverbrauch in den beiden Berufsgruppen nicht wesentlich verschieden: 60g bei den Angestellten gegen 57 bei den Arbeitern. Die schon öfters erwähnte Tatsache, daß der Städter infolge seiner Lebens- und Arbeitsweise eine fettreiche Ernährung bedarf, kommt hier deutlich zum Ausdruck; nur wird der Fettbedarf in den minderbemittelten Kreisen vornehmlich durch Margarine und Schmalz, in bessersituierten Schichten mehr durch Butter gedeckt. Etwas geringer als in den Arbeiterfamilien war der Brot- wie der Kartoffelverbrauch; dagegen wurde etwas mehr Gemüse und bedeutend mehr Obst genossen. *Zusammengenommen war die Ernährung der Angestellten zwar etwas besser als die der Arbeiter, aber hinsichtlich des Fleisch- und Gemüseverbrauchs immerhin noch verbesserungsbedürftig.*

Eine *Gliederung nach Einkommenstufen* zeigt ein, wenn auch nur um weniges, günstigeres Bild als bei den Arbeiterfamilien. Auch hier war in den beiden unteren Stufen, denen 82 Familien angehörten, sowohl die Eiweißzufuhr wie die Calorienzahl ungenügend. In der dritten Gruppe (102 Familien) war zwar mit fast 80g die Eiweißzufuhr ausreichend, dagegen die Calorienzahl zu gering, so daß man auch hier von einem Mangel der Ernährung wird sprechen müssen. In den übrigen Einkommenstufen war die Ernährung recht zufriedenstellend. Günstiger als in den Arbeiterfamilien gestaltete sich aber die animalische Ernährung: der Anteil animalischen Eiweißes lag nur in der untersten Einkommenstufe unter 50 %; in allen

[1] Die Differenz im Verbrauch zwischen Haushalt und Vollperson bei Arbeiter- und Angestelltenfamilien ist auf die unterschiedliche Kopfstärke bei beiden zurückzuführen: Arbeiterfamilie 4,2, Angestelltenfamilie 3,6, Beamtenfamilie 3,9 Köpfe.

anderen Gruppen überschritt er, zum Teil sehr bedeutend, die Hälfte. In der folgenden Tab. 13 ist das Ergebnis noch einmal kurz zusammengefaßt.

Tabelle 13.
Der Tagesverbrauch an Eiweiß und Calorien je Vollperson im Durchschnitt einer Angestelltenhaushaltung nach der Reichserhebung 1927/28.

Jahreseinkommen je Vollperson		Animalische Nahrungsmittel			Vegetabilische Nahrungsmittel				Nahrungsmittel[1] insgesamt
			davon			davon			
		insgesamt	Fleisch und Fleischwaren	Milch und Milcherzeugnisse	insgesamt	Brot und Backwaren	Kartoffeln	Gemüse	
unter 1000 RM 25 Familien	Eiweiß g	33,1	14,5	15,6	37,6	21,3	5,8	1,5	71,2
	,, %	**46,49**	**20,37**	**21,91**	**52,81**	**29,92**	**8,15**	**2,11**	**100**
	Calorien abs.	884	218	375	1645	786	300	21	2561
	,, %	**34,52**	**8,51**	**14,64**	**64,23**	**30,69**	**11,71**	**0,82**	**100**
von 1000 bis unter 1200 RM 57 Familien	Eiweiß g	38,7	17,3	16,8	36,2	20,3	6,0	1,6	76,0
	,, %	**50,92**	**22,76**	**22,11**	**47,63**	**26,71**	**7,89**	**2,11**	**100**
	Calorien abs.	1061	276	452	1596	757	310	23	2702
	,, %	**39,27**	**10,21**	**16,73**	**59,07**	**28,02**	**11,47**	**0,85**	**100**
von 1200 bis unter 1500 RM 102 Familien	Eiweiß g	41,9	18,3	18,5	36,0	19,4	5,8	1,8	79,5
	,, %	**52,70**	**23,02**	**23,28**	**45,28**	**24,40**	**7,30**	**2,26**	**100**
	Calorien abs.	1108	295	501	1598	724	303	25	2767
	,, %	**40,04**	**10,66**	**18,11**	**57,75**	**26,17**	**10,95**	**0,90**	**100**
von 1500 bis unter 1800 RM 129 Familien	Eiweiß g	45,3	21,3	18,3	35,7	19,8	6,2	1,9	83,1
	,, %	**54,51**	**25,63**	**22,02**	**42,96**	**23,83**	**7,46**	**2,29**	**100**
	Calorien abs.	1180	329	550	1630	749	324	26	2894
	,, %	**40,77**	**11,37**	**19,00**	**50,32**	**25,88**	**11,20**	**0,90**	**100**
von 1800 bis unter 2200 RM 124 Familien	Eiweiß g	48,9	23,5	19,3	36,4	19,9	5,7	2,0	88,8
	,, %	**55,07**	**26,46**	**21,73**	**40,99**	**22,41**	**6,42**	**2,25**	**100**
	Calorien abs.	1254	361	627	1672	761	298	28	3046
	,, %	**41,17**	**11,85**	**20,58**	**54,89**	**24,98**	**9,78**	**0,92**	**100**
von 2200 RM und mehr 109 Familien	Eiweiß g	51,7	25,3	19,6	37,3	19,9	5,6	2,4	94,7
	,, %	**54,59**	**26,72**	**20,70**	**39,39**	**21,01**	**5,91**	**2,53**	**100**
	Calorien abs.	1263	372	642	1726	773	290	31	3164
	,, %	**39,92**	**11,76**	**20,29**	**54,55**	**24,43**	**9,17**	**0,98**	**100**
Gesamt-Durchschnitt 546 Familien	Eiweiß g	45,2	21,1	18,5	36,1	19,8	5,9	1,8	84,2
	,, %	**53,68**	**25,06**	**21,97**	**42,87**	**23,52**	**7,01**	**2,14**	**100**
	Calorien abs.	1173	328	558	1652	755	305	27	2924
	,, %	**40,12**	**11,22**	**19,08**	**56,50**	**25,82**	**10,43**	**0,92**	**100**

Die Ernährungslage in den *Beamtenfamilien* war im allgemeinen zufriedenstellend. Im Durchschnitt entfielen auf eine Vollperson pro Tag 87g Eiweiß und 3033 Calorien, an Eiweiß animalischen Ursprungs enthielt die Kost 46,0g oder 53,1%. Der *Tagesverbrauch an den wichtigsten Lebensmitteln* stellte sich wie folgt (s. Tab. 14).

Gegenüber den Arbeiter- und Angestelltenhaushaltungen war danach nicht so sehr der Fleisch- als vielmehr der Butterkonsum höher. Der Fleischverbrauch war pro Vollperson nur um 1g höher als in den Angestellten- und um 5g höher als

[1] Einschließlich Genußmittel, infolgedessen ist die Summe der Prozentsätze etwas geringer als 100.

in den Arbeiterfamilien. Der Butterverbrauch war dagegen um 3g höher als in den Angestellten- und um 19g höher als in den Arbeiterfamilien. Auch etwas mehr Milch wurde in Beamtenkreisen verbraucht. Wiederum war der Margarine- und Schmalzkonsum geringer. Bemerkenswert ist schließlich noch, daß der Verzehr an Obst erheblich größer war als in den Arbeiter- wie auch Angestelltenfamilien. Die *Gliederung nach Einkommenstufen* ist aus der folgenden Tab. 15 (s. S. 69) zu ersehen. Danach war auch in der untersten Einkommenstufe der Beamtenfamilien die Eiweißzufuhr wie die Calorienzahl ausreichend. Der Anteil des Eiweißes animalischen Ursprungs war allerdings in der untersten Stufe mit nur 45,1% ungenügend; der verhältnismäßig hohe Gesamteiweißgehalt ist hier durch Vegetabilien, in der Hauptsache neben Brot durch Kartoffeln gedeckt worden. *Man wird also auch die Ernährung weniger bemittelter Beamtenfamilien als noch recht verbesserungsbedürftig bezeichnen müssen.*

Tabelle 14. Der Tagesverbrauch an den wichtigsten Lebensmitteln stellte sich in den Beamtenhaushaltungen 1927/28.

	pro Haushaltung	pro Vollperson
Fleisch und Fleischwaren	413 g	133 g
Milch	$1^2/_5$ l	$1/2$ l
Butter	99 g	35 g
Fette außer Butter	90 g	26 g
Käse	46 g	15 g
Eier	1,5 St.	$1/2$ St.
Fische	63 g	20 g
Brot und Backwaren	976 g	299 g
Nährmittel	223 g	67 g
Kartoffeln	1364 g	422 g
Gemüse	353 g	115 g
Obst	404 g	130 g
Zucker	161 g	50 g
Bier	$1/5$ l	0,07 l

Die Verbrauchsanschreibungen bei den übrigen noch vorliegenden Untersuchungen sind recht dürftig; von den Kaufmannsgehilfen des DHV. fehlen sie überhaupt. Es soll nun ganz kurz als Ergänzung und zum Vergleich mit den besprochenen großen Erhebungen auf die Ergebnisse der Untersuchungen des „Afabundes" und des Einheitsverbandes der Eisenbahner eingegangen werden. Erstere Erhebung bezieht sich — wie erwähnt[1] — auf 43 Angestelltenfamilien im Jahre 1926, letztere auf 59 Eisenbahnarbeiter- und 43 Eisenbahnbeamtenfamilien im Jahre 1929.

Die *Familien* des *Afabundes* zeigen einen sehr geringen Fleischverbrauch: nur 86 g pro Kopf und Tag, dagegen ist ihr Butterkonsum schon erheblicher: 36 g, Angaben über den Verbrauch anderer Fette (Margarine, Schmalz) fehlen aber. Sehr gering ist der Milchverbrauch (nur ein Zehntel Liter), ebenso der Konsum an Eier ($1/3$ Ei); dagegen sind sehr viel Vegetabilien verzehrt: 513 g Brot und Backwaren, 110 g Mehl und 433 g Kartoffeln. Der Zuckerverbrauch mit 50 g war auch verhältnismäßig hoch. Die Verbrauchsanschreibungen waren also sehr mangelhaft, was auch vom Berichterstatter zugegeben wird. Man wird daraus schwerlich etwas folgern können.

Schon besser steht es mit der *Eisenbahnererhebung*. Die Verbrauchsberechnungen scheinen hier vollständiger: Danach wurde in *Eisenbahnarbeiterkreisen* pro Tag und Vollperson konsumiert: 107 g Fleisch und Fleischwaren, 34 g Butter und Fette, $1/3$ Ei, $1/3$ l Milch, 13 g Käse, 18 g Fische, 320 g Brot, je 68 g Gemüse und Obst, 444 g Kartoffeln. Vergleicht man diese Mengen mit den Ergebnissen des Statistischen Reichsamts über Arbeiterfamilien, so zeigt sich, daß die Ernährungsweise der Eisenbahnarbeiter etwas unter dem allgemeinen Durchschnitt stand. Denn während nach der Reichserhebung auf die Vollperson 126 g Fleisch und Fleischwaren, 55 g Butter und Fette, $1/2$ l Milch und $1/2$ Ei entfielen, stellten sich, wie eben erwähnt, die Eisenbahnerzahlen auf 107, 34, und $1/3$ l Milch, sowie $1/3$ Ei. Die Ernährung der Eisenbahnarbeiter war danach sehr dürftig, da sie noch unter dem Durchschnitt der Arbeiterhaushaltungen der Reichserhebung lag, die wir oben als verbesserungsbedürftig hin-

[1] Vgl. oben S. 9 u. S. 24.

Tabelle 15. Der Tagesverbrauch an Eiweiß und Calorien je Vollperson im Durchschnitt einer Beamtenhaushaltung nach der Reichserhebung 1927/28.

Jahreseinkommen je Vollperson		Animalische Nahrungsmittel insgesamt	davon Fleisch und Fleischwaren	davon Milch und Milcherzeugnisse	Vegetabilische Nahrungsmittel insgesamt	davon Brot und Backwaren	davon Kartoffeln	davon Gemüse	Nahrungsmittel[1] insgesamt
unter 1000 RM 19 Familien	Eiweiß g	36,2	16,7	15,6	43,5	23,6	7,5	1,1	80,3
	,, %	**45,08**	**20,80**	**19,43**	**54,17**	**29,39**	**9,34**	**1,37**	**100**
	Calorien abs.	990	282	376	1887	871	392	17	2912
	,, %	**33,40**	**9,68**	**12,91**	**64,80**	**29,91**	**13,46**	**0,58**	**100**
von 1000 bis unter 1200 RM 56 Familien	Eiweiß g	39,8	18,0	17,2	38,5	21,6	6,9	1,6	79,2
	,, %	**50,25**	**22,73**	**21,72**	**48,61**	**27,27**	**8,71**	**2,02**	**100**
	Calorien abs.	1061	287	454	1708	794	356	22	2808
	,, %	**37,78**	**10,22**	**16,17**	**60,83**	**28,28**	**12,68**	**0,78**	**100**
von 1200 bis unter 1500 RM 108 Familien	Eiweiß g	44,8	21,6	18,1	40,0	21,4	6,9	1,7	85,8
	,, %	**52,21**	**25,17**	**21,09**	**46,62**	**24,94**	**8,04**	**1,98**	**100**
	Calorien abs.	1209	394	488	1784	792	361	24	3046
	,, %	**39,69**	**12,93**	**16,02**	**58,57**	**26,00**	**11,85**	**0,79**	**100**
von 1500 bis unter 1800 RM 85 Familien	Eiweiß g	46,9	21,6	19,6	38,0	20,2	6,7	1,7	86,8
	,, %	**54,03**	**24,88**	**22,58**	**43,77**	**23,27**	**7,72**	**1,96**	**100**
	Calorien abs.	1199	332	574	1747	755	349	22	3030
	,, %	**39,57**	**10,96**	**18,94**	**57,66**	**24,92**	**11,52**	**0,73**	**100**
von 1800 bis unter 2200 RM 91 Familien	Eiweiß g	47,3	22,1	19,6	37,4	20,5	5,7	1,8	87,5
	,, %	**54,06**	**25,26**	**22,40**	**42,74**	**23,43**	**6,51**	**2,06**	**100**
	Calorien abs.	1210	337	620	1734	776	299	24	3049
	,, %	**39,69**	**11,05**	**20,33**	**56,87**	**25,45**	**9,81**	**0,79**	**100**
von 2200 bis unter 2600 RM 61 Familien	Eiweiß g	47,5	20,5	21,2	36,7	19,4	5,4	2,1	87,7
	,, %	**54,16**	**23,37**	**24,17**	**41,85**	**22,12**	**6,16**	**2,39**	**100**
	Calorien abs.	1194	308	659	1724	746	282	28	3034
	,, %	**39,35**	**10,15**	**21,72**	**56,82**	**24,59**	**9,29**	**0,92**	**100**
von 2600 bis unter 3100 RM 33 Familien	Eiweiß g	53,6	25,1	22,1	37,9	19,9	5,9	2,2	95,0
	,, %	**56,42**	**26,42**	**23,26**	**39,89**	**20,95**	**6,21**	**2,32**	**100**
	Calorien abs.	1355	381	741	1794	767	306	32	3273
	,, %	**41,40**	**11,64**	**22,64**	**54,81**	**23,43**	**9,35**	**0,98**	**100**
von 3100 RM und mehr 45 Familien	Eiweiß g	52,6	25,1	20,4	38,1	19,6	5,5	2,4	96,4
	,, %	**54,56**	**26,04**	**21,16**	**39,52**	**20,33**	**5,71**	**2,49**	**100**
	Calorien abs.	1287	361	666	1757	765	284	33	3236
	,, %	**39,89**	**11,19**	**20,64**	**54,46**	**23,71**	**8,80**	**1,02**	**100**
Gesamtdurchschnitt 498 Familien	Eiweiß g	46,2	21,5	19,2	38,4	20,6	6,3	1,8	87,0
	,, %	**53,10**	**24,71**	**22,07**	**44,14**	**23,68**	**7,24**	**2,07**	**100**
	Calorien abs.	1188	333	574	1755	776	328	25	3033
	,, %	**39,17**	**10,98**	**18,93**	**57,86**	**25,59**	**10,81**	**0,82**	**100**

stellen mußten. Etwas besser war die Ernährung der *Eisenbahnbeamtenfamilien.* Vor allem wurde mehr Fleisch konsumiert: nämlich 124 g pro Vollperson und Tag. Dagegen auch nur 38 g Butter und Fette, $\frac{1}{3}$ Ei und $\frac{1}{3}$ l Milch; recht wenig Brot, nur 243 g, aber viel Kartoffeln 453 g. Wenig Gemüse (65 g), etwas mehr Obst (118 g). Verglichen mit den Beamtenfamilien des Statistischen Reichsamts war eben auch die Ernährungsweise der Eisenbahnbeamten unzulänglich.

[1] Einschließlich Genußmittel; infolgedessen ist die Summe der Prozentsätze etwas geringer als 100.

Zieht man zum Schluß einen *Vergleich zwischen der Ernährungslage im Jahre 1927/28*, wie sie sich aus der großen Erhebung des Statistischen Reichsamts ergibt *und der im Jahre 1926* nach der Untersuchung des Hamburgischen Statistischen Landesamts, so ist eine Verbesserung unverkennbar. Freilich wird man berücksichtigen müssen, daß der Kreis der untersuchten Personen in beiden Erhebungen ein etwas verschiedener war, und daß vor allem die Erhebungsmethode — Vollpersonenberechnung und Analysenmethode — jeweils eine andere war. Trotzdem aber wird man von einer Aufwärtsentwicklung in der Ernährung in den Jahren 1926—1928 sprechen dürfen. Nur einige wenige Zahlen mögen dies illustrieren.

Es entfielen pro Tag und Vollperson:

Berufsgruppen	Eiweiß		davon animalisches		Calorien	
	1926	1927/28	1926	1927/28	1926	1927
Arbeiter	74,0	82,2	42,3	42,4	2936	2866
Angestellte	—	84,2	—	54,2	—	2924
a) kaufmännisch Angestellte	65,6	—	35,2	—	2647	—
b) sonstige Angestellte	72,3	—	40,7	—	2836	—
Beamte und Lehrer	77,9	87,0	43,9	46,2	rd. 3000	3033

Danach hat sich weniger die Ernährung der Arbeiter als ganz besonders die der Angestellten verbessert.

Einen *noch zutreffenderen Vergleich der Ernährungslage* in den beiden genannten Jahren erlaubt aber *die Erhebung des Hamburgischen Statistischen Landesamts über das Jahr 1927*[1]. Ebenso wie 1926 sind auch hier rd. 300 Haushaltungen in der Erhebung einbezogen worden, die nach Einkommenstufen und Berufen (146 Arbeiter, 102 Lehrer und Beamte, 24 kaufmännische und 22 sonstige Angestellte) gegliedert sind. Nur ganz kurz sei das Wichtigste erwähnt: Der Tagesverbrauch einer Vollperson[2] stellte sich: an Eiweiß bei den Arbeitern auf 78,6g, bei den Lehrern und Beamten auf 82,3g, bei den Angestellten auf 71g. Die Calorienzahl bei den Arbeitern auf 2934, bei den Lehrern und Beamten auf 3116, bei den Angestellten 2732. *Die Ernährungslage der Angestellten* war also auch nach dieser Erhebung, ebenso wie nach der von 1926, *am schlechtesten.* Sowohl hinsichtlich der Eiweißzufuhr wie der Calorienzahl wird man sie *als nicht ausreichend* bezeichnen müssen. Auch der Fettgehalt der Nahrung, der im übrigen sehr hoch lag, war mit 106,6g bei den Angestellten am geringsten, bei den Arbeitern: 111,3g, bei den Lehrern und Beamten sogar 125,8g. Der Anteil des animalischen Eiweißes an dem Gesamteiweißgehalt stellte sich bei den Arbeitern sowie den Lehrern und Beamten auf je 60,8%, bei den Angestellten auf 58%. Er war also gegenüber den Familien der Reichserhebung recht hoch. Ein Zeichen, daß die Hamburger Familien eine etwas stärker fleischhaltige Ernährung hatten. Durch Fleisch allein wurden gedeckt: bei den Arbeitern 28,5%, bei den Lehrern und Beamten 25,2% und bei den Angestellten 23,9% des Eiweißes[3]. *Gegliedert nach Einkommenstufen* schwankte bei

[1] Heft 26 der „Statistischen Mitteilungen".

[2] Erwachsene männliche Person = 1,0, Kinder vom 10.—15. Lebensjahr = 0,75, erwachsene weibliche Person = 0,9, Kinder bis zum 9. Lebensjahr = 0,50.

[3] Trotzdem ist der Verbrauch an tierischen Nahrungsmitteln mit rd. 120—130 g Fleisch und Fleischwaren, 23—28 g Butter gegenüber dem Verbrauch von rd. 300 g Brot und 375 g Kartoffeln nur als mäßig zu bezeichnen. Unzureichend war der Konsum an Gemüse (125 g)

den Arbeitern (nur diese sind nach dem Einkommen aufgegliedert) die Eiweißzufuhr zwischen 60,2g in der untersten Stufe und 83g in der höchsten Einkommenstufe, die Calorienzahl zwischen 2515 und 3065. Der Anteilssatz animalischen Eiweißes betrug in der untersten Einkommenstufe 54,2%, in der höchsten 62,8%. Auf Fleisch und Fleischwaren entfielen in der untersten Einkommenstufe 21%, in der höchsten 34,3%. Der Fettgehalt der Nahrung schwankte zwischen 100,5 und 142,1g[1].

Verglichen mit der Erhebung von 1926 ist insbesondere die *Zunahme des Eiweißgehaltes* der Nahrung nicht zu verkennen.

	1926 g	1927 g
Arbeiterfamilien	74,0	78,6
Lehrer- und Beamtenfamilien	77,9	82,3
Angestellte	65,6—72,3	71,0

Der Anteilssatz animalischen Eiweißes stieg von 1926 zu 1927 bei den Arbeitern von 55,8 auf 60,8%, bei den Lehrern und Beamten von 56,3 auf 60,8%, bei den Angestellten von 55 auf 58%.

Will man auf Grund dieser Untersuchungen *ein abschließendes Urteil über die Ernährungslage unseres Volkes in den Jahren 1926—1928* fällen, so muß man berücksichtigen, daß diese Jahre im Zeichen einer recht günstigen wirtschaftlichen Konjunktur standen. Die Geschäfte gingen im allgemeinen gut, der Handel blühte, die Industrie hatte Beschäftigung zu recht lohnenden Preisen, die eine fortgesetzt steigende Tendenz zeigten. Auch die Gehälter und Löhne blieben — wenigstens in der ersten Zeit — hinter der Preissteigerung keineswegs zurück. Im Gegenteil: In manchen Berufen überboten z. T. sogar die Löhne die Preise. Die Folge war, daß der Lebensstandard sich hob, mehr Aufwendungen für alle Lebensbedürfnis gemacht werden konnten. Die Verbesserung der Ernährungslage von 1926 zu 1927/28, von der soeben die Rede war, ist ebenfalls darauf zurückzuführen.

Diese Verbesserung des Lebensstandards und der Ernährungslage in jenen Jahren wird auch durch eine schon oben S. 25 erwähnte *Erhebung des Hamburgischen Statistischen Landesamts*[2], *die sich auf 26 Haushalte erstreckt, deren Lebens-*

und vor allem an Obst, von den in Arbeiter- und Angestelltenfamilien nur 96—98 g pro Tag und Vollperson verzehrt worden sind.

[1] Ein zusammenfassendes Bild von der Ernährungslage der im Jahre 1927 untersuchten Hamburger Arbeiter-, Beamten- und Angestellten-Familien gibt die nachstehende Übersicht.

Der Tagesverbrauch einer Vollperson in einer

Nährwerte, Calorien	Arbeiterhaushaltung			Lehrer- und Beamtenhaushaltung			Angestelltenhaushaltung		
	Tierische Nahrungsmittel	Pflanzliche Nahrungsmittel	% entfielen auf tier. Nahrungsmittel	Tierische Nahrungsmittel	Pflanzliche Nahrungsmittel	% entfielen auf tier. Nahrungsmittel	Tierische Nahrungsmittel	Pflanzliche Nahrungsmittel	% entfielen auf tier. Nahrungsmittel
Eiweiß . . g	47,79	30,79	**60,82**	50,01	32,25	**60,80**	41,20	29,83	**58,00**
Fett . . . g	103,01	8,30	**92,54**	115,55	10,25	**91,85**	99,12	7,50	**92,97**
Kohlehydrate. g	20,58	357,20	**5,45**	24,29	380,74	**6,00**	18,41	345,18	**5,06**
Calorien . .	1313	1621	**44,75**	1377	1739	**44,19**	1168	1564	**42,75**

[2] Heft 26 der Statistischen Mitteilungen, S. 33ff. Da die gleichen Familien in diesen 5 Jahren in methodologisch derselben Weise bearbeitet wird, ist eine einwandfreie Vergleichbarkeit gegeben gewesen.

haltung und Ernährung von 1925—1929 fortdauernd beobachtet ist, bestätigt. Die aufgenommenen Nahrungsmittel haben sich zwar der Menge nach nicht erhöht, wohl aber ist die Kost besser, gehaltvoller und wohl auch schmackhafter geworden. So stieg bei diesen Familien der Eiweißgehalt der Nahrung von 69,8g im Jahre 1925 auf rd. 74g im Jahre 1928, fiel freilich dann im nächsten Jahr 1929 auf 72,7g ab; der Anteil animalischen Eiweißes erhöhte sich von 56 auf 63%. Auch der Fettgehalt der Nahrung und ebenfalls die Calorienzahl stieg an, ersterer von 127,1 auf 139g im Jahre 1928, im folgenden Jahre sich auf 137g senkend; die Calorienzahl stieg von 2760 im Jahre 1925 auf 2815 1928; das Jahr 1929 brachte aber bereits auch hier einen Rückgang auf 2743[1].

Dieser leise angedeutete Rückgang des Ernährungszustandes im Jahre 1929, den diese letztgenannte Erhebung zeigt, und der zu einem Teil wohl auf die sehr starke Preissteigerung besonders der wichtigsten und wertvollsten Lebensmittel, der die Einkommen nicht immer zu folgen vermochten, zurückzuführen ist, leitet dann eine *neue Epoche* in der Wirtschaft und damit auch in Lebenshaltung und Ernährung ein. Eine Epoche, die nicht wie die vorhergehende durch ein Ansteigen, sondern *ein immer schärferes Absinken und Abgleiten* der Wirtschaft, und damit auch der Lebenshaltung und der Ernährungslage, gekennzeichnet war. Die *Ursachen dieses Abstiegs*, die zu der schweren Wirtschaftskrise, die im Jahre 1931 über unser Volk und seine Wirtschaft hereinbrach, führte, lagen in den Jahren der sog. Hochkonjunktur, die aber nur eine „Scheinblüte" war, aufgebaut auf zusätz-

[1] Deutlich tritt die *Verbesserung in der Ernährung in den Jahren 1925—1929* in der nachstehenden kleinen Übersicht zutage.

Die Zu- und Abnahme des Verbrauchs der einzelnen Nahrungsmittel in den Jahren 1926—1929 gegenüber 1925 (Verhältniszahlen).

Lebensmittel	Die Zu- und Abnahme des Verbrauchs betrug, 1925 = 100 gesetzt, für eine Vollperson in den Jahren			
	1926	1927	1928	1929
Milch	115,57	120,70	118,33	115,67
Butter	130,62	151,84	212,67	228,84
Käse	105,89	106,23	120,88	116,34
Eier	114,49	107,25	120,57	115,46
Fette (ohne Butter)	99,45	94,74	90,20	83,73
Fleisch und Fleischwaren	102,40	107,45	118,43	110,58
Fische	102,17	89,37	92,64	108,53
Brot und Backwaren	91,60	91,90	91,19	85,50
Nährmittel	98,85	90,33	83,61	76,03
Kartoffeln	102,00	89,69	97,58	92,80
Gemüse und sonstige Grünwaren	109,73	103,69	108,72	117,72
Obst-, Obstkonserven, Südfrüchte	111,79	105,04	124,55	132,88
Zucker, Honig, Sirup	93,10	92,90	93,27	91,85
Kaffee (einschl. Kaffee-Ersatz, Tee, Kakao)	97,77	95,34	100,47	106,59
Salz, Gewürze	101,56	137,36	133,02	163,91

Besonders beachtenswert ist die starke Zunahme im Verbrauch von Butter, Eier, Fleisch und Fleischwaren, Milch, Gemüse und Obst. Dagegen ist der Verbrauch an anderen Fetten (Margarine), ebenso wie auch an Brot und Kartoffeln, sowie an „Nährmitteln" (Mehl, Teigwaren) zurückgegangen. Ein deutliches Zeichen der Erhöhung der Qualität der Kost. Der Rückgang im Jahr 1929 wird aber auch hier sichtbar.

licher Kapitaleinfuhr vom Auslande. Deutschland nahm — z. T. um seinen ihm aufgezwungenen Tributverpflichtungen (den sog. Reparationen) nachzukommen — Anleihen vom Ausland auf; befruchtete damit zwar seine Wirtschaft, wähnte sich aber zugleich — da durch die Kapitaleinfuhr Geld in Hülle und Fülle da zu sein schien — in einen Wohlstand, der in Wirklichkeit gar nicht da war. Der Produktionsapparat wurde groß und weit ausgebaut, die Lebensführung wurde in weiten Kreisen eine übertrieben luxuriöse, wodurch auch der Mittelstand und die Arbeiterschaft z. T. in Mitleidenschaft gezogen wurden. Es wurde gelebt, unbekümmert um die fortgesetzt anwachsende Auslandsschuldenlast, als ob der Kapitalstrom aus dem Ausland kein Ende nehmen könnte. Als er aber nun infolge der in den Vereinigten Staaten von Amerika Ende 1929 ausbrechenden Wirtschaftskrise auf einmal versiegte, da kam die Katastrophe. Mit Auslandsschulden überbürdet war Deutschlands Wirtschaft der hereinbrechenden Weltkrise wehrlos ausgeliefert. Diese Feststellungen sind notwendig zum Verständnis der damaligen Lebenslage und des furchtbaren Absturzes einige Jahre darauf.

Bevor auf die Ernährungslage in den Jahren der Weltwirtschaftskrise eingegangen wird, sei im folgenden Kapitel noch ein kurzer Vergleich mit der Vorkriegszeit gegeben.

4. Die Veränderungen der Ernährungslage gegenüber der Vorkriegszeit.

Man hat oft den Vergleich die „Seele der Statistik“ genannt und nicht mit Unrecht, denn erst ein Vergleich macht meist die Zahlen lebensvoll, zeigt ihre Bedeutung und ihren Wert. Aber andererseits ist gerade bei jedem Vergleich große Vorsicht geboten, denn die zu vergleichenden Zahlen müssen wirklich vergleichbar sein, wenn das Bild, das sie geben, der Wirklichkeit entsprechen soll. Das gilt ganz besonders für Vergleiche, die sich auf zeitlich weit auseinanderliegende Ereignisse, Erhebungen oder Untersuchungen erstrecken. Hier muß sowohl eine *materielle wie formale Vergleichbarkeit* gegeben sein. Materiell, d. h. die beiden Erhebungen müssen Personen umfassen, die unter gleichen oder doch ähnlichen Lebensbedingungen stehen; formal, d. h. es muß in beiden Erhebungen methodologisch gleich oder doch ähnlich und analog vorgegangen sein. Die große Erhebung des Statistischen Reichsamts vom Jahre 1927/28, die sich auf das ganze Reichsgebiet erstreckt, läßt sich nur schlecht mit ihrer Vorgängerin vom Jahre 1907 vergleichen. Hier lagen materielle wir formale Schwierigkeiten vor, die anscheinend so groß waren, daß das Statistische Reichsamt die Durchführung eines solchen Vergleichs nicht gewagt hat[1]. Für örtlich enger begrenzte Gebiete, wie für eine Stadt, waren die Schwierigkeiten nicht so groß, wenn sie auch freilich nicht

[1] In Nr. 22 der „Einzelschriften zur Statistik des Deutschen Reiches“ weist das Statistische Reichsamt auf S. 80 auf die großen Schwierigkeiten eines solchen Vergleichs hin. Das Reichsamt bringt dort lediglich eine Gegenüberstellung der verbrauchten Mengen in 105 Arbeiterfamilien der Erhebung von 1907 und 634 Arbeiterfamilien des Jahres 1927/28. Danach war 1927/28 der Verbrauch an Fleisch geringer, dagegen an Wurst größer; ebenfalls geringer war der Butterverbrauch, dagegen der an Margarine weit größer; auch Milch und Käse sind 1927 in geringerer Menge genossen worden als 1907; aber wiederum an Kartoffeln ist in der Nachkriegserhebung der Verbrauch viel größer gewesen. Der Konsum von Brot, Gemüse, Obst, Fischen ist überhaupt 1907 nicht erhoben; es ist auch sehr fraglich, ob die 1907 festgestellten Mengenangaben zuverlässig und einwandfrei waren; es ist anzunehmen,

unterschätzt werden dürfen. Das *Hamburgische Statistische Landesamt* hat aber trotzdem versucht, einen solchen Vergleich mit der Vorkriegszeit durchzuführen, und zwar sowohl die Erhebung von 1925 wie von 1926 mit Hamburger Familien, die 1907 für die Zwecke der Erhebung des damaligen Kaiserlich Statistischen Amts vom Hamburgischen Statistischen Amt untersucht worden sind.

Betrachten wir zunächst den *Vergleich zwischen der Erhebung von 1925 und 1907*[1]. Im Jahre 1925 sind 80 Hamburger Familien in die Erhebung einbezogen worden. Um deren Ergebnisse mit der Vorkriegszeit vergleichen zu können, sind 274 Hamburger Familien, die im Jahre 1907 Anschreibungen über ihre Einnahmen, Ausgaben und den Verbrauch gemacht haben, herangezogen worden. Für sämtliche Familien wurden dann die verbrauchten Mengen auf eine Vollperson[2] umgerechnet und nach der Nahrungsmitteltabelle von SCHALL-HEISLER zur Feststellung der Nährwerte und der Calorienzahl analysiert. Das Ergebnis ist kurz zusammengefaßt in der untenstehenden Tab. 16 niedergelegt.

Tabelle 16. Vergleich der Hamburger Erhebungen 1925 und 1907.

	Es wurden täglich von einer Vollperson aufgenommen:			
	1925 80 Familien		1907 274 Familien	
	abs.	%	abs.	%
Eiweiß . . . . . g	68,80	—	70,07	—
davon animalisches	37,67	**54,7**	41,66	**58,6**
Fett . . . . . . g	90,64	—	101,61	—
davon animalisch	46,71	**51,5**	71,06	**69,9**
Kohlehydrate . . g	373,90	—	393,63	—
Calorien	2648	—	2751	—
davon animalische	677	**25,6**	958	**34,8**

Betrachtet man zunächst die aufgenommene Menge *Eiweiß*, so zeigt sich, daß die gesamte Eiweißzufuhr 1907 mit 70,07 g nur geringfügig höher war als 1925 mit 68,80 g. Teilt man aber den Eiweißbedarf in solchen aus tierischen und pflanzlichen Nahrungsmitteln, so läßt sich ein stärkeres Überwiegen des animalischen Eiweißes 1907 gegenüber 1925 feststellen; denn von den 70,07 g Gesamteiweiß entfielen auf tierische Nahrungsmittel 41,66 g oder 58,6%, während 1925 der Gesamteiweißbedarf nur zu 54,7% durch animalisches Eiweiß gedeckt wurde. Dieses Überwiegen des tierischen Eiweißes 1907 ist besonders zurückzuführen auf eine erhöhte Eiweißzufuhr in Fleisch und Fleischwaren und Milch. Auch der Fettverbrauch war in den Familien von 1907 mit 101,61 g etwas höher als im Jahre 1925 (90,64 g). Wie also schon oben angedeutet, scheint die überreichliche Fettnahrung der Hamburger Bevölkerung eine spezifische Eigenart zu sein, die wohl durch die Art des Klimas — maritimes Klima — bedingt ist. Besonders bemerkenswert ist aber hierbei, daß auch der Fettbedarf 1907 zu einem weit höheren Prozentsatz durch tierische Nahrungsmittel gedeckt war als 1925, nämlich zu 69,9% 1907 gegenüber 51,5% 1925, denn 1907 wurde er in der Hauptsache durch Butter, 1925 aber durch Margarine gedeckt. Die Kohlehydratzufuhr blieb 1925 nur unerheblich hinter der 1907 aufgenommenen Menge zurück. Auch der Calorienzahl nach erreichte die

daß die Anschreibungen damals lückenhaft waren, so daß der tatsächliche Verbrauch größer war, als die Anschreibungen ergeben. Das Statistische Reichsamt sagt deshalb mit Recht, daß weitgehende Schlußfolgerungen sich aus dieser Gegenüberstellung kaum ziehen lassen.

[1] Heft 20 der Statistischen Mitteilungen.

[2] Personen über 11 Jahre = 1,0, Kinder unter 11 Jahren = 0,50.

Tabelle 17. Vergleich zwischen 1926 und 1907 (Hamburger Erhebungen). Der Nährwert der von einer Vollperson täglich verbrauchten Nahrungsmittel.

Nahrungsmittel	Eiweiß			Fett			Kohlenhydrate			Calorien		
	in den Jahren		im Jahre 1926 gegen das Jahr 1907	in den Jahren		im Jahre 1926 gegen das Jahr 1907	in den Jahren		im Jahre 1926 gegen das Jahr 1907	in den Jahren		im Jahre 1926 gegen das Jahr 1907
	1926 g	1907 g	%	1926 g	1907 g	%	1926 g	1907	%	1926 g	1927 g	%
a) in den Arbeiterhaushaltungen												
Animalische Nahrungsmittel	41,32	42,16	— 1,99	102,05	103,32	— 1,23	17,56	20,80	—15,58	1209	1238	— 2,34
Davon: Fleisch und Fleischwaren	20,94	21,85	— 2,97	27,50	29,64	— 7,22	1,40	1,49	— 6,04	358	381	— 6,04
Milch	10,21	12,64	—19,22	11,17	13,83	—19,23	15,31	18,96	—19,25	212	263	—15,59
Butter	0,11	0,18	—38,89	12,99	20,30	—36,01	0,08	0,13	—38,46	122	190	—35,79
Vegetabilische Nahrungsmittel	32,73	31,34	+ 4,44	5,31	5,69	— 6,68	381,76	363,45	+ 5,20	1727	1651	+ 4,60
Davon: Brot und Backwaren	18,46	18,51	— 0,27	1,81	1,82	— 0,55	188,60	189,12	— 0,27	856	859	— 0,35
Kartoffeln	6,24	4,91	+27,09	0,39	0,31	+25,81	79,95	62,94	+27,03	352	277	+27,08
Gemüse	2,52	2,77	— 9,03	0,24	0,26	— 7,69	8,40	9,24	— 9,09	47	52	— 9,62
Nahrungsmittel insgesamt	74,05	73,50	+ 0,74	107,36	109,01	— 1,51	399,32	384,25	+ 3,92	2936	2889	+ 1,63
b) in den Angestelltenhaushaltungen												
Animalische Nahrungsmittel	37,83	43,15	—12,33	92,31	100,33	— 7,99	18,43	22,57	—18,34	1113	1232	— 9,66
Davon: Fleisch und Fleischwaren	17,68	21,64	—18,30	23,21	28,40	—18,27	0,13	0,15	—18,91	300	367	—18,26
Milch	11,10	14,70	—24,49	12,15	16,08	—24,44	16,66	22,05	—24,44	233	308	—24,35
Butter	0,19	0,29	—34,48	22,37	34,16	—34,51	0,14	0,21	—33,33	210	320	—34,38
Vegetabilische Nahrungsmittel	30,99	35,29	—12,18	4,89	5,61	—12,83	360,04	416,16	—13,49	1600	1854	—13,70
Davon: Brot und Backwaren	18,54	19,87	— 6,69	1,82	1,95	— 6,67	189,44	202,97	— 6,67	836	896	— 6,70
Kartoffeln	5,03	5,35	— 5,98	0,31	0,33	— 6,06	64,48	68,55	— 5,94	286	309	— 7,44
Gemüse	2,49	3,62	—31,22	0,23	0,34	—32,35	8,29	12,07	—31,32	47	69	—31,88
Nahrungsmittel insgesamt	68,82	78,44	—12,26	97,20	105,94	— 8,25	378,47	438,73	—13,74	2713	3086	—12,09
c) in den Lehrer- und Beamtenhaushaltungen												
Animalische Nahrungsmittel	43,89	49,77	—11,81	104,52	109,50	— 4,55	23,08	28,98	—20,36	1265	1373	— 7,78
Davon: Fleisch und Fleischwaren	19,51	23,34	—16,41	25,62	30,64	—16,38	0,14	0,16	—18,75	333	396	—15,91
Milch	13,92	18,94	—26,50	15,23	20,71	—26,46	20,88	28,40	—26,48	289	396	—27,02
Butter	0,27	0,35	—34,29	31,67	40,56	—22,66	0,20	0,25	—20,00	297	380	—21,84
Vegetabilische Nahrungsmittel	34,05	29,68	+14,72	5,16	5,50	— 6,18	402,95	363,65	+10,81	1816	1615	+12,45
Davon: Brot und Backwaren	20,45	16,52	+23,79	2,01	1,62	+24,07	208,92	168,74	+23,81	948	745	+27,25
Kartoffeln	4,94	3,67	+34,60	0,31	0,23	+34,78	63,35	47,04	+24,67	279	209	+33,49
Gemüse	2,86	3,25	—12,00	0,27	0,31	—12,90	9,52	10,83	—12,10	54	62	—12,90
Nahrungsmittel insgesamt	77,94	79,45	— 1,90	109 68	115,00	— 4,63	426,03	392,63	+ 8,51	3081	2988	+ 3,11

Nahrung 1925 mit 2648 Calorien fast die Vorkriegsernährungsweise mit 2751 Calorien. Hierbei ist aber wiederum zu beachten, daß 1907 ein weit höherer Prozentsatz durch tierische Nahrung gedeckt wurde als 1925.

Weit eingehender und intensiver als die Erhebung von 1925 ist die ja auch *viel umfangreichere vom Jahre 1926 mit der Vorkriegszeit verglichen worden*[1]. Um den Vergleich besonders exakt durchzuführen sind von den 274 Hamburger Familien des Jahres 1907 246 ausgewählt, bei denen man sicher war, ganz genaue Anschreibungen erhalten zu haben. Diese sind dann auch nach Berufen aufgegliedert worden und den Berufsgruppen der Erhebung von 1926 gegenübergestellt und zwar folgendermaßen: 1926 146 Arbeiterhaushaltungen, 46 Angestellten- und 102 Lehrer- und Beamtenhaushaltungen, 1907 194 Arbeiter-, 30 Angestellten- und 22 Lehrer- und Beamtenhaushaltungen. Wiederum wurde der Verbrauch auf Vollpersonen in der Weise wie 1925 umgerechnet und der Nährwert sowie die Calorienzahl nach den Analysen von SCHALL-HEISLER ermittelt. Das Ergebnis ist in der vorstehenden Tab. 17 (S. 75) niedergelegt.

Will man das Ergebnis in wenigen Worten zusammenfassen, wird man vielleicht folgendes sagen können: Dem Nährwert und der Calorienzahl nach ist bei den Arbeiter-, Lehrer- und Beamtenhaushaltungen eine wesentliche Verschlechterung auf den ersten Blick nicht zu sehen. Die *Arbeiterhaushaltungen* haben sogar eine geringe Zunahme der Gesamteiweißzufuhr zu verzeichnen. Diese ist aber lediglich durch erhöhte Zufuhr vegetabilischen Eiweißes hervorgerufen, *der Gehalt der Nahrung an animalischem, besonders fleischlichem Eiweiß ist zurückgegangen.* An Stelle der eingeschränkten animalischen Kost wurden mehr Vegetabilien, besonders Kartoffeln genossen. Auch im Fettbedarf ist eine Verschiebung dahingehend eingetreten, daß an die Stelle überwiegenden Butterverbrauchs Margarine und andere Fette traten. Das eben Gesagte gilt auch von den *Lehrer- und Beamtenhaushaltungen.* Hier steht einem Plus von 14,7% vegetabilischem Eiweiß ein Manko von rd. 12% animalischen Eiweißes gegenüber. Auch diese Familien sind also von der überwiegenden animalischen Kost der Vorkriegszeit zu einer mehr vegetabilischen Nahrung übergegangen: Das Eiweiß fleischlichen Ursprungs ist um über 16% zurückgegangen, während das Eiweiß aus Kartoffeln um 34,6% zugenommen hat. *Alles in allem also ebenfalls eine Verschlechterung der Ernährung gegenüber der Vorkriegszeit. Insbesondere aber ist die Ernährung der Angestellten bedeutend geringwertiger geworden.* Hier ist nicht nur die Eiweißzufuhr animalischen, sondern auch die vegetabilischen Ursprungs stark zurückgegangen, auch die Calorienzahl hat eine Reduzierung erfahren. An Milcheiweiß ist um 24%, an Fleischeiweiß um 18% und an Gemüseeiweiß um 31% weniger aufgenommen worden.

5. Die gegenwärtige Ernährungslage unter dem Einfluß der Wirtschaftskrise.

Über die Ernährungslage in den letzten Jahren liegen unmittelbare Erhebungen leider nicht vor. Mit dem Jahre 1929 schließen die großen Untersuchungen ab. Wir sind daher auf indirekte Schlüsse angewiesen aus dem Material, was vorliegt. In zwei Aufsätzen in der Klinischen Wochenschrift[2] habe ich versucht, ein Bild

[1] Vgl. Monatsschrift „Aus Hamburgs Verwaltung und Wirtschaft“ 5. Jahrg., Nr. 11.

[2] „Der Einfluß der Wirtschaftskrise auf Lebenshaltung und Ernährungslage des deutschen

von den einschneidenden Veränderungen zu entwerfen, die Lebenshaltung und Ernährungslage unseres Volkes durch die Wirtschaftskrise und die im Gefolge dieser Krise stehende Arbeitslosigkeit erfahren haben. Hier will ich nun alles das zusammentragen, was wir darüber wissen und das in meinen Aufsätzen in der Klinischen Wochenschrift entworfene Bild, bis in die letzte Zeit fortführend, ergänzen und vervollständigen.

Die ersten Feststellungen über den Einfluß der Arbeitslosigkeit auf die Ernährung wie überhaupt die ganze Lebenshaltung stammen vom *Statistischen Reichsamt* aus seiner großen Untersuchung im Jahre 1927/28. Während dieser Zeit wurden nämlich 115 in die Erhebung einbezogene Arbeiter erwerbslos und dies bot Gelegenheit, die Ausgaben dieser Familien vor und während der Erwerbslosigkeit gegenüberzustellen. Freilich konnten nur 54 von den 115 Haushaltungen einer eingehenden Untersuchung unterworfen werden. Immerhin aber lassen sich aus diesem Material gewisse Anhaltspunkte für die Veränderung der Lebenshaltung bei Erwerbslosigkeit oder verstärkter Kurzarbeit gewinnen. Die Arbeitslosen gehörten ihrem Berufe nach zu rd. 30% dem Baugewerbe, zu 25% der Metallindustrie, zu 9% der Holz-, zu 7% der Bekleidungsindustrie und zu 4% dem Handelsgewerbe an. Die durchschnittliche Größe der Haushaltungen betrug 3,7 Personen.

Die erwerbslos gewordenen Arbeiter sind ihrem Einkommen nach in zwei Gruppen geschieden: unter 250 RM monatlich und über 250 RM monatlich. Der Rückgang der Einnahmen durch die Erwerbslosigkeit betrug im Durchschnitt 32%. Nach Eintritt in die Erwerbslosigkeit betrug somit das durchschnittliche Einkommen in der unteren Einkommenstufe 146,79 RM, in der oberen Stufe 206,14 RM.

In welcher Weise wurde nun der Bedarf durch die Einkommenskürzung eingeschränkt? — Weitaus am stärksten sanken die sog. Pflichtausgaben, d.h. die Beträge, die für Steuern und Versicherungen zu zahlen waren, da diese sich automatisch mit den Einkommen ermäßigten. Doch dies ist für uns von geringerem Interesse. Weitaus mehr interessiert, in welcher Weise die übrigen, mehr dem Willen der betreffenden Personen unterworfenen Ausgaben sich verändert haben. Da zeigt sich nun, daß — wie auch zu erwarten — die das Leben verfeinernden und verschönenden Bedürfnisse in erster Linie eingeschränkt worden sind. So sanken bei den Familien der untersten Einkommenstufe die Ausgaben für Erholung um 78%, die für Fahrgeld — da nun die Fahrten nach und von der Arbeitsstätte unterblieben, und andere Wege zu Fuß zurückgelegt wurden — um 75%, die für die Genußmittel um 50%, die für Einrichtung und Instandhaltung der Wohnung um 44%, die für Bekleidung um 40%, die für Körper- und Gesundheitspflege um 37%, aber — was bemerkenswert — die Aufwendungen für Bildung ermäßigten sich nur um 25%. Demgegenüber ist die Ernährung weit weniger eingeschränkt worden; während, wie erwähnt, die Ausgaben für Genußmittel um die Hälfte zurückgegangen sind, haben die Ausgaben für die Nahrungsmittel eine Einschränkung um noch nicht ein Fünftel, um nur 17% erfahren. Die Familien haben also nach Eintritt der Erwerbslosigkeit auf die Annehmlichkeiten des Lebens zu einem wesentlichen Teil verzichtet, *dagegen einerseits ihr Bildungsstreben soweit wie nur möglich auch mit beschränkten Mitteln* — in der untersten Stufe wurden dafür

Volkes", 1932, Nr. 28/29, und „Die Ernährungslage deutscher Arbeiter und Arbeitsloser" im Winter 1932/33, 1933, Nr. 23.

3,80 RM, in der höheren 4,80 RM im Monat ausgegeben — *aufrechterhalten und andererseits auch die Ernährungsausgaben verhältnismäßig wenig gekürzt*[1].

In welcher Weise hat sich nun im einzelnen die Ernährung nach Eintritt der Erwerbslosigkeit verschlechtert?

Tabelle 18. Der Einfluß der Erwerbslosigkeit auf den Verbrauch an Nahrungsmitteln in einer Arbeiterhaushaltung nach der Reichserhebung 1927/28.

Nahrungsmittel		Monatseinkommen während der Beschäftigung					
		unter 250 RM			250 RM und mehr		
		Verbrauch vor der Erwerbslosigkeit	Verbrauch während der Erwerbslosigkeit	Rückgang (—), Steigerung (+) %	Verbrauch vor der Erwerbslosigkeit	Verbrauch während der Erwerbslosigkeit	Rückgang (—), Steigerung (+) %
Tierische Nahrungsmittel:							
Fleisch und Fleischwaren	kg	10,2	8,1	**—20,6**	12,7	10,9	**—14,2**
davon Wurst u. Aufschnitt	kg	3,0	2,5	**—16,7**	3,6	2,6	**—27,8**
Fette	kg	3,6	3,3	**— 8,3**	4,2	3,7	**—11,9**
Fische	kg	1,7	1,7	—	1,7	1,7	—
Eier	Stück	30	24	**—20,0**	42	33	**—21,4**
Milch	Liter	34,3	30,8	**—10,2**	42,7	38,9	**— 8,9**
Butter	kg	1,1	0,9	**—18,2**	1,6	1,1	**—31,3**
Käse	kg	1,1	0,8	**—27,3**	1,4	0,8	**—42,9**
Pflanzliche Nahrungsmittel:							
Brot und Backwaren	kg	26,3	23,5	**—10,6**	33,3	30,2	**— 9,3**
Müllereierzeugnisse	kg	5,9	5,1	**—13,6**	7,1	6,6	**— 7,0**
Kartoffeln	kg	37,7	27,3	**—27,6**	41,7	28,1	**—32,6**
Gemüse und Obst	kg	14,5	10,9	**—24,8**	20,0	15,6	**—22,0**
Zucker	kg	3,8	3,0	**—21,1**	4,7	4,0	**—14,9**
Kaffee, Tee, Kakao und Süßigkeiten	kg	1,4	1,1	**—21,4**	1,8	1,4	**—22,2**
Öle und Fette	kg	0,5	0,3	**—40,0**	0,6	0,6	—
Ver. Nahrungsmittel	kg	1,7	1,6	**— 5,9**	2,1	2,2	+ 4,8

Betrachtet man die oben gegebene Tab. 18, so zeigt sich die auf den ersten Blick vielleicht erstaunliche Tatsache, daß der Rückgang der vegetabilischen Nahrungsmittel etwa ebensogroß war wie der der animalischen, oder m. a. W., daß diese Familien ihre fleischliche Nahrung durchaus nicht stärker als die pflanzliche eingeschränkt haben. So ist der Verbrauch an Fleisch und Fleischwaren um 20%, an Gemüse und Obst aber um 25% und der an Kartoffeln um 27% zurückgegangen. Vergleicht man die Beträge, die für animalische und vegetabilische Nahrungsmittel verausgabt sind, so erhält man bei ersteren einen Rückgang von 16—17%, bei letzteren aber einen solchen von 17—18%. Erstaunlich nannte ich diese Feststellung, da sie mit den früher erwähnten Gesetzmäßigkeiten in der Ernährung, wonach mit zunehmendem Einkommen der Verbrauch an animalischen Nahrungs-

[1] Ein ganz ähnliches Bild ergibt auch die *Untersuchung des „Deutschnationalen Handlungsgehilfenverbandes"* über 14 Familien, die während des Jahres 1926 stellungslos geworden sind. Ihre Einnahmen sind um 39% zurückgegangen. Infolgedessen wurden von den Ausgaben gekürzt: die für „Sonstiges", in der Hauptsache Kulturbedürfnisse, sowie Steuern und Beiträge um 47%, Kleidung und Wäsche um 23%, Wohnungseinrichtung nebst Heizung und Beleuchtung 27%, dagegen die Ernährung nur um 17%.

mitteln zunimmt, der an vegetabilischen zurückgeht, im Widerspruch zu stehen scheint. Die Erklärung ist darin zu suchen, daß wir hier städtische Familien vor uns haben, die infolge ihrer Lebensweise auf eine Kost angewiesen sind, die animalisches Eiweiß enthält und möglichst fleischhaltig ist. Es ist nicht so, wie es von den Befürwortern mehr vegetabilischer Lebensweise hingestellt wird, daß auch für unsere Industriebevölkerung Kartoffeln und Roggenbrot zuträglicher wären als Fleisch, Butter und Eier. *Selbst nach einer Reduzierung ihres Einkommens um fast ein Drittel haben diese städtischen Familien nicht auf den Genuß animalischer Nahrungsmittel verzichtet, sondern ihre Kost in der gewohnten Zusammensetzung, so gut es ging, aufrechterhalten.* Diese aus dem wirklichen Leben gewonnene Tatsache scheint mir von weittragendster Bedeutung für die Beurteilung des Ernährungsbedarfs der großen Masse unserer städtischen Bevölkerung zu sein. *Sie ist mir ein Beweis dafür, daß unsere älteren und ersten Lehrer und Forscher auf diesem Gebiet, wie* PETTENKOFER, VOIT, RUBNER *mit ihrer Behauptung von der Notwendigkeit eines hohen Eiweißbedarfs doch nicht so unrecht hatten, wie eine jüngere Generation es glauben will.*

Freilich ist dazu noch zu bemerken, daß die Reduzierung des Einkommens dieser Erwerbslosen — infolge der hohen Unterstützungssätze, die damals gezahlt worden sind — nicht eine solche war, daß sie geradezu darben mußten. Ihr Einkommen auch nach Eintritt der Arbeitslosigkeit — 147 RM in der untersten, 206 RM in der obersten Einkommenstufe — erlaubte ihnen eine, wenn auch nur bescheidene, so doch noch auskömmliche Ernährung. Bei weiterer Herabsetzung des Einkommens, von der die auf die Wohlfahrt angewiesenen Arbeitslosen der späteren Jahre betroffen wurden, ist die Aufrechterhaltung dieses Lebensstandards, wie noch zu zeigen sein wird, nicht mehr möglich gewesen. Wenn es nur gilt das nackte Leben zu fristen, dann muß auf den Genuß von animalischen Nahrungsmitteln infolge ihrer Kostspieligkeit verzichtet werden, und der Hunger wird in der Hauptsache durch Brot und Kartoffeln mit Margarine und Schmalz gestillt. Dadurch wird aber die von mir oben aufgestellte Behauptung über den Ernährungsbedarf städtischer Familien natürlich nicht im mindesten berührt.

In welcher Weise aber trotzdem *die Ernährung dieser arbeitslosen Familien* gegenüber normal entlohnten *eingeschränkt* war, geht aus der nachstehenden Tab. 19 (s. S. 81) hervor, in der der *Tagesverbrauch pro Vollperson*[1] dieser arbeitslosen Familien dem in normal entlohnten Familien gegenübergestellt ist. Und zwar ist einmal der Gesamtdurchschnitt der 896 Arbeiterfamilien und zweitens der Durchschnitt aus den minderbemittelten Familien der untersten Einkommenstufe der Reichserhebung dargestellt.

Da zeigt sich, daß die arbeitslosen Familien der untersten Einkommenstufe noch unter dem Ernährungsstandard der minderbemittelten Familien der Erhebung von 1927/28 — den wir oben als unzureichend bezeichnen mußten — herabgedrückt worden sind. Die arbeitslosen Familien der höheren Einkommenstufe konnten sich dagegen ein wenig besser ernähren. Ihre Ernährungslage wird man als bedenklich nicht bezeichnen können.

Berechnet man *die Eiweißzufuhr und die Calorienzahl der aufgenommenen Nahrung je Vollperson*[2], so zeigt sich allerdings, daß nach Eintritt der Erwerbs-

[1] Nach dem Schema der Reichsstatistik.
[2] Nach dem Schema des Statistischen Reichsamts.

losigkeit erstere unzureichend gewesen ist, besonders in der untersten Einkommenstufe. Denn in dieser ging der Eiweißgehalt der Nahrung von 73,1g auf 61,7g pro Tag, in der obersten Einkommenstufe von 84,3g auf 71,9g zurück. Animalisches Eiweiß sank von 34,1g auf 28,5g bzw. 44,7g auf 38,3g. Dabei ist aber wiederum bemerkenswert, daß fleischliches Eiweiß durchaus nicht viel stärker rückgängig war als Eiweiß vegetabilischen Ursprungs. So sank in der untersten Stufe fleischliches Eiweiß von 15,8g auf 12,5g, d.h. um rd. 20%, dagegen das Eiweiß aus Brot und Kartoffeln von 27,8g auf 23,8g oder um rd. 15%. In der oberen Einkommenstufe tritt dieses noch markanter hervor. Hier fiel fleischliches Eiweiß von 21,2g auf 18,2g oder um 14%, Eiweiß aus Brot und Kartoffeln dagegen von 26,8g auf 22,9g oder um 15%. Die Calorienzahl ging in der untersten Einkommenstufe von 2651 auf 2227, in der höheren von 2912 auf 2447 zurück[1].

Einen weiteren Beitrag zu der Frage, in welcher Weise Einkommenskürzungen auf die Lebensführung und insbesondere die Ernährung wirken, hat Dr. Achner in zwei Aufsätzen der „Volksernährung"[2] gegeben. Achners Argumentationen stützen sich auf Analogieschlüsse auf Grund der großen Erhebungen des Statistischen Reichsamts in den Jahren 1927/28. Nach Achner führt jeder Einkommensrückgang, selbst wenn er von Preissenkungen begleitet ist, zu einer Verschiebung

[1] Die nachfolgende Übersicht übermittelt noch einmal einen Gesamteindruck von der *Verschlechterung der Ernährung durch Eintritt der Erwerbslosigkeit.*

Der Eiweiß- und Caloriengehalt der Nahrung vor und während der Erwerbslosigkeit.

Nahrungsmittel	Monatseinkommen während der Beschäftigung							
	unter 250 RM				über 250 RM			
	Tagesverbrauch pro Vollperson							
	Eiweiß g		Calorien		Eiweiß g		Calorien	
	vor	während	vor	während	vor	während	vor	während
	der Erwerbslosigkeit							
Animalische Nahrungsmittel . .	34,1	28,5	958	826	44,7	38,3	1146	970
Davon:								
Fleisch und Fleischwaren	15,8	12,5	256	203	21,2	18,2	339	291
Milch	11,5	10,3	206	185	14,9	13,6	269	245
Butter	0,1	0,1	77	62	0,1	0,1	140	98
Käse	2,8	2,1	29	22	3,5	2,0	36	21
Eier	1,7	1,4	21	17	2,7	2,1	31	24
Vegetabilische Nahrungsmittel .	38,4	32,7	1655	1380	38,2	33,0	1686	1435
Davon:								
Brot und Backwaren . .	21,5	19,2	792	707	20,6	18,7	766	695
Kartoffeln	6,3	4,6	328	238	6,2	4,2	325	219
Gemüse und Obst	1,9	1,4	67	50	2,6	2,0	95	74
Nahrungsmittel insgesamt (einschl. Genußmittel) . . .	**73,1**	**61,7**	**2651**	**2227**	**84,3**	**71,9**	**2912**	**2447**

[2] „Verbrauchsverschiebungen durch Lohnabbau", September 1931 und „Einfluß der Gehaltskürzungen auf die Lebens- und Ernährungsweise der unteren Angestellten und Beamten", Oktober 1931.

im Verbrauch von den teuren, hochwertigen, eiweißhaltigen Nahrungsmitteln zu den billigeren, voluminösen, eiweißärmeren Ersatzstoffen. Denn jede Einkommensverkürzung wirkt a tempo bedarfseinschränkend oder -verschiebend, während eine Preissenkung immer erst allmählich entlastet. Die Wirkung der Lohnverkürzung war somit nicht nur eine Einschränkung im Bedarf an Bekleidung, Wäsche, Hausrat, Erholung usw., sondern ganz sicher auch eine Verschlechterung der Ernährung: Übergang von einer hochanimalischen zu einer mehr vegetabilischen Kost. Nach ACHNER nimmt also bei Reduzierung des Einkommens der Verbrauch von animalischen Nahrungsmitteln stark ab, während der von vegetabili-

Tabelle 19.
Der Tagesverbrauch einer Vollperson in erwerbslosen Familien und im Gesamtdurchschnitt aller Arbeiterhaushalte, 1927/28.

Nahrungsmittel	Der Tagesverbrauch einer Vollperson an den wichtigsten Lebensmitteln			
	im Gesamtdurchschnitt der 896 Arbeiterhaushaltungen	minderbemittelter Arbeiter nach der Erhebung von 1927/28	in erwerbslosen Familien bei einem Monatseinkommen	
			unter 250 RM	über 250 RM
Fleisch und Fleischwaren	126 g	90 g	82 g	110 g
Milch	½ l	⅓ l	⅓ l	⅓ l
Butter	16 g	7 g	9 g	12 g
Fette (außer Butter)	39 g	45 g	33 g	37 g
Käse	13 g	10 g	6 g	7 g
Eier	½ Stck.	¼ Stck.	⅕ Stck.	⅓ Stck.
Fische	18 g	17 g	17 g	17 g
Brot und Backwaren	307 g	322 g	239 g	305 g
Nährmittel	67 g	66 g	53 g	69 g
Kartoffeln	421 g	405 g	276 g	288 g
Gemüse und Obst	194 g	127 g	103 g	152 g
Zucker	45 g	39 g	28 g	40 g

schen zunimmt. So berechnet er eine Abnahme des Fleischverbrauchs von 10%, des Eierkonsums von 12%, dagegen eine Zunahme des Brotverzehrs um 2% und des Kartoffelverbrauchs um 2,3%. Das steht in einem gewissen Widerspruch zu den oben erwähnten, aus wirklichen Verbrauchsanschreibungen stammenden Feststellungen, daß bei Einkommensrückgang fleischliche wie vegetabilische Kost in ziemlich dem gleichen Maße eingeschränkt werden. ACHNERS Berechnungen beruhen aber — wie gesagt — auf Analogieschlüssen, ihnen kommt also nicht die Beweiskraft wie den aus dem wirklichen Leben gewonnenen Feststellungen zu. Sie mögen allerdings — wie schon erwähnt — bei stärkerer Reduzierung des Einkommens und insbesondere bei sehr geringem Einkommen zutreffen.

Eine weitere Quelle, die uns über den Einfluß der Arbeitslosigkeit auf die Ernährung Aufschluß gibt, sind *die Untersuchungen von* DR. HELLMUTH LEHMANN, die in der Zeitschrift für Ernährung [1] veröffentlicht sind. LEHMANN hat bereits im Herbst 1931 die Ernährung von neun arbeitslosen Familien in Edingen am Neckar

[1] November 1931 und März 1933.

eingehend untersucht und das Ergebnis ist wirklich erschütternd. Der Verbrauch, umgerechnet auf die Vollperson, schwankte bei Fleisch zwischen 9 und 73 g täglich, gegenüber 126 g im Durchschnitt der Reichserhebung, der Milchverbrauch zwischen $^1/_{12}$ und $^1/_3$ Liter; der Butterverbrauch war — wenn überhaupt vorhanden — ganz minimal, in drei Familien fehlte er ganz; etwas größer war der Verbrauch an anderen Fetten, besonders an Margarine, letzterer schwankte zwischen 5,5 und 34,4 g täglich, gegenüber 39 nach der Reichserhebung. Der Käseverbrauch schwankte zwischen 4 und 12 kg, der Konsum an Eiern zwischen $^1/_8$ und $^1/_3$ Stück. Recht erheblich war dagegen der Verzehr an Brot und Backwaren (vor allem groben Roggenbrot) und an Kartoffeln. Beides übertraf im Durchschnitt den Satz der Reichserhebung. Auch der Gemüsekonsum war mit 109—147 g verhältnismäßig hoch und übertraf ebenfalls den Durchschnittssatz der Reichserhebung. Dagegen fehlte auf dem Tisch dieser Arbeitslosen wiederum Obst; der Zuckerverbrauch betrug ungefähr zwei Drittel des Durchschnittssatzes der Reichserhebung. Auch eine Anzahl „Küchenzettel" veröffentlicht LEHMANN. Danach bestand das Mittagessen außer aus Suppe in der Hauptsache aus Kartoffeln und Kraut, ab und zu Grießklöße und Bohnengemüse, nur zweimal in der Woche Fleisch (billiges Kuhfleisch). Dagegen gab es dreimal am Tag Kaffee mit Margarine- oder Marmeladenbrot, selten einmal ein Ei. Diese Familien lebten also mehr als kümmerlich, das war schon keine Ernährung mehr, sondern ein Darben, eine „verschleierte Hungersnot".

Will man nun *zu diesen Ergebnissen kritisch Stellung nehmen*, so wäre zunächst die geringe Zahl der untersuchten Familien zu bemängeln. Hier können individuelle Zufälligkeiten leicht eine so große Rolle spielen, daß nicht mehr ein typisches Bild der Allgemeinheit, worauf es uns ja ankommt, gegeben wird. Aber selbst angenommen, diese untersuchten Familien wären typische Repräsentanten der Lebens- und Ernährungsweise in ihrer Gemeinde, so haben wir damit doch noch kein Bild der Ernährungslage der großen Masse der städtischen Bevölkerung, die kennen zu lernen für uns das Wichtigste ist, gewonnen. Diese Familien lebten in einem kleinen Ort im Badischen am Neckar in der Nähe von Mannheim. Es ist sehr möglich, daß sie traditionsgetreu noch die alte Ernährung bäuerlicher Familien, auch als sie noch verdienten, beibehalten hatten; wenig Fleisch, viel Brot und Gemüse. Ferner wird angegeben, daß sie alle etwas Land hatten, ein Gärtchen, das Gemüse brachte, eine Tierhaltung: Kaninchen, Hühner, hier und da einmal eine Ziege oder ein Schwein. So dürfte sich aus dem Landbesitz der verhältnismäßig hohe Gemüsekonsum erklären. Mit einem Wort: diese Familien sind keine Repräsentanten städtischer Haushalte.

Das soll kein Einwand gegen die Nützlichkeit, ja Notwendigkeit solcher Untersuchungen sein, wie sie LEHMANN angestellt hat. Im Gegenteil, es war ein sehr verdienstvolles Unterfangen, denn man kann nicht genug Untersuchungen anstellen, um ein einigermaßen klares Bild von der Lebenshaltung und Ernährungsweise Arbeitsloser zu gewinnen. So ersehen wir aus der Untersuchung von LEHMANN, wie selbst in kleinen Ortschaften (Edingen zählt etwas über 3000 Einwohner) die Ernährungslage der Arbeitslosen elend und schlecht war, trotzdem sie ein Gärtchen hatten und oft eine kleine Tierhaltung. Wie traurig — so können wir schließen — muß es da um die Ernährung städtischer arbeitsloser Familien bestellt sein, die nur allein auf ihre Unterstützung, daneben höchstens einmal auf ein paar Pfennige aus einer Gelegenheitsarbeit und sonst nur noch auf die Opferhilfe ihrer Mitmenschen angewiesen sind!

LEHMANN *hat dann seine Untersuchungen fortgesetzt* und in der Zeitschrift für Ernährung (Heft 3, 1933) *die Budgets von vier Arbeitslosen* (Alleinstehender, Frau mit einem Kind, Frau mit drei und Frau mit fünf Kindern) in Heidelberg im Winter 1932 veröffentlicht. Die Ernährung dieser Familien war noch schlechter als die der Edinger Familien. Fleisch konnte nur allein von dem Alleinstehenden (6,25g pro Tag) verzehrt worden, bei den anderen Familien beschränkte sich die animalische Nahrung auf Schweinefett. Dagegen war der Kartoffelverbrauch sehr hoch: etwa 420g, der Brotverzehr demgegenüber gering, nur 180—276g. LEHMANN berechnet sodann die *Nährwerte* und die *Calorienzahl*. Die Zahlen sind aber so außerordentlich niedrig, daß ich zweifeln muß, ob damit überhaupt eine Existenz aufrechterhalten werden kann. Denn es entfielen pro Tag und Vollperson:

	Alleinstehender	Frau mit 1 Kind	Frau mit 2 Kindern	Frau mit 5 Kindern
Eiweiß . . . . g	42,3	33,3	24,5	22,5
Fett . . . . . g	41,2	15,9	14,8	7,7
Kohlehydrate . g	129,0	97,9	93,4	78,8
Calorien. . . .	1603,5	1179,9	958,1	414,4

Diese Zahlen scheinen — wie gesagt — unwahrscheinlich niedrig. Ich glaube nicht, daß von einer solchen Ernährung überhaupt eine Person leben kann. Ich bin bei meinen Berechnungen über die Ernährung Arbeitsloser, bei denen ich die Unterstützungssätze im Durchschnitt der Groß- und Mittelstädte zugrunde gelegt habe, zu erheblich höheren Zahlen gekommen. Damit will ich aber die Richtigkeit der LEHMANNschen Zahlen natürlich nicht anzweifeln[1].

Um einen tieferen Einblick in die Ernährungslage städtischer arbeitsloser Familien zu gewinnen, habe ich auf Grund der Erfahrungen über Ausgaben und Verbrauch an Lebensmitteln, die wir aus den großen oben erwähnten Erhebungen gewonnen haben, und unter Zugrundelegung der durchschnittlichen Unterstützungsätze in den Groß- und Mittelstädten, sowie der s. Z. geltenden Preise, *eine Anzahl Haushaltungsbudgets Arbeitsloser konstruiert*, von denen ich einige bereits in meinem schon genannten Aufsatz: „Die Ernährungslage deutscher Arbeiter und Arbeitsloser im Winter 1932/33“ in der Klinischen Wochenschrift[2] ver-

[1] An weiterem Material — kleineren Aufsätzen — über die Ernährungslage Arbeitsloser wäre noch zu nennen: F. BOENHEIM und F. HEIMANN, Die Ernährungslage der Wohlfahrtsuntersützten, Zeitschr. f. Ernährung, 1933, Heft 5, sowie CARLA ROSELL: Ernährungsverhältnisse und Gesundheitszustand der Arbeitslosen, Zeitschr. f. Volksernährung, 1933, Heft 21. In letzterem Aufsatz weist die Verfasserin mit Recht auf die Bedeutung der hausfraulichen Tätigkeit zur Verbesserung des Loses der Arbeitslosen hin. Die „nie ermüdende Kleinarbeit der Hausfrau“ habe auch bei beschränktesten Mitteln eine gute und kräftige Kost bereitet. Hier liegt noch ein großes und weites Gebiet aufklärender und erzieherischer Arbeit vor. Vgl. zu diesem Thema auch meinen Aufsatz in den „Blättern des Deutschen Roten Kreuzes „Wohlfahrt und Sozialhygiene: „Die Ernährungslage in Arbeiterfamilien“, Dezember 1932.

[2] 1933 Nr. 23. Über die Methode, die ich einschlug, habe ich in diesem Aufsatz auch ausführlich berichtet. Um nicht zu wiederholen, bitte ich Interessenten wie Kritiker sie dort nachzulesen. Die hier neu aufgeführten Arbeitslosen-Budgets sind nach der gleichen Methode

öffentlicht habe. Ich habe diese Berechnungen dann bis in die letzte Gegenwart fortgesetzt und gebe hier einen *kurzen Überblick über meine Ergebnisse.*

Zunächst sei in der folgenden Tab. 20 der Aufbau der beiden neu von mir berechneten arbeitslosen Budgets dargestellt.

Tabelle 20. Ausgaben sowie Verbrauch an Nahrungsmittel in arbeitslosen Familien im Oktober 1933.

Nahrungsmittel	Arbeitsloser Arbeiter. Monatliche Unterstützung 86 RM, davon 44,70 RM (52%) für Ernährung. Ehepaar mit 2 Kindern im Alter von 10 und 11 Jahren			Arbeitsloser Arbeiter. Monatliche Unterstützung 72 RM, davon 34,55 RM (48%) für Ernährung. Ehepaar mit 1 Kind im Alter von 15 Jahren.		
	Ausgaben in RM	%	Menge je Haushalt	Ausgaben in RM	%	Menge je Haushalt
Fleisch und Fleischwaren	6,93	**15,5**	3 960 g	6,39	**18,5**	3 651 g
Milch	4,69	**10,5**	$20\,^{2}/_{5}$ l	2,59	**7,5**	$11\,^{3}/_{10}$ l
Butter	1,03	**2,3**	348 g	0,86	**2,5**	290 g
Schmalz	1,88	**4,2**	1 080 g	1,38	**4,0**	793 g
Margarine [1]	3,62	**8,1**	2 397 g	2,73	**7,9**	1 808 g
Käse	1,47	**3,3**	1 413 g	1,08	**3,1**	1 038 g
Eier	1,25	**2,8**	11 Stck.	0,97	**2,8**	9 Stck.
Fische	1,38	**3,1**	2 300 g	1,14	**3,3**	1 900 g
Brot und Backwaren	9,44	**21,1**	34 579 g	7,08	**20,5**	25 934 g
Weizenmehl	0,22	**0,5**	550 g	0,25	**0,7**	625 g
Teigwaren, Nudeln	0,27	**0,6**	307 g	0,17	**0,5**	193 g
Grieß, Reis usw.	0,49	**1,1**	1 113 g	0,48	**1,4**	1 091 g
Kartoffeln	5,03	**11,3**	78 594 g	3,59	**10,4**	56 094 g
Hülsenfrüchte	0,30	**0,7**	612 g	0,21	**0,6**	429 g
Gemüse, Kohl	2,30	**5,1**	10 952 g	1,93	**5,6**	9 190 g
Zucker und Süßigkeiten	1,38	**3,1**	1 769 g	0,93	**2,7**	1 192 g
Salz und Gewürze	0,72	**1,6**	1 200 g	0,56	**1,6**	993 g
Kaffee und Kaffee-Ersatz	2,30	**5,1**	884 g	2,21	**6,4**	850 g
Zusammen	44,70	**100**	—	34,55	**100**	—

Der Unterstützungssatz der ersten Familie beträgt 86 RM im Monat, für Miete ist 25 RM, für Bekleidung und Wäsche 9 RM, für sonstige Bedürfnisse 7,30 RM gerechnet, bleibt für die Ernährung 44,70 RM oder 52%. Die Unterstützung der zweiten Familie beträgt monatlich 72 RM, davon 20 RM Miete, für Ernährung ist 34,55 RM oder 48% gerechnet. Die Anteilssätze für Ernährung sind sehr hoch, ich glaube aber, wie ich später noch begründen werde, sie rechtfertigen zu können.

In der folgenden Tab. 21 gebe ich sodann *die sechs von mir aufgestellten Fa-*

berechnet. Ich möchte lediglich bemerken, daß die im folgenden gegebenen Zahlen und Angaben, wenngleich sie keiner speziellen Erhebung auf Grund von Wirtschaftsrechnungen entstammen, doch die Ernährungslage in der Zeit der Wirtschaftskrise wahrheitsgetreu widerspiegeln, da sie auf den Ergebnissen früherer wissenschaftlicher Untersuchungen beruhen, die — unter Berücksichtigung der eingetretenen Veränderungen — gewissermaßen in die Gegenwart projiziert worden sind.

[1] Ohne Berücksichtigung der verbilligten Fettbezugskarten. Durch diese soziale Maßnahme hätte die erste Familie etwa 1,00 RM, die zweite etwa 0,75 RM weniger für Fette ausgeben brauchen; oder — in Mengen ausgedrückt — hätte die erste Familie etwa 600 g Fette, die zweite etwa 500 g Fette mehr verbrauchen können.

milienbudgets, und zwar den Tagesverbrauch, berechnet auf eine Haushaltung und eine Vollperson[1].

Zu dieser Tabelle ist folgendes zu bemerken: Die erste Familie (Ehepaar ohne Kinder) bezieht eine monatliche Unterstützung von 54 RM, wovon 22 RM für Nahrungsmittel ausgegeben werden. Die Preise beziehen sich auf November 1932 bis Januar 1933. Die zweite Familie (Ehepaar mit einem Kind von 14 Jahren) bezieht eine monatliche Unterstützung von 71 RM, davon sind 30 RM für die Ernährung verausgabt. Die Preise wie bei der ersten Familie. Die dritte Familie (Ehepaar mit zwei Kindern) hat eine monatliche Unterstützung von 86 RM, davon 37 RM für die Ernährung. Preise ebenfalls November bis Januar 1932/33. Vierte Familie (Ehepaar mit 3 Kindern im Alter von 1½, 4 und 5 Jahren) bezieht 101 RM Unterstützung, davon 44,50 für Ernährung verausgabt. Preise wie bisher.

Die fünfte und sechste Familie sind hinsichtlich ihres monatlichen Verbrauchs bereits in der oben dargestellten Tabelle enthalten. Trotzdem die Unterstützungssätze die gleichen sind wie bei den Familien im Winter 1932/33 habe ich doch einen höheren Anteilsatz für die Ernäh-

[1] Die Vollpersonen sind nach dem Schema des Völkerbundes umgerechnet: Über 14 Jahre männliche = 1,0, weibliche = 0,8, 11 bis 13 Jahre = 0,7, 8—10 Jahre = 0,6, 6—7 Jahre = 0,5, 4 bis 5 Jahre = 0,4, 2—3 Jahre = 0,3, darunter = 0,2.

Tabelle 21. Der Tagesverbrauch an den wichtigsten Lebensmitteln in Haushaltungen von Arbeitslosen, berechnet auf eine Haushaltung und eine Vollperson im Winter 1932/33 und im Oktober 1933.

Nahrungsmittel	Ehepaar ohne Kinder Winter 1932/33		Ehepaar mit 1 Kind Winter 1932/33		Ehepaar mit 2 Kindern Winter 1932/33		Ehepaar mit 3 Kindern Winter 1932/33		Ehepaar mit 2 Kindern Oktober 1933		Ehepaar mit 1 Kind Oktober 1933	
	pro Haushalt	pro Vollperson	pro Haushalt	pro Vollperson	pro Haushaltung	pro Vollperson	pro Haushalt	pro Vollperson	pro Haushalt	pro Vollperson	pro Haushalt	pro Vollperson
Fleisch und Fleischwaren	108,07 g	60,04 g	130,50 g	51,20 g	149,50 g	48,23 g	168,30 g	45,50 g	132,00 g	42,56 g	121,70 g	46,81 g
Milch	¼ l	1/10 l	2/5 l	1/5 l	7/10 l	1/5 l	1 l	¼ l	2/3 l	1/5 l	2/5 l	1/5 l
Butter	—	—	—	—	—	—	—	—	11,60 g	3,73 g	9,66 g	3,73 g
Schmalz	40,00 g	22,23 g	89,63 g	35,87 g	73,70 g	23,77 g	171,47 g	19,30 g	36,00 g	11,60 g	26,43 g	10,17 g
Margarine	54,83 g	30,47 g	108,76 g	43,50 g	156,90 g	50,60 g	190,23 g	51,40 g	79,90 g	25,77 g	60,26 g	23,17 g
Käse	34,00 g	18,90 g	35,03 g	14,00 g	33,00 g	11,33 g	48,90 g	13,20 g	47,10 g	15,20 g	34,60 g	13,30 g
Eier	⅓ Stck.	1/6 Stck.	3/10 Stck.	1/10 Stck.	½ Stck.	1/6 Stck.	½ Stck.	1/7 Stck.	⅓ Stck.	1/10 Stck.	⅓ Stck.	1/10 Stck.
Fische	51,03 g	28,33 g	78,83 g	28,33 g	53,13 g	17,13 g	111,53 g	30,70 g	76,66 g	24,73 g	63,33 g	24,36 g
Brot u. Backwaren	678,46 g	376,93 g	830,63 g	332,27 g	1033,66 g	333,43 g	1130,76 g	305,60 g	1152,63 g	371,83 g	864,46 g	332,50 g
Nährmittel	47,99 g	26,37 g	70,90 g	28,37 g	70,87 g	22,87 g	99,26 g	26,87 g	65,66 g	21,16 g	63,62 g	24,46 g
Kartoffeln	1064,80 g	591,57 g	1532,40 g	612,97 g	2421,30 g	781,07 g	3097,23 g	837,10 g	2619,80 g	845,10 g	1869,80 g	719,17 g
Hülsenfrüchte	11,80 g	6,57 g	15,96 g	6,40 g	22,20 g	7,17 g	29,84 g	8,07 g	16,20 g	5,56 g	12,80 g	6,00 g
Gemüse einschl. Obst	261,10 g	145,07 g	305,56 g	122,23 g	366,66 g	118,27 g	427,76 g	115,60 g	294,93 g	94,80 g	229,83 g	87,33 g
Zucker	19,03 g	10,57 g	42,36 g	16,93 g	74,26 g	23,97 g	79,03 g	21,37 g	58,97 g	19,03 g	39,73 g	15,26 g
Salz, Gewürze	22,23 g	12,37 g	27,76 g	11,10 g	33,33 g	10,77 g	38,90 g	10,50 g	40,00 g	12,90 g	31,10 g	11,96 g
Kaffee	58,80 g	32,67 g	45,83 g	18,33 g	57,70 g	18,60 g	67,93 g	18,37 g	29,46 g	9,50 g	28,33 g	10,90 g

rung angenommen: nämlich bei der fünften Familie 44,70 RM = 52%, bei der sechten Familie 34,55 RM = 48%, während der Anteilssatz der Ausgaben für Ernährung bei den Familien 1—4 im Durchschnitt nur 45% beträgt. Die Annahme eines solchen höheren Anteilssatzes rechtfertigt sich m. E. durch folgende Gründe. Einmal sind seit Januar 1933 die Preise für die wichtigsten Lebensmittel gestiegen, insonderheit die Butter- und Fett-(Margarine) Preise infolge der wirtschaftspolitischen Maßnahmen zum Schutze der heimischen Landwirtschaft. Aber auch die Preise für Fleisch und noch einer Reihe anderer Nahrungsmittel haben angezogen. Infolgedessen mußte entweder die Ernährung eingeschränkt, oder mehr dafür aufgewendet werden. Ich habe letzteres, und ich glaube mit Recht, angenommen. Denn die große Opferbereitschaft unseres Volkes zur Linderung der Not unserer Arbeitslosen, die in der „Winterhilfe" sichtbar zutage tritt, erlaubt jetzt den Arbeitslosen an anderen Bedarfsgegenständen, u. a. auch an der Bekleidung zu sparen, kommt vielleicht auch in einzelnen Barunterstützungen zum Ausdruck, so daß jedenfalls mehr Mittel wie im vergangenen Winter für die Ernährung zur Verfügung stehen können.

Welches Bild von der Ernährungslage Arbeitsloser enthüllt uns nun diese Tabelle? — Vergleicht man zunächst den *Verbrauch pro Haushalt* miteinander, so zeigt sich zwar ein Ansteigen des Verbrauchs mit wachsender Kinderzahl, aber insbesondere für die wertvolleren animalischen Nahrungsmittel nicht in dem Maße der Zunahme der Familienstärke. Das heißt: mit wachsender Kinderzahl wird die Versorgung der Familie mit diesen Nahrungsmitteln, namentlich mit Fleisch immer schlechter. Anders dagegen hinsichtlich des Verbrauchs an Milch und an Vegetabilien. Der Verbrauch an Milch und erst recht der an Brot und Backwaren und Kartoffeln steigt im allgemeinen pro Haushalt stärker als der wachsenden Kinderzahl entspricht. Das gilt aber nicht für Gemüse, jedoch wiederum für Zucker. Ein Obstverbrauch ist nicht besonders ausgewiesen, da er in arbeitslosen Familien zu gering ist, um ihn statistisch-zahlenmäßig zu erfassen.

Vergleicht man nun den Verbrauch pro Vollperson der Familien im Winter 1932/33 mit den Familien im Oktober 1933, so ergeben sich *recht wesentliche Verschiebungen*. Der Fleischverbrauch zeigt eine Abnahme, d. h. trotz erhöhter Aufwendungen mußte infolge der Preissteigerung der Fleischverbrauch eingeschränkt werden. Wesentlich zurückgegangen ist sodann der Verbrauch an Margarine und Schmalz, und zwar wiederum infolge der starken Preiserhöhungen dieser Nahrungsmittel. So stellt sich bei dem Ehepaar mit zwei Kindern im Winter 1932/33 der Margarineverbrauch auf 50,60g, dagegen bei dem entsprechenden Ehepaar im Oktober 1933 auf nur die Hälfte (25,77g); auch der Schmalzkonsum ist wesentlich reduziert[1]. Dagegen haben die Familien im Oktober 1933 Butter verbraucht, und zwar trotz der Preissteigerung der Butter. Denn Butter ist im Preise weniger gestiegen als Margarine und Schmalz. Es hat also ein Preisausgleich zwischen den einzelnen Fettsorten stattgefunden, den die Familien benutzt haben, von der schlechteren, aber im Preise stärker gestiegenen Sorte zur besseren, aber weniger gestiegenen Sorte überzuwechseln. Der Mehrverbrauch an Butter konnte aber das Manko im Verbrauch an den übrigen Fettsorten nicht ausgleichen. In dem Verbrauch der übrigen animalischen Nahrungsmittel sind wesentliche Veränderungen zwischen dem Winter 1932/33 und dem Oktober 1933 nicht zu verzeichnen. Im Verbrauch vegetabilischer Nahrungsmittel haben sich weniger Änderungen vollzogen. Der Konsum an Brot und Kartoffeln ist — vielleicht als Ausgleich für den

[1] Allerdings ist hierbei — wie erwähnt — die Verbilligung durch die Fettbezugskarten nicht berücksichtigt; in diesem Falle würde dies den Margarineverbrauch um etwa 8—9 g pro Tag und Vollperson erhöhen.

verringerten Fleisch- und Fettverzehr — etwas gestiegen. Der Verbrauch an Gemüse und Hülsenfrüchten ist etwas zurückgegangen.

In der folgenden Tab. 22 (s. S. 88 u. 89) ist die von mir durchgeführte Berechnung des *Eiweißgehaltes* und der *Calorienzahl* der aufgenommenen Nahrung dieser sechs Haushaltungen niedergelegt. Diese Analysenberechnung erfolgte auf Grund der Nahrungsmitteltabellen von SCHALL-HEISLER.

Über die ersten vier Haushaltungen habe ich schon in meinem angeführten Aufsatz in der Klinischen Wochenschrift (1933, Nr. 23) berichtet und verweise darauf. Ich faßte hinsichtlich der Arbeitslosen mein Urteil damals in die Worte zusammen, daß „deren Ernährung völlig ungeeignet sei, um die körperlichen und geistigen Kräfte vor dem Verfall zu bewahren und den Arbeitslosen auch in der schweren Zeit der Arbeitslosigkeit die nötige Spannkraft zu verleihen, durchzuhalten und nicht zu verzagen und zu verzweifeln".

Gilt dieses Urteil auch für die im Oktober 1933 durchgeführten Untersuchungen? Ein Vergleich der Ernährungslage der im Oktober 1933 erhobenen Familien mit der Ernährungslage der Familien im Winter 1932/33 läßt *eine Besserung leider kaum erkennen.* Freilich war die Eiweißzufuhr etwas größer, die Calorienzahl aber etwas geringer. So stellte sich der Eiweißgehalt beim arbeitslosen Ehepaar mit zwei Kindern im Winter 1932/33 auf 54,5 g, im Oktober 1933 auf 58,8 g, das ist eine Zunahme von 5 g oder rd. 10 %; immerhin eine kleine Verbesserung, die darauf zurückzuführen ist, daß — wie erwähnt — die Familien im Oktober 1933 einen etwas größeren Prozentsatz ihres Einkommens auf die Ernährung verwenden konnten, und zwar war insbesondere die Eiweißzufuhr durch Käse, Fische und Brot größer. Der Anteil des Eiweißes animalischen Ursprungs war aber in beiden Familien mit 37,4 % bzw. 36,9 % ungenügend. Der Anteil fleischlichen Eiweißes war sogar bei den Familien im Oktober 1933 mit nur 11,9 % geringer als im Winter 1932/33 (14,1 %) obgleich die ersteren Familien 6,93 RM, die Familien im Winter 1932/33 aber nur 6,26 RM für Fleisch und Fleischwaren aufgewendet hatten. Die Verschlechterung der Ernährung durch die Verteuerung des Fleisches kommt hier deutlich zum Ausdruck. Noch markanter tritt diese Tatsache bei der Fettversorgung in Erscheinung. So wurden im Winter 1932/33 für Fette (Margarine und Schmalz) 4,72 RM, im Oktober dagegen (Margarine, Schmalz und Butter) 6,53 RM ausgegeben [1]. Der durch diese Fettzufuhr herbeigeführte Wärmewert der Nahrung stellte sich aber im ersten Falle auf 600, im zweiten Falle jedoch nur auf 330 Calorien. Infolge der Preissteigerung für Fette konnte also trotz einer Mehrausgabe von rd. 50 % nur eine um rd. 40 % geringere Fettversorgung erzielt werden. Das ist auch der hauptsächliche Grund, weshalb die Calorienzahl bei den Familien im Oktober 1933 mit nur 2512 (davon 545 animalischen Ursprungs) hinter der im Winter 1932/33 aufgenommenen Familie mit 2638 (davon 627 animalischen Ursprungs) zurückgeblieben ist [2]. Hinsichtlich der

---

[1] Die Ausgaben der im Winter 1932/33 erhobenen Familien sind in meiner bereits erwähnten Schrift: Die Ernährungslage deutscher Arbeiter und Arbeitslosen im Winter 1932/33, Klinische Wochenschrift, 1933, Nr. 23 veröffentlicht. Ich bitte Interessenten und Kritiker sie dort nachzusehen. Des Raumes halber sehe ich von einer nochmaligen Veröffentlichung dieser Zahlen ab.

[2] Hierbei sind allerdings wieder die verbilligten Fettbezugskarten nicht berücksichtigt; in diesem Falle würde sich für die Oktober-Familie der Preis für Fette um etwa 1,00 RM,

Tabelle 22. Der Eiweißgehalt und Wärmewert der Nahrung in

Nahrungsmittel	Tagesverbrauch im Winter							
	Arbeitsloses Ehepaar ohne Kinder				Arbeitsloses Ehepaar mit 1 Kind von 14 Jahren			
	Eiweiß		Calorien		Eiweiß		Calorien	
	g	%	abs.	%	g	%	abs.	%
Animalische Nahrungsmittel	22,44	**40,8**	592	**24,9**	21,33	**40,9**	716	**28,4**
Davon:								
Fleisch und Fleischwaren	9,41	**17,1**	150	**6,3**	8,17	**15,7**	125	**5,0**
Milch	3,73	**6,8**	78	**3,3**	5,12	**9,8**	107	**4,3**
Butter	—	—	—	—	—	—	—	—
Eier	0,69	**1,2**	8	**0,3**	0,50	**1,0**	6	**0,2**
Margarine, animalische	0,03	**0,1**	47	**2,0**	0,04	**0,1**	67	**2,7**
Schmalz	0,04	**0,1**	197	**8,3**	0,07	**0,1**	318	**12,6**
Vegetabilische Nahrungsmittel	32,75	**59,2**	1783	**75,1**	30,83	**59,1**	1801	**71,6**
Davon:								
Brot und Backwaren	19,22	**34,8**	867	**36,5**	16,95	**32,5**	764	**30,4**
Kartoffeln	9,46	**17,1**	538	**22,7**	9,81	**18,8**	558	**22,2**
Margarine, vegetabilische	0,12	**0,2**	188	**8,0**	0,18	**0,3**	268	**10,7**
Gemüse u. Hülsenfrüchte	1,66	**3,0**	61	**2,6**	1,42	**2,8**	50	**2,0**
Nahrungsmittel insges.	55,19	**100**	2375	**100**	52,16	**100**	2517	**100**

vegetabilischen Nahrungsmittel ist, wie schon erwähnt, bemerkenswert, daß bei der Familie im Oktober 1933 der Brot- und Kartoffelverbrauch größer, der Gemüse- und Hülsenfrüchteverbrauch dagegen geringer war. Der durch letzteren zugeführte Wärmewert betrug bei den Familien im Winter 1932/33 50 Calorien dagegen im Oktober 1933 nur 43 Calorien. Die Ausgaben dafür waren aber im Oktober mit 2,60 RM größer als im Winter 1932/33 mit nur 1,62 RM.

Der Vergleich, der soeben zwischen den Familien mit zwei Kindern im Winter 1932/33 und Oktober 1933 durchgeführt wurde, gilt sinngemäß auch für die Familie mit einem Kind. Auch hier mußte trotz Mehrausgaben dafür der Verbrauch an Fleisch, Fleischwaren und Fetten eingeschränkt werden. Denn für Fleisch und Fleischwaren wurden im Oktober 1933 pro Vollperson 6,39 RM gegenüber 5,47 RM im Winter 1932/33 verausgabt, die Ausgaben für Fette stellten sich auf 4,97 RM gegen 4,90 RM. Dagegen betrug die Eiweißzufuhr durch Fleisch im Oktober 1933 7,78g gegen 8,17g im Winter 1932/33 und der Wärmewert, der durch Fette hervorgerufen wurde, stellte sich im Oktober nur auf 290 Calorien gegen 620 im Winter 1932/33[1].

---

also auf 5,53 RM ermäßigen, oder es hätte für etwa 600 g im Monat mehr Margarine gekauft werden können.

[1] Hierbei sind allerdings auch wieder die verbilligten Fettkarten nicht berücksichtigt. Eine

rbeitslosen Familien im Winter 1932/33 und im Oktober 1933.

o Vollperson

32/33								im Oktober 1933							
Arbeitsloses Ehepaar mit 2 Kindern von 4 und 8 Jahren				Arbeitsloses Ehepaar mit 3 Kindern von 1½, 4 und 5 Jahren				Arbeitsloses Ehepaar mit 2 Kindern von 10 und 11 Jahren				Arbeitsloses Ehepaar mit 1 Kind von 15 Jahren			
Eiweiß		Calorien		Eiweiß		Calorien		Eiweiß		Calorien		Eiweiß		Calorien	
g	%	abs.	%	g	%	abs.	%	g	%	abs.	%	g	%	abs.	%
0,39	**37,4**	627	**23,8**	23,68	**41,8**	634	**24,0**	21,74	**36,9**	545	**21,7**	19,55	**37,0**	481	**21,7**
7,67	**14,1**	119	**4,5**	7,22	**12,7**	112	**4,2**	7,02	**11,9**	130	**5,2**	7,78	**14,7**	143	**6,4**
6,93	**12,7**	145	**5,5**	8,27	**14,6**	173	**6,6**	7,04	**12,0**	147	**5,8**	4,59	**8,7**	96	**4,3**
—	—	—	—	—	—	—	—	0,03	**0,1**	28	**1,1**	0,03	**0,1**	28	**1,3**
0,55	**1,0**	7	**0,3**	0,49	**0,9**	6	**0,2**	0,43	**0,7**	5	**0,2**	0,43	**0,8**	5	**0,2**
0,05	**0,1**	78	**3,0**	0,05	**0,1**	79	**3,0**	0,04	**0,1**	39	**1,6**	0,03	**0,1**	35	**1,6**
0,05	**0,1**	211	**8,0**	0,04	**0,1**	171	**6,5**	0,02	—	103	**4,1**	0,02	—	90	**4,1**
4,10	**62,6**	2011	**71,6**	32,95	**58,2**	2005	**76,0**	37,11	**63,1**	1967	**78,3**	33,30	**63,0**	1740	**78,3**
7,00	**31,2**	767	**29,1**	15,59	**27,5**	703	**26,6**	18,96	**32,2**	855	**34,1**	16,96	**32,1**	765	**34,4**
3,50	**24,8**	711	**27,0**	13,39	**23,7**	762	**28,9**	13,52	**23,0**	769	**30,6**	11,51	**21,8**	654	**29,4**
0,20	**0,4**	312	**11,9**	0,21	**0,4**	317	**12,1**	0,16	**0,3**	156	**6,2**	0,12	**0,3**	140	**6,1**
1,41	**2,6**	50	**1,9**	1,42	**2,5**	49	**1,9**	2,65	**4,5**	43	**1,7**	2,57	**4,9**	40	**1,8**
4,49	**100**	2638	**100**	56,63	**100**	2639	**100**	58,85	**100**	2512	**100**	52,85	**100**	2221	**100**

So wird man also sagen müssen, daß die Ernährungslage Arbeitsloser auch noch zu Beginn des Winters 1933/34 ebensowenig befriedigt wie die im verflossenen Winter: Der Eiweißgehalt der Nahrung ist völlig ungenügend, der Anteil animalischer Nahrungsmittel daran viel zu gering, die Fettzufuhr kaum ausreichend und auch der Wärmewert der Nahrung mit nur rd. 2200—2500 Calorien ebenfalls nicht zureichend.

Um ein endgültiges Urteil über die Ernährungslage Arbeitsloser in der gegenwärtigen Zeit zu gewinnen, habe ich in der folgenden Tab. 23 (s. S. 90) *den Tagesverbrauch an den wichtigsten Nahrungsmitteln sowie den Eiweißgehalt und die Calorienzahl in den arbeitslosen Familien den entsprechenden Werten aus der Erhebung des Statistischen Reichsamts der Jahre 1927/28 gegenübergestellt.* Ich habe folgende Familien für den Vergleich ausgewählt: 1. die 896 Arbeiterfamilien der Erhebung von 1927/28 (Durchschnittswerte), 2. die 102 Familien der untersten Einkommenstufe dieser Erhebung, 3. die 54 arbeitslos gewordenen Familien der gleichen Erhebung, 4. einen normal entlohnten Arbeiter im Winter 1932/33, 5. einen Kurzarbeiter in der gleichen Zeit, 6. eine arbeitslose Familie von zwei Kindern in der

wesentliche Verbesserung der Ernährung bedeuten sie freilich nicht. Dadurch soll der Wert dieser sozialen Maßnahme aber keineswegs herabgesetzt werden.

Tabelle 23. Gegenüberstellung der Ernährungslage von beschäftigten und erwerbslosen Arbeiterfamilien in den Jahren 1927/28, Winter 1932/33 und Oktober 1933.

Nahrungsmittel	Tagesverbrauch pro Vollperson in g							
	Nach der Erhebung von 1927/28			Im Winter 1932/33			Im Oktober 1933	
	Im Durchschnitt v. 869 Arbeiterfamilien [1]	Minderbemittelte Arbeiter [2]	Arbeitslose nach der Erhebung des Stat. Reichsamts [3]	Normal entlohnter Arbeiter [4]	Kurzarbeiter [5]	Erwerbsloser Arbeiter [6]	Erwerbsl. Arbeiter mit 2 Kindern [7]	Erwerbsloser Arbeiter mit 1 Kind
Animalische Nahrungsmittel:								
Fleisch und Fleischwaren . .	126	90	82	107	92	48	43	47
Milch	500	300	300	417	317	216	220	143
Butter	16	7	9	10	4	—	4	4
Schmalz und Margarine . .	23	27	17	31	31	34	19	17
Käse	13	10	6	25	14	11	15	13
Eier	30	13	10	18	10	9	7	7
Fische	18	17	17	25	25	17	25	24
Zusammen animalische Nahrungsmittel	726	464	441	633	493	335	333	255
Vegetabilische Nahrungsmittel:								
Brot und Backwaren . . .	307	322	239	366	362	333	372	333
Müllereierzeugnisse	60	58	53[9]	40	38	22	21	24
Margarine	16	18	16	26	28	41	18	17
Hülsenfrüchte	7	8	—	29	21	7	6	6
Gemüse	109	84	} 103	238	161	118	95	87
Obst und Südfrüchte . . .	85	43	}	16	11	—	—	—
Kartoffeln	421	405	276	492	508	781	845	719
Zucker	45	39	28	42	35	19	19	15
zusammen vegetabilische Nahrungsmittel	1050	977	715	1249	1164	1321	1376	1201
Nahrungsmittel insgesamt	1776	1441	1156	1882	1657	1656	1709	1456
Eiweiß	82	69	62	75	65	54	59	53
davon tierisch . . . abs.	42	30	29	41	33	20	22	20
,, ... %	51	44	47	55	51	37	38	38
Calorien	2866	2530	2227	2882	2639	2615	2512	2221

gleichen Zeit, 7. eine arbeitslose Familie mit zwei Kindern im Oktober 1933 und 8. eine arbeitslose Familie mit einem Kind ebenfalls im Oktober 1933. Es sind also im ganzen acht Budgets, von denen vier sich auf in Beschäftigung stehende Arbeiter, vier dagegen sich auf Arbeitslose beziehen.

Was lehrt uns diese Gegenüberstellung? — Die Aufnahme animalischer Nahrungsmittel war der Menge nach am geringsten bei der erwerbslosen Familie mit einem

[1] Kopfstärke der Familie 4,2. [2] Kopfstärke der Familie 3,9.
[3] Kopfstärke der Familie 3,7.
[4] Ehepaar mit 2 Kindern im Alter von 2½ und 4 Jahren.
[5] Ehepaar mit 2 Kindern im Alter von 3 und 6 Jahren.
[6] Ehepaar mit 2 Kindern im Alter von 4 und 8 Jahren.
[7] Ehepaar mit 2 Kindern im Alter von 10 und 11 Jahren.
[8] Ehepaar mit 1 Kind im Alter von 15 Jahren.
[9] Einschließlich Hülsenfrüchte.

Kind im Oktober 1933 (nur 255g), besser stand schon, und zwar infolge des größeren Milchverbrauchs, die arbeitslose Familie mit zwei Kindern in dieser Zeit da (333g); ihr Konsum an animalischen Nahrungsmitteln reichte aber doch nicht ganz an den der entsprechenden Familie vom Winter 1932/33 heran (335g). Eine an animalischen Nahrungsmitteln erheblich reichlichere Kost hatten die erwerbslosen Familien nach der Reichserhebung (441g), die mengenmäßig an die der minderbemittelten Familien der untersten Einkommenstufe dieser Erhebung beinahe heranreichte (464g). Zufriedenstellend war mengenmäßig die animalische Ernährung der 896 Arbeiterfamilien der Reichserhebung sowie auch des beschäftigten Arbeiters im Winter 1932/33; die Kost des Kurzarbeiters dürfte in dieser Hinsicht gerade noch an der Grenze liegen. Betrachtet man lediglich den Fleischverbrauch, so war dieser am geringsten bei der Familie mit zwei Kindern im Oktober 1933, er betrug mit 43g nur etwa den dritten Teil des Normalverbrauchs nach der Reichserhebung. Nicht viel höher war der Fleischverbrauch in den beiden anderen arbeitslosen Familien (47g und 48g). Der Milchkonsum war in den arbeitslosen Familien gänzlich ungenügend, nur 143—220g gegen 500g Normalverbrauch nach der Reichserhebung. Nur der Verbrauch an Fetten (Butter wurde in arbeitslosen Familien so gut wie gar nicht verzehrt) war etwas zufriedenstellender: im ganzen schwankte er in arbeitslosen Familien zwischen 38 und 75g. Hier tritt aber bei Gegenüberstellung der Familien im Winter 1932/33 und im Oktober 1933 deutlich die Wirkung der Verteuerung der Fettwaren in Erscheinung. Dagegen hat sich der Fischverbrauch von 1927 bis zur Gegenwart wesentlich gehoben, ein Erfolg der Propaganda für den Fischgenuß in Verbindung mit der bedeutenden Preisermäßigung dieses Nahrungsmittels.

Von den vegetabilischen Nahrungsmitteln hat insbesondere der Verbrauch an Kartoffeln bei den Arbeitslosen in der gegenwärtigen Zeit eine Erhöhung erfahren: er hat sich gegenüber dem Durchschnittsverbrauch im Jahre 1927 zum Teil fast verdoppelt. Dagegen zeigen die Arbeitslosen nach dieser letztgenannten Erhebung einen äußerst geringen Kartoffelkonsum. Auf die Gründe ist schon oben eingegangen werden. Der Brotverbrauch ist bei den Arbeitslosen bei weitem nicht so stark gestiegen; hier dürfte vornehmlich eine Bedarfsverschiebung: Übergang zu fast ausschließlichem Genuß des billigsten gröbsten Roggenbrotes vor sich gegangen sein. Der Verbrauch an Gemüse ist im allgemeinen von 1927 auf 1933 infolge der wesentlichen Verbilligung dieses Nahrungsmittels gestiegen. Die arbeitslosen Familien haben aber davon nicht viel profitieren können.

Der *Eiweißgehalt der Nahrung* war ebenfalls in den arbeitslosen Familien *völlig unzureichend* und erinnert an die geringe Eiweißzufuhr, die in den ersten Nachkriegsjahren zu verzeichnen war[1]. So schwankte, wie oben erwähnt, der Eiweißgehalt in den Jahren 1921 bis Anfang 1924 etwa zwischen 54 und 58g pro Tag und Vollperson, dann kam ein Aufstieg bis über 80g und jetzt erleben wir wieder bei den Arbeitslosen einen Abstieg bis 59g, ja sogar bis 53g. Was aber hierbei besonders erschwerend ins Gewicht fällt, ist der äußerst geringe Anteil animalischen Eiweißes, der mit nur 37—38% noch unter dem auch sehr geringen Anteil in den ersten Nachkriegsjahren liegt. Etwas höher ist mit rd. 62g die Eiweißzufuhr bei

[1] Besonders deutlich tritt dies bei einem Vergleich mit den Familien der Hamburger Erhebungen, der von 1923—1933 durchgeführt werden konnte, zu Tage. Es zeigt sich hierbei, wie aus der nachfolgenden Übersicht hervorgeht, in welcher Weise die Ernährungslage in

den arbeitslosen Familien im Jahre 1927 gewesen, die sich infolge der damals recht hohen Unterstützungssätze auch wesentlich besser ernähren konnten. Der Calorienzahl nach war besonders unbefriedigend die Ernährung der erwerbslosen Familie mit einem Kind im Oktober 1933, wie auch — was allerdings befremdet — der Arbeitslosen im Jahre 1927, was bei letzteren freilich durch den verhältnismäßig großen Verbrauch animalischer Nahrungsmittel z.T. ausgeglichen wird. In den übrigen erwerbslosen Familien war der Wärmewert der Nahrung nicht geringer als bei den minderbemittelten Arbeitern der Reichserhebung von 1927.

So haben also meine Untersuchungen ergeben, *daß die Ernährungslage unserer Arbeitslosen auch gegenwärtig, ebenso wie im verflossenen Winter, recht kümmerlich und schlecht ist.* Angesichts der geringen Gesamteiweißzufuhr, des ebenfalls außerordentlich niedrigen Anteils animalischen Eiweißes sowie der ungenügenden Calorienzahl muß man leider von einer *schweren Unterernährung weiter Teile unseres Volkes* sprechen. Es ist leider zu befürchten, daß das N-Gleichgewicht nicht immer aufrechterhalten werden kann und dadurch Schädigungen, die vielleicht erst später sichtbar werden, eintreten. Auch wird man im Hinblick auf den geringen Gemüse- und Obstkonsum einen *Mangel an den notwendigen Vitaminen* annehmen *müssen.* Ob der durch den zu geringen Verzehr von Obst bedingte Mangel an Vitamin C durch den erhöhten Kartoffelkonsum — nach SCHEUNERT[1] sind auch Kartoffeln Vitamin-C-Quellen — ausgeglichen worden ist, erscheint recht fraglich. Es ist aber weiterhin auch zu befürchten, daß die Arbeitslosen an einem Mangel an antirachitischem Vitamin (D) leiden, da sie zu wenig Milch, Fleisch, Eier und Butter zu sich nehmen; die von ihnen gekaufte billige Margarine wird sicher kein Vitamin D enthalten, wenn auch Versuche, Margarine mit Vitamin anzureichern, Erfolg gehabt haben sollen. Die vielen Klagen der Arbeitslosen, daß sie müde, abgespannt, unlustig zu jeder Tätigkeit sind, deuten nicht nur auf eine Störung des N-Gleichgewichts, sondern auch auf einen Vitaminmangel hin[2].

den Jahren 1923—1927 sich besserte, um 1932/33 bei den Arbeitslosen wieder auf, hinsichtlich der animalischen Nahrungsmittel unter den Stand von 1923 herabzusinken.

Jahr	Eiweiß			Calorien		
	insgesamt	davon animalisches		insgesamt	davon animalisch	
	g	g	%	abs.	abs.	%
Erwerbstätige Arbeiter:						
Januar 1923	58,3	24,1	**41,2**	2510	630	**25,1**
1. Quartal 1924	53,5	25,0	**46,7**	2261	696	**30,8**
2. Quartal 1924	64,5	30,6	**47,4**	2635	838	**31,8**
Jahr 1925	68,8	37,7	**54,7**	2648	749	**28,3**
Jahr 1926	74,6	41,7	**55,9**	2932	1219	**41,6**
Jahr 1927	78,6	47,8	**60,8**	2934	1313	**44,8**
Arbeitslose:						
Winter 1932/33	52—57	20—24	**37—40**	rd. 2500	rd. 630	**23,8**
Oktober 1933	53—59	20—22	**36—37**	rd. 2400	rd. 500	**21,7**

[1] Vgl. insbesondere A. SCHEUNERT: „Gemüse als Vitamquelle", Deutsche Medizinische Wochenschrift Nr. 20, 1931, siehe auch Heft 8 der Schriftenreihe „Die Volksernährung" (Verlag Julius Springer).

[2] Bei unserer noch verhältnismäßig geringen Kenntnis des Einflusses der Vitamine auf den Haushalt des Körpers ist sehr wohl möglich, daß die schlechte Ernährung des Arbeits-

Der Nahrung der Arbeitslosen fehlt eben jede Kraft, da sie viel zu wenig hochwertige animalische Produkte genießen. Der Hunger wird vor allem durch Kartoffeln und Brot mit billiger Margarine oder Marmelade gestillt.

So wird man leider zu dem Urteil kommen müssen, daß *in jeglicher Hinsicht die Ernährung unserer Arbeitslosen völlig unzureichend ist* und damit eine schwere Gefahr nicht nur für die davon betroffenen Personen selbst, sondern auch deren Nachkommenschaft bedeutet. Abgesehen davon, daß die Kinder Arbeitsloser ebenfalls nicht besser ernährt werden können wie ihre Eltern, gefährdet die Unterernährung schwangerer Frauen, besonders auch ein Vitaminmangel bei ihnen, das zu erwartende Kind und damit die Nachkommenschaft.

Dabei haben die hier aufgeführten Familien — was bemerkt werden muß — einen sehr hohen Anteil ihrer Einnahmen, rd. 50% und darüber, für die Ernährung ausgegeben. Bei Familien, die einen nur geringeren Anteil ihres Einkommens für Ernährung aufwenden konnten — sei es, daß sie kleine Anschaffungen machen mußten oder für irgendwelche anderen Zwecke Geld brauchten —, wird die Ernährung noch kümmerlicher gewesen sein. Außerdem ist vorausgesetzt, daß die Familien ordnungsmäßig zu wirtschaften und hauszuhalten verstanden. Aber leider ist gutes Wirtschaften eine Kunst und eine Tugend, die nicht in jeder Familie anzutreffen ist. Und wo sie fehlte, wird die Ernährung natürlich noch schlechter gewesen sein.

6. Die gesundheitlichen Schädigungen infolge unzureichender Ernährung.

In Verbindung mit dem Ernährungsproblem erhebt sich eine andere schwerwiegende Frage, nämlich die nach der *Wirkung der Unterernährung unserer Arbeitslosen auf ihren Körper und Geist.* Diese Frage ist nicht leicht zu beantworten, trotzdem eine Reihe von Untersuchungen vorliegen, die aber — sich z. T. auch widersprechend — doch nur immer einen partiellen, keinen vollständigen und erschöpfenden Aufschluß geben. Die amtliche Mortalitätsstatistik, die uns eine einwandfreie Antwort geben könnte, läßt uns nämlich hier im Stich. Bis jetzt wenigstens ist ein Ansteigen der allgemeinen Sterbeziffer noch nicht oder doch kaum zu verzeichnen gewesen[1]. Daraus aber schließen zu wollen, daß die schlechte Ernährung unserer Arbeitslosen überhaupt keine Wirkung auf ihren physischen und psychischen Zustand gehabt hätte, wäre sehr voreilig. Zunächst ist die allgemeine Sterblichkeit doch nur ein sehr unvollkommener Ausdruck für die Volksgesundheit, schon allein deshalb, weil die Säuglingssterblichkeit, die maßgebend die allgemeine

losen noch andere auf Vitaminmangel beruhende Schädigungen hervorruft. Vgl. hierzu den schon oben erwähnten Vortrag von PFANNENSTIEL: Med. Welt, 1933, Nr. 27, sowie den Aufsatz von KOLLATH: Med. Welt, Nr. 43.

[1] Die auf 1000 berechnete Sterbeziffer stellte sich in den deutschen Großstädten:

	Insgesamt	Tuberkulose	Herzkrankheiten	Lungenentzündung
Im 1. Halbjahr 1930 . . .	10,5	0,87	1,38	0,82
,, ,, 1931 . . .	11,4	0,89	1,42	0,98
,, ,, 1932 . . .	10,6	0,83	1,44	0,79
,, ,, 1933	11,6	0,83	1,55	0,86

Danach ergibt sich eine geringe Erhöhung der Sterbeziffer insgesamt, dagegen eine immerhin in Betracht kommende Steigerung der Sterbefälle an Herzkrankheiten.

Sterbeziffer beeinflußt, wesentlich abhängt von der Geburtenzahl. Ein starker Rückgang der Geburten, wie er in den letzten Jahren zu verzeichnen ist, hat auch eine Abnahme der Säuglingssterblichkeit zur Folge, ohne daß daraus auf eine Besserung der Volksgesundheit geschlossen werden könnte. Sodann ist aber auch die Frage nicht unberechtigt, ob die Sterbefälle und Krankheitsfälle nicht noch weit mehr und dauernder zurückgegangen wären, wenn Krise und Arbeitslosigkeit ihrem bisherigen Rückgang nicht einen gewissen Halt geboten hätten. Man wird vielmehr sagen müssen: *trotz der schweren wirtschaftlichen Verhältnisse ist es der medizinischen Wissenschaft gelungen, ein allgemeines Heraufgehen der Sterbeziffer zu verhüten.* Trotzdem ist es sehr wohl möglich, daß eine spätere Zeit erhöhte Sterbeziffern aufweisen wird, wenn es nicht gelingt, die Arbeitslosigkeit immer weiter herabzudrücken, und die schönen Erfolge, die bisher zu verzeichnen gewesen sind, auch weiterhin zu erzielen. Denn es dauert erfahrungsgemäß immer eine geraume Zeit, ehe gesundheitsschädliche Wirkungen irgendwelcher Art in einer erhöhten Sterbeziffer zum Ausdruck kommen. Die Erkrankungen nehmen freilich zu, der allgemeine Gesundheitszustand wird ein labiler, das Körpergewicht der davon betroffenen Personen nimmt ab, aber schon seltener tritt Krankenhausbehandlung ein, und ehe dies alles zum exitus letalis führt und damit amtlich dokumentiert wird, dauert es doch eine Zeit.

Daß aber die Wirtschaftskrise und die in ihrem Gefolge stehende Arbeitslosigkeit den Gesundheitszustand unseres Volkes nicht unberührt gelassen hat, ist wohl eine Selbstverständlichkeit, wenn wir auch darüber nicht so, wie wir es wohl wünschten, unterrichtet sind. Es war deshalb auch ein dankenswertes Unterfangen der *Gesundheitssektion des Völkerbundes*, eine Untersuchung über diese Frage angestellt und viel Material darüber gesammelt zu haben[1]. Das, was mir darüber bekannt geworden ist, will ich in möglichster Kürze hier zusammenfassend mitteilen[2]. Zunächst die Feststellung, daß anscheinend die Frauen und auch die Kinder Arbeitsloser stärker von gesundheitlichen Schädigungen betroffen werden als die Männer. Nach den Beobachtungen von KESTNER, CATHCART und MURRAY[3] ist dies anscheinend darauf zurückzuführen, daß bei Nahrungsknappheit die Frau zuerst zugunsten des Mannes und vielleicht auch der Kinder darbt.

Von mir bekannt gewordenen Berichten und Untersuchungen führe ich folgendes an: Der Gesundheitsbericht der Stadt *Stuttgart* vom 18. Juli 1932 stellte fest, daß sich die Zahl der Kinder, die wegen beginnender Tuberkulose der „Reichsanstalt zur Bekämpfung der Säuglings- und Kleinkindersterblichkeit" zugesandt wurden, von 1929—1931 fast verdoppelt hat. In derselben Stadt zeigte sich von 1931—1932 unter den Schülern ein starkes Anwachsen der Fälle von offener Tuberkulose. Sie stiegen bei den Knaben von 5,7 auf 7,7% und bei den Mädchen von 7,3 auf 7,4%, bei beiden Geschlechtern also von 6,5 auf 7,6%. Interessantes, aber trauriges Material über den Einfluß der Erwerbslosigkeit auf den Gesundheitszustand der Kinder liefert auch P. BUTTENWIESER in der Zeitschrift „Der Kassen-

[1] La crise èconomique et la santè publique, Genf 1932, vgl. auch die vom Völkerbund herausgegebene und von Dr. AYKROYD verfaßte Schrift: „Diet in Relation to Small Incomes", Genf 1933.

[2] Vgl auch meine Aufsätze: „Die gesundheitlichen Schädigungen der Arbeitslosigkeit", Medizinische Welt 1932, Nr. 50 und „Lebenshaltung, Ernährungslage und Gesundheitszustand der Arbeitslosen", Münchener Med. Wochenschr. 1932, S. 1997 ff.

[3] A Study in nutrition, London 1931.

arzt" (1931, Nr. 13)[1], und Tugendreich in der „Zeitschrift für ärztliche Fortbildung" (1931, Nr. 3)[2]. Beide Autoren heben hervor, daß insbesondere der Gesundheitszustand nicht ganz normaler Kinder durch die Arbeitslosigkeit des Vaters schwer gefährdet wird. Sehr eingehende Untersuchungen über den Gesundheitszustand von Schulkindern Arbeitsloser hat auch der Stadtarzt Dr. SCHNEIDER in Halle angestellt und in zwei Aufsätzen veröffentlicht[3]. SCHNEIDER kommt in seiner Untersuchung, die rd. 17000 Schulkinder umfaßt, zu dem Ergebnis, daß die Schulkinder Arbeitsloser deutlich ein schlechteres Verhalten zeigen als die anderen.

Über Gewichtsabnahmen Arbeitsloser berichtet Dr. BANSI vom Berliner Städtischen Krankenhaus am Urban. Danach hat sich der Gesundheitszustand der Personen, die in der ersten Hälfte des Jahres 1932 behandelt wurden, in einem erschreckenden Maße verschlimmert. Gewichtsabnahmen von 3—4 kg im Laufe der letzten Monate waren die Regel. So wogen von 17 Männern zwei weniger als 50 kg, zwölf weniger als 60 kg, zwei etwas mehr als 60 kg und nur einer 80,5 kg; unter den 16 Frauen wogen zwölf weniger als 50 kg, vier etwas mehr als 50 kg und keine einzige kam über 55,9 kg hinaus. Weiter berichtet uns WENDENBURG aus Gelsenkirchen[4], daß die offenen Tuberkulosefälle von 357 im Jahre 1930 auf 435 im Jahre 1931 gestiegen sind; davon nahmen zu die der Erwachsenen von 226 auf 252, die der Jugendlichen von 34 auf 52 und die der Kinder von 97 auf 131. Nach dem gleichen Bericht ist auch eine außerordentliche Zunahme der Erkrankungen an Cranio-Tabes bei Säuglingen eingetreten. In der städtischen Säuglingsfürsorgeanstalt stieg die Zahl der Fälle von 5,5% im Jahre 1928 auf 10,4 im Jahre 1929, 12,4 im Jahre 1930 und schließlich 25,2% im Jahre 1931. Aus der gleichen Stadt wird auch eine Zunahme der Rachitis seit 1929 gemeldet. Die Frage, ob die Arbeitslosigkeit der Eltern das Wachstum der Kinder beeinflußt, behandelt auch GEORG WOLFF in seinem Aufsatz: „Arbeitslosigkeit und Schulkinderwachstum"[5]. WOLFF kommt auf Grund anthropometrischer Messungen zu dem Ergebnis, daß vorläufig ein Einfluß auf das Wachstum noch nicht nachzuweisen sei; er sieht als Ursache dafür einmal die Selbsthilfe an (Kleinhaltung der Familie), zum anderen die gesellschaftliche Hilfe des Staats durch die gewährten Unterstützungen. In seinem Aufsatz: „Wirtschaftskrise und Volksgesundheit"[6] faßt WOLFF die Ergebnisse seiner Untersuchungen in die Worte zusammen: „Ein unmittelbarer Einfluß der jetzigen Wirtschaftsnot auf die Wachstumsentwicklung der Gesamtjahrgänge (der Kinder) läßt sich demnach noch nicht erkennen, wohl aber lassen sich geistige Einbußen feststellen, wenn man lediglich die Kinder der längere Zeit Arbeitslosen denen der noch im Arbeitsprozeß Befindlichen gegenüberstellt." M. E. geht daraus ganz deutlich hervor, daß mit länger dauernder Arbeitslosigkeit der Gesundheitszustand namentlich der heranwachsenden Jugend schwer gefährdet wird. Dieses Urteil wird auch bestätigt durch die Untersuchungen von HEYMANN in seinem Aufsatz: „Arbeitslosigkeit und Schulkinderfürsorge"[7]. Danach stehen die Kinder Arbeitsloser im Gewicht und Größe unter dem Durchschnitt. Und

---

[1] Der Einfluß der Erwerbslosigkeit auf den Gesundheitszustand der Kinder.

[2] Der Lebenserfolg des geistig und seelisch abnormen Kindes in der heutigen Zeit.

[3] Arbeitslosigkeit und Schulkind, Zeitschr. für Gesundheitsverwaltung und Gesundheitshygiene 1931, Nr. 12; 1932, Nr. 18.

[4] Gesundheitsbericht der Stadt Gelsenkirchen vom 21. Juli 1932.

[5] Klinische Wochenschrift 1932, Nr. 2. [6] Deutsche Krankenkasse 1932, Nr. 43.

[7] Zeitschrift für Gesundheitsverwaltung usw. 1932, Nr. 7.

zwar beträgt die Minderung im Gewicht 1,3% (Knaben) und 1,1% (Mädchen), die Einbuße an Größe 1,7% (Knaben) und 1,9% (Mädchen).

Eugen Schlesinger (Stadtgesundheitsamt Frankfurt a. M.) weist in seinem sehr interessanten und an Material reichem Aufsatz: „Arbeitslosigkeit und Entwicklung der Kinder und Jugendlichen"[1] einen entschiedenen Einfluß der Arbeitslosigkeit der Eltern auf die heranwachsende Jugend nach. Weiterhin vergleicht Schlesinger den Gesundheitszustand beschäftigter mit dem erwerbsloser Jugendlichen und kommt zu dem Ergebnis, daß „sowohl bezüglich der exakten objektiven anthropometrischen Maße ... wie auch hinsichtlich der biologischen Werte, der Druckkraft und der Vitalkapazität" die arbeitenden Jugendlichen weit besser abschneiden als die erwerbslosen. H. Meyer konstatiert in seinem Aufsatz: „Einfluß der wachsenden Zerrüttung auf männliche Jugendliche"[2], bei Kindern von Arbeitslosen eine Zunahme der Anämie. „Bei Gegenüberstellung der in Arbeit stehenden und der arbeitslosen Jugendlichen," schreibt er, „bleiben bei fast allen Erhebungen letztere im Rückstand[3]."

Einen aufschlußreichen Beitrag über den Gesundheitszustand Arbeitsloser gibt Ferdinand Luce[4] aus dem physiologischen Institut der Universität Hamburg (Direktor Professor Dr. Kestner). Acht, seit mindestens einem Jahr von der Wohlfahrt unterstützte Frauen, wurden Anfang 1933 acht Tage lang auf ihre Stickstoffausscheidung im Harn und insbesondere daraufhin beobachtet, ob bei einer zusätzlichen Fleischgabe der Durchschnitt des N-Gehaltes im Harn sich verändere. Da erfahrungsgemäß bei Stickstoffmangel, also Unterernährung, der zusätzliche N-Gehalt nicht im Harn ausgeschieden, sondern retiniert und zum Ansatz gebracht wird, konnte durch eine solche Prüfung festgestellt werden, ob diese acht Frauen tatsächlich unterernährt waren. Frauen wurden deshalb zur Untersuchung herangezogen, weil im allgemeinen angenommen wird, daß diese bei Nahrungsknappheit zugunsten des Mannes und der Kinder am ersten hungern. Das Ergebnis war, daß bei allgemein stark verminderter N-Zufuhr auch die Stickstoffausscheidung im Harn beträchtlich gesenkt war. In drei Fällen ergaben sich auf eine zusätzliche Fleischgabe hin die Anzeichen des N-Ansatzes. Diese Frauen litten also bestimmt an einem Nahrungsmangel, d. h. sie waren unterernährt. Die übrigen fünf Fälle lagen bestenfalls an der unteren Normalgrenze. Wenn, wie F. Luce sagt, auch von einer Unterernährung wie zu Kriegsende keine Rede sein kann, so zeigen doch m. E. die Untersuchungen, daß die Kost arbeitsloser, unterstützter Personen Anfang des Jahres 1933 nicht ausreichend war, um den Körper leistungsfähig zu erhalten. Sie bestätigen somit das Ergebnis meiner oben angeführten Untersuchungen über den Ernährungszustand Arbeitsloser in den Jahren 1932 und 1933 voll und ganz.

Luce berichtet zum Schluß noch über das Ergebnis von *Gewichts- und Körpermessungen* an 3500 hamburgischen Volksschulkindern, im April/Mai 1932. Hier

[1] Klinische Wochenschrift 1933, Nr. 21.

[2] Zeitschrift für Gesundheitsverwaltung usw. 4. September 1932.

[3] Zu dem gleichen Ergebnis kommt auch v. Drigalski in seinem Vortrag: „Wirtschaftsnot und Volksgemeinschaft" auf der Jahresversammlung des deutschen Vereins für öffentliche Gesundheitspflege, Berlin, 17. September 1932.

[4] Über den Ernährungs- und Gesundheitszustand der Arbeitslosen, Klinische Wochenschrift 1933, 3. Juni, Nr. 22.

sind die Durchschnittswerte für die Kinder arbeitender und arbeitsloser Eltern gegenübergestellt. Danach zeigt sich, daß die Kinder erwerbsloser Eltern eine Minderung im Gewicht von 0,62% (Knaben) und 0,64% (Mädchen), eine Einbuße an Größe von 0,95% (Knaben) und 1,09% (Mädchen) aufweisen. Das Ergebnis geht konform mit den entsprechenden Untersuchungen HEYMANNS in Berlin, über die ich bereits berichtete.

Wenn demgegenüber von anderen, z.B. von ASCHER[1] behauptet wird, daß die Arbeitslosigkeit eine „Entlastung" bringe und infolgedessen günstig auf den Gesundheitszustand einwirke, indem sie Berufskrankheiten verhüte und auch zu einer Abnahme der Tuberkulose führe, so ist dies nur ein recht schwacher Trost. Daß Arbeit, körperliche wie geistige, anstrengt und infolgedessen auch einmal gesundheitliche Schädigungen hervorrufen kann, wird natürlich von keiner Seite bestritten werden können. Aber führen denn unsere Arbeitslosen ein Leben der Ruhe, von dem man sagen kann, daß es gesundheitszuträglich wäre? — Befindet sich nicht vielmehr der Erwerbslose in einem fortgesetzten nervösen Unruhezustand, stets gehetzt von der Sorge „was wird aus mir, wie kann ich mich und die Meinigen durchbringen, wann bekomme ich endlich Arbeit"! Sein Bestreben, Arbeit zu suchen, darf auch, wenn er ein brauchbares Mitglied der Gesellschaft bleiben will, niemals erlahmen. So wird er schon vom frühen Morgen an versuchen, eine Stelle oder doch irgendeine Beschäftigung zu erhalten. Er darf und wird es sich nicht genügen lassen, nur auf dem Arbeitsamt nachzufragen, um zu hören, daß vorläufig noch keine Aussicht ist, sondern er wird und muß die Anzeigen der Zeitungen durchstudieren und überhaupt alle nur möglichen Anstrengungen machen, um — trotzdem auf dem Arbeitsamt noch nichts frei ist — doch eine Stelle zu finden. Daß solche Stellungssuche mit ebenso großen körperlichen wie seelischen Anstrengungen verbunden ist und einen Energie- und Kräfteverbrauch nach sich zieht, der mindestens ebenso groß ist, wie bei berufstätiger Beschäftigung, ist wohl klar. Diese *psychische deprimierende Wirkung der Arbeitslosigkeit* ist wohl die tiefste Tragik in dem Los dieser Unglücklichen[2]. Und wenn dann noch eine mangelhafte, schlechte Ernährung dazu tritt, dann muß unweigerlich der Gesundheitszustand aufs schwerste erschüttert werden. Das ist auch der Grund, weshalb die oft gehörte Behauptung, der Arbeitslose brauche keine so gute Ernährung wie der Beschäftigte, nicht richtig ist. Vielleicht mag dies bis zu einem gewissen Grade für die Calorienzahl zutreffen; sicherlich aber nicht hinsichtlich der Eiweißzufuhr, denn Eiweiß hat, wie RUBNER richtig bemerkt, mit der Arbeitsleistung nichts zu tun. Daß der *Eiweißgehalt der Kost der Arbeitslosen so außerordentlich gering* ist, das ist gerade das *Bedenkliche* und der Faktor, der die *Gesundheit unserer Arbeitslosen aufs schwerste gefährdet.*

Deshalb ist es Pflicht eines jeden, nach besten Kräften mitzuhelfen, das materielle Leben unserer Arbeitslosen erträglicher zu gestalten. Dadurch wird auch

[1] „Wirtschaftsschwankungen und Volksgesundheit", im Archiv für Gewerbepathologie und Gewerbehygiene 1933, Nr. 4 und „Lehren der Wirtschaftskrise für die Hygiene der Arbeit", Zentralblatt für Gewerbehygiene und Unfallverhütung 1933, Nr. 5/6 sowie „Ursache und Bedingungen in der Tuberkulosefrage", Deutsche Medizinische Wochenschrift 1932, Nr. 52.

[2] Vgl. O. JULIUSBURGER: „Seelische Auswirkung der Arbeitslosigkeit" in Deutsche Krankenkasse 1931, Nr. 17 und „Zur leiblich-seelischen Auswirkung der Arbeitslosigkeit" in Der Kassenarzt 1932, Nr. 16.

die seelische Not etwas gemildert. Denn mit gesättigtem Magen und gekräftigtem Körper ist alles nur halb so schlimm, mit hungrigem Magen und ausgemergeltem Körper entflieht die geistige Spannkraft weit eher und der Verzweiflung ist Tür und Tor dann geöffnet.

VI. Die Ernährung des deutschen Volkes vom volkswirtschaftlichen Standpunkt.

(Ernährungspolitik).

1. Die zunehmende Verflechtung Deutschlands in die Weltwirtschaft.

Der Übergang Deutschlands von einem reinen Agrarstaat, der sich vollständig selbst versorgte, zu einem überwiegenden Industrie- und Handelsstaat, der zu einem großen Teil auf die Einfuhr von Nahrungsmitteln vom Auslande angewiesen ist, ist außerordentlich schnell vor sich gegangen. Während in dem Lande, das sich zuerst zu einem Industriestaat, der sog. „Werkstatt der Welt" entwickelte — England —, dieser Übergang allmählich stattfand und Jahrzehnte dauerte, ist Deutschland fast von einem Jahr zum anderen, man möchte sagen, beinahe über Nacht, aus einem sich selbst versorgenden Land, das sogar noch darüber hinaus Agrarprodukte exportierte, zu einem Einfuhrland für agrarische Erzeugnisse geworden. In diesem so außerordentlich schnellen Übergang liegt zu einem wesentlichen Teil unser landwirtschaftliches Problem, die sog. „Not der Landwirtschaft", mit der wir bis heute noch nicht fertig geworden sind, begründet. Denn er ließ unserer Landwirtschaft keine Zeit, sich auf die neuen Verhältnisse umzustellen. Wer die Nöte, unter der unsere Landwirtschaft leidet, richtig verstehen will, muß bis zu jener Zeit des plötzlichen Übergangs vom Agrarstaat zum Industrie-Handelsstaat zurückgehen. Nur die Erkenntnis der Vorgänge in der damaligen Zeit birgt den Schlüssel zum Verständnis unserer gegenwärtigen Lage. Denn jener so schnelle Übergang zum sich nicht mehr selbst versorgenden Industriestaat ist weniger durch eine Strukturwandlung der deutschen Wirtschaft herbeigeführt, als vielmehr durch Faktoren, die außerhalb der deutschen Wirtschaft lagen, nämlich die Erschließung neuer Kolonialländer und Bebauung jungfraulicher Böden, durch die die deutsche Wirtschaft allerdings getroffen wurde.

Der Hergang war kurz folgender: Von Ende der 50er Jahre an begann für die deutsche Landwirtschaft im steigenden Maße eine sehr günstige Konjunktur einzutreten. Deutschland versorgte damals nicht nur seine eigene Bevölkerung mit Agrarprodukten, sondern exportierte darüber hinaus auch nach England. Die zunehmende Industrialisierung zusammen mit der ständig wachsenden Bevölkerungszahl ließ die Aussichten der deutschen Landwirtschaft in recht günstigem Licht erscheinen: Steigende Bedürfnisse infolge zunehmender Wohlhabenheit und wachsender Bevölkerungszahl erlaubten Schlüsse auf immer steigende Nachfrage nach landwirtschaftlichen Erzeugnissen sowohl im Inland wie auch im Ausland, wohin exportiert wurde, zu ziehen. Die Folge waren steigende Preise der Agrarprodukte und im Zusammenhang damit auch immer weiter steigende Güterpreise.

Steigende Preise des Grund und Bodens verführen aber stets zu Spekulationen im Grund und Boden, da von den dann wie Hyänen auftauchenden „Güterhändlern" und „Güterschlächtern" gern die zu erwartende günstige Konjunktur „vorausgenommen", „realisiert" wird. Die Folge ist stets ein Besitzwechsel größten Stils. Ein solcher *Besitzwechsel bei steigenden Preisen* trat dann auch von Mitte der sechziger Jahre ein und die neuen Güterkäufer waren vielfach junge Landwirte, die, ohne im Besitze von großem Vermögen, nur verhältnismäßig geringe Anzahlungen leisten konnten.

Da kam die große Industriekrise des Jahre 1873 und in ihrem Gefolge die Erschließung und Bebauung neuer Böden in Übersee, vor allem in Amerika, denn da in der Industrie die Aufträge mangelten, warf man sich in Übersee mit aller Macht auf die Landwirtschaft. Grund und Boden war ja in Hülle und Fülle und zu Spottpreisen vorhanden. So kam in der Qualität gutes, im Preise äußerst billiges Getreide auf den Markt, denn die Produktionskosten waren infolge der äußerst niedrigen Bodenpreise sehr gering. Zuerst kam dies billige Getreide nach England und verdrängte das im Preis viel höher stehende deutsche Getreide. Aber schon von 1876 an kam das *ausländische Getreide nach Deutschland und machte dem deutschen Getreidebauer eine Konkurrenz*, der er nicht gewachsen war. In seiner Not forderte der deutsche Landwirt Getreidezölle und erhielt sie auch.

Damit war aber auch zugleich *die Abhängigkeit der deutschen Ernährung von der Einfuhr vom Ausland* zur Tatsache geworden, unsere Volksernährung also ein volkswirtschaftliches Problem geworden, das es zu meistern und zu lösen galt. Und diese Lösung hat es vor dem Kriege nicht gefunden und endgültig auch heute noch nicht, da man bisher die Lösung dieses Problems von der falschen Seite aus in Angriff genommen hat. Erst die neue gegenwärtige nationalsozialistische Regierung scheint auf dem richtigen Weg zu sein, dies Problem richtig zu lösen, und es sind auch, wie ich noch zeigen werde, in der allerletzten Zeit wesentliche Fortschritte erzielt worden.

Der *große Fehler* nämlich, der bisher bei dem Versuch der Lösung unseres Ernährungsproblems gemacht worden ist, bestand darin, daß man fast lediglich auf einen Schutz der Getreideproduktion bedacht war, dagegen die landwirtschaftliche Veredelungsproduktion (Viehhaltung, Molkereierzeugung, Gemüsebau), die in der Hauptsache in der Hand des Klein- und Mittelbauers liegt, sich selbst überließ. Angelpunkt der gesamten Agrarpolitik vor dem Kriege bis in die letzte Zeit hinein war der Getreidezoll; Schutz und Förderung der übrigen bäuerlichen Wirtschaft trat demgegenüber zurück. Das ist schon vor dem Kriege von vorurteilslosen Forschern erkannt worden: ich nenne nur BRENTANO[1] und vor allem AEREBOE[2]. Wenn auch BRENTANOS Forderung nach Aufhebung des Getreidezolls zu weit ging, so hat er doch durchaus richtig erkannt, daß der Not der Landwirtschaft durch einen einseitigen Getreideschutz, der, da er auch zur Verteuerung der Futtermittel führte, auf Kosten der bäuerlichen Produktion ging, vielmals gesteuert werden könnte. AEREBOE, der sachverständige preußische Ökonomierat und Professor an der Berliner Landwirtschaftlichen Hochschule befürwortete ebenfalls in erster Linie die Förderung der bäuerlichen Veredelungsproduktion, um Deutschland in

[1] Die deutschen Getreidezölle, eine Denkschrift, 2. Aufl. 1911.
[2] Insbesondere in seinen Aufsätzen in der deutschen landwirtschaftlichen Presse 1924/25.

der Versorgung mit diesen hochwertigen und teuren landwirtschaftlichen Erzeugnissen, wie Fleisch und Geflügel, Milch, Butter, Eier vollständig unabhängig vom Ausland zu machen. Zu diesem Zweck empfahl er freie Einfuhr von Futtermitteln, um die Produktionskosten in der Vieh- und Geflügelhaltung, wie auch in den Molkereibetrieben nach Möglichkeit zu senken. Sein Ideal war, daß die heimische Landwirtschaft mit diesen Veredelungserzeugnissen nicht nur das deutsche Volk ausreichend versorgen sollte, sondern darüber hinaus diese Erzeugnisse exportieren, um Deutschlands Handels- und Zahlungsbilanz zu entlasten.

Leider blieben die Vorschläge dieser Männer ungehört, und infolgedessen wuchs fortgesetzt die Abhängigkeit der deutschen Volksernährung vom Auslande wie die Not der deutschen Landwirtschaft nicht abnahm, sondern immer größer wurde. Zu der Not der Getreideproduzenten trat nach dem Kriege noch die Not des Bauern, da man versäumt hatte, ihn zu schützen und seine Produktion zu fördern.

Wie sah nun die deutsche Nahrungsmittelversorgung vor dem Kriege aus? — In der von ELTZBACHER unter Mitwirkung von vielen anderen Forschern herausgegebenen Denkschrift: „Die deutsche Volksernährung und der englische Aushungerungsplan“[1] findet sich auf S. 62ff. eine Zusammenstellung des Gesamtverbrauchs an Nahrungsmitteln im Durchschnitt der Jahre 1912/13, ausgedrückt in Nährwerten und Calorien, geschieden nach Inlandsprodukten und Zuschuß vom Auslande. Danach betrug unser Gesamtverbrauch an animalischen Nahrungsmitteln rd. 1 Million t Eiweiß, 2,2 Millionen t Fett, 578000 t Kohlehydrate bei fast 27000 Milliarden Calorien. Davon entfielen auf den Zuschuß vom Ausland rd. 450000 t Eiweiß, 900000 t Fett, 460 000 t Kohlehydrate und 12000 Milliarden Calorien. Wir bezogen also an animalischen Nahrungsmitteln vom Ausland rd. 44% Eiweiß, rd. 40% Fett, fast den gesamten Kohlehydratebedarf und 45% Calorien. Hinsichtlich der pflanzlichen Nahrungsmittel war unsere Abhängigkeit bei weitem nicht so groß. Von den 1,2 Millionen t pflanzlichem Eiweiß lieferte das Ausland nur 176000 t, das sind 14%, von den 12,3 Millionen t Kohlehydrate nur 600000 t und von den 61000 Milliarden Calorien nur 5000, das sind 9%; lediglich der pflanzliche Fettbedarf wurde zum überwiegenden Teil vom Ausland gedeckt; von den 377000 t Fett lieferte das Ausland rd. 200000 t[2].

In diesen Zahlen tritt *die starke Abhängigkeit der deutschen Ernährung vom Ausland* deutlich hervor. Insbesondere hinsichtlich der wertvollen animalischen Nahrungsmittel waren wir zu rd. 45% — also fast zur Hälfte — auf den Bezug aus dem Auslande angewiesen. Von unserem Gesamtbedarf lieferte das Ausland 28% Eiweiß und 20% Calorien. Reden diese Zahlen nicht eine klare und eindringliche Sprache, daß wir vor dem Kriege mit unserer Agrarpolitik, die den Getreideschutz in den Mittelpunkt gestellt hatte und die animalische Produkte erzeugende bäuerliche Wirtschaft vernachlässigte, auf dem falschen Wege waren? — Denn das Ziel einer Agrarpolitik, die Agrarzölle für notwendig erachtet, kann nur sein, die Erreichung weitgehendster Eigenversorgung, um möglichst unabhängig vom Ausland zu werden, und zwar in erster Linie unabhängig von der ausländischen

[1] Berlin 1924. Vgl. auch „Deutschlands Versorgung mit Nahrungs- und Futtermitteln“ von KUCZYNSKI, Berlin 1926. Die oben gegebenen Zahlen können natürlich nur Annäherungswerte darstellen.

[2] Die nachstehende Übersicht zeigt im einzelnen, in welcher Weise Deutschlands Nah-

Zufuhr hochwertiger, eiweißhaltiger und daher teurer, also animalischer Nahrungsmittel. Die Erreichung dieses Zieles müßte schon deshalb in erster Linie erstrebt werden, als diese Nahrungsmittel zugleich solche sind, die im Inland in der gleichen Güte und zu den gleichen Preisen hergestellt werden können wie im Ausland. Diese Veredelungserzeugnisse der bäuerlichen Wirtschaft treten nämlich nicht mit den Produkten klimatisch günstiger gelegenen Ländern in Konkurrenz, sondern unsere hauptsächlichsten Konkurrenten sind hier unsere beiden kleinen Nachbarländer Holland und Dänemark, die agrikulturtechnisch unter ähnlichen Bedingungen stehen wie unsere heimische Landwirtschaft. Richtig erzogen und gefördert wäre der deutsche Bauer sehr bald der holländischen und dänischen Konkurrenz gewachsen gewesen — und zwar ohne dauernden hohen Zollschutz. Die deutsche Agrarpolitik vor dem Kriege wie auch nach dem Kriege bis zum Jahre 1932 hatte als Ziel aber leider nicht in erster Linie die Förderung der bäuerlichen Veredelungsproduktion im Auge und damit zugleich die Erzielung weitgehendster Eigenversorgung als vielmehr die Erreichung höchstmöglicher Rentabilität im Getreidebau.

Freilich, eine gewisse Rentabilität ist Voraussetzung jeglicher Produktion. Wenn die Erzeugung nicht mehr lohnt, wird sie eingestellt. Aber die Erzielung einer Rendite kann immer nur Mittel zum Zweck sein. Wird sie Selbstzweck, so

---

rungsmittelversorgung vor dem Kriege vom Auslande abhängig war.

Gesamtverbrauch an Nahrungsmitteln. Durchschnitt 1912/13.

Nahrungsmittel	Verbrauch				Davon Zuschuß vom Ausland			
	Ausnutzbare Nährstoffe							
	Eiweiß	Fett	Kohlehydrate	Calorien	Eiweiß	Fett	Kohlehydrate	Calorien
	in 1000 t			Milliarden	in 1000 t			Milliarden
I. Tierische Nahrungsmittel								
Fleisch und Fette . . .	431,9	1339,6	1,4	14 242	85,0	462,7	0,2	4 655
Fische	52,4	28,7	2,0	490	33,7	21,5	1,5	346
Milchwirtschaftliche Erzeugnisse.	478,5	790,6	571,7	11 633	311,2	392,1	457,3	6 764
Eier	46,8	44,5	2,7	618	19,1	18,6	1,2	256
Zusammen	1009,6	2203,4	577,8	26 983	449,0	894,9	460,2	12 021
II. Pflanzliche Nahrungsmittel								
Nährfrüchte	1123,7	121,0	10 005,5	46 653	160,7	10,1	982,7	4 778
Gemüse	75,3	12,5	376,3	1 944	3,3	0,5	16,3	84
Obst und Südfrüchte .	23,2	36,0	411,5	2 117	6,2	8,5	131,2	642
Zucker und Honig. . .	0,1	—	1 187,5	4 745	0,0	—	—585,4	—2 338
Pflanzliche Fette . . .	—	184,4	—	1 715	—	158,9	—	1 478
Kakao	3,0	23,7	10,3	273	3,0	23,7	10,3	273
Alkoholische Getränke	27,0	—	344,1	4 219	3,4	—	46,3	474
Zusammen	1252,3	377,6	12 335,2	61 666	176,6	201,7	601,4	5 391
III. Nahrungsmittel überhaupt								
	2261,9	2581,0	12 913,0	88 649	625,6	1096,6	1061,6	17 412

Auf den Kopf der Bevölkerung entfiel also ein täglicher Verbrauch von 91,9 g Eiweiß, 106,0 g Fett, 530,5 g Kohlehydrate und 3642 Calorien; davon lieferte das Ausland 25,7 g Eiweiß, 45,0 g Fett, 43,6 g Kohlehydrate und 715 Calorien.

hört die Ratio in der Wirtschaft auf, dann geht Eigennutz vor Gemeinnutz. Aber nur wenn umgekehrt Gemeinnutz von Eigennutz geht, erfüllt die Wirtschaft ihre wahre Aufgabe, die Bevölkerung möglichst gut, ausreichend und preiswert zu versorgen. Dies zu erreichen kann allein die Aufgabe richtiger Wirtschaftspolitik sein. *Hinsichtlich der Ernährungs- und Agrarpolitik muß das Ziel also sein, Maßnahmen zu ergreifen, die gewährleisten, daß das deutsche Volk soweit nur möglich von seiner eigenen Landwirtschaft, von der heimischen Scholle ernährt wird*, und unser Vaterland damit unabhängig wird von der Zufuhr aus dem Ausland.

2. Die Möglichkeit der Versorgung des deutschen Volkes durch die heimische Scholle.

Die Frage, ob die deutsche Landwirtschaft die inländische Bevölkerung ausreichend mit Nahrungsmitteln versorgen kann, ist schon vor dem Kriege mehrfach erörtert worden. Freilich ging man dabei wieder von einem falschen Gesichtspunkt aus. Die ganze Erörterung drehte sich nämlich fast ausschließlich um die Frage, ob die heimische Landwirtschaft imstande sei, den gesamten Getreidebedarf des deutschen Volkes zu decken[1]; die Frage der Versorgung mit animalischen Erzeugnissen stand mehr im Hintergrund. Aber, wie noch darzutun sein wird, ist das Problem, um das es sich hier und zwar besonders in der Gegenwart handelt, nicht das der Deckung des Bedarfs an vegetabilischer Nahrung, sondern umgekehrt: die Schwierigkeiten, die hier zu überwinden sind und die überwunden werden können und müssen, heute notwendiger wie vor dem Kriege, liegen in der *Durchführung der Eigenversorgung auf dem Gebiete des Fett- und Fleischbedarfs.*

Aber weshalb erstreben wir überhaupt eine Selbstversorgung des deutschen Volkes von der heimischen Scholle? — Zur Beantwortung dieser Frage müssen wir uns zunächst einmal die Versorgung Deutschlands mit Nahrungsmitteln vor und nach dem Kriege vom Gesichtspunkt der ein- und ausgeführten Werte vergegenwärtigen. Vor dem Kriege führte Deutschland aus dem Ausland ein: Gerste, Weizen, Fette, Molkereiprodukte und Eier sowie Futtermittel; dagegen führte Deutschland ins Ausland aus: Roggen und Zucker. In runden Zahlen stand einer Einfuhr von etwa 1,1 Milliarden an diesen erstgenannten Nahrungsmitteln eine Ausfuhr von 700—800 Millionen für Roggen und Zucker gegenüber. Das Defizit der Handelsbilanz betrug somit 300—400 Millionen und war angesichts der großen Exporte Deutschlands an Industrieerzeugnissen sowie seines Kapitalguthabens im Auslande durchaus tragbar.

Nach dem Kriege aber hatten sich diese Verhältnisse von Grund aus geändert. Die Einfuhr von Weizen war gestiegen, die von Gerste hatte sich freilich etwas ermäßigt, dafür war aber eine sehr starke Erhöhung im Bezug von Fetten und animalischen Produkten aus dem Ausland zu verzeichnen. Im Jahre 1925/26 schuldete Deutschland für diese Nahrungsmittel dem Ausland rd. 1,4 Milliarden und in den folgenden Jahren erhöhte sich der Betrag noch. Demgegenüber war die Ausfuhr von Roggen und Zucker fast auf Null gesunken. Die Handelsbilanz hatte

[1] Vgl. u. a. darüber R. DRILL: „Soll Deutschland seinen gesamten Getreidebedarf selbst produzieren?" —1895. Aber auch die meisten Schriften von BRENTANO, WAGNER, OLDENBERG, POHLE enthalten Material darüber. Interessenten verweise ich auf *mein* Buch: „Das wirtschaftliche Problem der modernen Industriestaaten", Jena 1916.

sich damit sehr zum Nachteil Deutschlands verschoben, seine Zahlungsbilanz hatte sich verschlechtert, was im Hinblick auf den verminderten Export von Fertigwaren und insbesondere der schweren Auslandsverschuldung (die Auslandsguthaben waren fast restlos aufgezehrt, dafür war Deutschland vom Gläubiger zum Schuldner übergewechselt) untragbar war. Es mußte also, wenn Deutschland emporkommen sollte, eine grundlegende Änderung in seiner Nahrungsmittelversorgung im Hinblick auf den Bezug vom Ausland eintreten. Und diese Änderung ist — um es gleich vorweg zu sagen — dank den Maßnahmen der neuen nationalsozialistischen Regierung auch eingetreten, es ist ein großer Schritt vorwärts in der Durchführung der Eigenversorgung Deutschlands gemacht, und es besteht begründete Aussicht, daß in den kommenden Jahren Deutschland immer mehr in seinem Bedarf an Nahrungsmitteln unabhängig vom Ausland auf eigenen Füßen stehen wird.

Wir erstreben also eine Eigenversorgung aus Gründen der Verbesserung unserer Handels- und Zahlungsbilanz und damit unserer wirtschaftlichen Stellung überhaupt. Ein Land, das hoch an das Ausland verschuldet ist, das außerdem zur Aufrechterhaltung der Beschäftigung seiner Industrie auf den Bezug von industriellen Rohstoffen vom Ausland nicht verzichten kann, muß darauf sehen, alle die Erzeugnisse, die auch im Inland hergestellt werden können, tatsächlich aus dem Inland und nicht aus dem Ausland zu beziehen. Unsere heimische Landwirtschaft kann aber bei richtiger Förderung, Erziehung und Wegweisung uns weitreichend, wenn auch nicht erschöpfend, mit Nahrungsmitteln versorgen. Dazu kommt, daß überall in der Welt Bestrebungen zur Eigenversorgung, die man mit dem Namen „autarkische Wirtschaftspolitik" bezeichnet, vorhanden, ja sogar in starker Zunahme begriffen sind. *Schon aus diesem Grunde ist Deutschland gezwungen, auf möglichste Eigenversorgung hinzuarbeiten*, um nicht durch ein „Abhängig-Werden" von anderen Ländern schwer ins Hintertreffen zu geraten.

Damit soll einer autarkischen Wirtschaftspolitik an sich durchaus nicht das Wort geredet werden. Es ist aber hier nicht der Ort und auch nicht der Zweck des Buches zu untersuchen, ob eine solche Wirtschaftspolitik wirklich im Interesse der am Welthandel beteiligten Völker liegt, ob nicht vielmehr der Vorteil eines jeden Landes besser gewahrt wäre, wenn ein hemmungsfreier Weltwirtschaftsverkehr, ein gemäßigter Freihandel, bestände. Dies zu untersuchen gehört, wie gesagt, nicht in den Rahmen dieser Arbeit. Wir haben uns vielmehr mit der bestehenden Tatsache, daß autarkische Abschließung überall im Wachsen begriffen ist, abzufinden, und die deutsche Wirtschaftspolitik hat die Folgerungen daraus zu ziehen.

Deshalb sind Agrarzölle heute unerläßlich, ohne diese würde die Rentabilität der deutschen Landwirtschaft nicht gewährleistet sein. Eine gewisse Rentabilität ist aber die Voraussetzung der Produktivität; wenn gar nicht mehr verdient wird, kann auch nichts produziert werden, die Landwirtschaft verfällt dann und unsere Landwirte und Bauern verarmen. Das muß verhütet werden, und daher ist auch aus diesem Grunde Eigenversorgung zu erstreben. Denn das beste Mittel, die Verdienstmöglichkeit in der Landwirtschaft zu vergrößern, ist die Schaffung eines Absatzmarktes. Finden die deutschen Landwirte Absatz ihrer Erzeugnisse im Heimatlande, so können sie auch bei mäßigen Preisen ihr Auskommen finden. Und je größer der Absatz, desto niedriger können die Preise gestaltet werden, um trotzdem den gleichen Verdienst zu erzielen. Das Wort: „großer Umsatz bei kleinem Nutzen" gilt — bis zu einem gewissen Grade — auch für die Landwirtschaft. Um jedoch der deutschen Landwirtschaft im ganzen eine gesicherte Rentabilität zu gewähren, sind aber nicht nur Getreidezölle, sondern auch Zölle auf die veredelten Produkte der bäuerlichen Wirtschaft erforderlich. Das hat man zu lange Zeit verkannt und hierin lag die Ursache der Not unseres Bauerntums, die man erst jetzt zu heben beginnt.

Vergegenwärtigen wir uns nun im einzelnen, *inwieweit der Bedarf des deutschen Volkes an Nahrungsmitteln von der heimischen Landwirtschaft gedeckt werden kann,* welche Nahrungsmittel dagegen vom Ausland eingeführt werden müssen. Beginnen wir diesmal mit den vegetabilischen Nahrungsmitteln, und zwar zuerst mit dem Brot. Hinsichtlich der Versorgung mit „unserem täglichen Brot" sind in den letzten Jahren und Jahrzehnten wesentliche Veränderungen eingetreten[1].

Vor dem Kriege deckte Deutschland seinen Brotgetreidebedarf nur zu einem Teil — etwa zu drei Viertel — durch die heimische Produktion; der Rest wurde in Gestalt von Getreide (Weizen) und auch von Mehl vom Ausland eingeführt. Zwar wurde mehr Roggen geerntet als die Bevölkerung aufnehmen konnte, so daß sich jährlich ein nicht unbeträchtlicher Roggenausfuhrüberschuß ergab[2], dagegen genügte die inländische Weizenproduktion bei weitem nicht. Rund 2 Mill. t Weizen im Werte von etwa 310—320 Millionen mußten in den letzten Jahren zur Versorgung des deutschen Volkes eingeführt werden.

In der ersten Nachkriegszeit änderte sich dies Verhältnis im wesentlichen nicht; es bestand stets ein beträchtlicher Einfuhrüberschuß an Brotgetreide, der in manchen Jahren noch weit höher als vor dem Kriege war. Erst in den allerletzten Jahren ist eine Änderung eingetreten, die man als eine wesentliche Verbesserung unserer Brotgetreideversorgung bezeichnen muß. Dank den energischen Maßnahmen der Regierung auf diesem Gebiete versorgt gegenwärtig die heimische Landwirtschaft die deutsche Bevölkerung fast vollständig mit dem notwendigen Brotgetreide, und zwar nicht nur mit Roggen, sondern auch mit Weizen. Im Erntejahr 1928/29 mußten noch zur Deckung des Getreidebedarfs 3,9 Mill. t Getreide[3] eingeführt werden, 1931/32 stellte sich der Einfuhrüberschuß immer noch auf 2,5 Mill. t, dagegen betrug er 1931/32 nur noch den zehnten Teil: 250000 t. Von diesen 250000 t fallen, was besonders bemerkenswert ist, 220000 t auf Mais und nur 30000 t auf Weizen. *Damit ist die Selbstversorgung im Brotgetreidebedarf so gut wie restlos durchgeführt.* Was das für Deutschlands Handels- und Zahlungsbilanz bedeutet, lassen die wertmäßigen Ergebnisse der Einfuhr erkennen: Im Jahre 1928 (Kalenderjahr) mußten für die Weizeneinfuhr 576 Mill. RM an das Ausland gezahlt werden, 1929 immer noch 448 Millionen, 1930 231 Millionen, 1931 nur noch rd. 100 Millionen und 1932 109 Millionen RM. Wie sich aber gerade in der

[1] Vgl. auch meinen Aufsatz: „Die deutsche Volksernährung und die heimische Produktion" in Med. Welt 1933, Nr. 43 u. 44.

[2] In den letzten Jahren vor dem Kriege wurden durchschnittlich jährlich etwa 350 000 t Roggen mehr ausgeführt als eingeführt; wertmäßig belief sich der Ausfuhrüberschuß auf durchschnittlich etwa 60—70 Millionen Mark.

[3] Roggen, Weizen, Spelz, Hafer, Gerste, Mais einschließlich Mehl auf Getreide umgerechnet. Quelle: Institut für landwirtschaftliche Marktforschung, Berlin.

allerletzten Zeit unsere Bilanz gebessert hat, lassen die Halbjahreszahlen erkennen: Im ersten Halbjahr 1931 stellte sich die Weizeneinfuhr auf rd. 50 Millionen, in der entsprechenden Zeit 1932: 54 Millionen, dagegen im ersten Halbjahr 1933 nur noch 24 Millionen RM. Entsprechend dem Rückgang der Einfuhr ist in den letzten Jahren *die deutsche Getreideernte* gestiegen. Das Institut für landwirtschaftliche Marktforschung schätzt den Ernteertrag (Gesamtergebnis aller Geteideernten) 1930/31 auf 20,7 Mill. t, 1931/32 auf 20,9 Mill. t, 1932/33 aber auf 24,0 Mill. t. Insbesondere ist es den Bestrebungen der ländlichen Stellen gelungen, den Weizenbau und den Ernteertrag von Weizen zu steigern. Die Weizenanbaufläche ist von 1,6 Millionen ha im Jahre 1929/30 auf 2,4 Millionen ha 1932/33, der Ernteertrag vom Erntejahr 1929/30 mit 3,3 Mill. t auf 5,2 Mill. t im Erntejahr 1932/33 gestiegen. Auf der anderen Seite ist freilich auch eine geringe Abnahme des Getreideverbrauchs in den letzten Jahren zu verzeichnen, die durch einen geringeren Weizenverbrauch — Abnahme im Verzehr von Weizengebäck infolge Einkommenschrumpfung durch die Wirtschaftskrise — und geringerer Gersteverbrauch für die Bierbereitung verursacht ist. Das Institut für landwirtschaftliche Marktforschung schätzt den Rückgang des Weizenverbrauchs im letzten Jahre auf 100000 t, den des Gersteverbrauchs auf 75000 t. Insgesamt schätzt dies Institut den Inlandsverbrauch an Getreide folgendermaßen: Erntejahr 1928/29 25,5 Mill. t, 1929/30 26,2 Mill. t, 1930/31 24,7 Mill. t, 1931/32 23,8 Mill. t, 1932/33 20,9 Mill. t.

Parallel mit dieser Wandlung in der Brotversorgung des deutschen Volkes ging auch eine *Verschiebung im Brotbedarf*. Der Verbrauch an Brot, und zwar in erster Linie von Roggenbrot ist wesentlich zurückgegangen. Wie aus den in den früheren Kapiteln besprochenen Untersuchungen über die Lebenshaltung hervorgeht, hat der Brotverbrauch im ganzen abgenommen. Wenn auch die Verbrauchsanschreibungen vor dem Kriege — wie erwähnt — recht mangelhaft waren, so ist doch diese Tatsache zweifellos belegt. Nach der vom Metallarbeiterverband, Stuttgart im Jahre 1908 durchgeführten Untersuchung über die Lebenshaltung von 320 Metallarbeiterfamilien entfielen damals im Jahre auf eine Haushaltung 614 kg Brot (zwischen Roggenbrot und Weizengebäck ist leider nicht unterschieden), auf den Kopf einer Vollperson kamen 160 kg. Zwanzig Jahre später stellte sich dagegen nach den Untersuchungen des Statistischen Reichsamts der Brotverbrauch in Arbeiterkreisen pro Haushaltung auf 377 kg, pro Vollperson auf 112 kg. Das ist ein Rückgang von 38,7 % pro Haushaltung und 30 % pro Kopf. Daß dieser Rückgang im Brotverbrauch in erster Linie durch eine Minderung des Roggenkonsums verursacht ist, können wir indirekt aus der Produktionsstatistik schließen. Diese gibt uns freilich nicht den Brotverbrauch, sondern nur das zum Verbrauch „für menschliche und tierische Ernährung sowie gewerbliche Zwecke" verfügbare Getreide an. Diese Statistik ist also hinsichtlich des Brotverbrauchs recht mangelhaft, immerhin aber kann man aus ihren Zahlen gewisse Schlüsse über die Verschiebung zwischen Roggen und Weizen ziehen. Da zeigt sich nun, daß der Verbrauch an Roggen weit stärker abgenommen hat als der von Weizen. In den neunziger Jahren entfielen auf den Kopf rd. 150 kg Roggen jährlich, dagegen im Durchschnitt der Jahre 1925/30 nur noch rd. 105 kg; der Weizenverbrauch ist in der gleichen Zeit aber nur von rd. 90 kg auf rd. 85 kg abgesunken.

Die Ursache dieser Verschiebung im Brotverbrauch und dem damit zusammenhängenden Rückgang des Brotkonsums überhaupt, liegt — worauf schon mehrfach hingewiesen wurde — in der zunehmenden Industrialisierung und Verstädtigung des deutschen Volkes. Der Bauer und Handwerker alten Schlages brauchte zu seiner die physischen Kräfte stark in Anspruch nehmenden Arbeit eine kräftige voluminöse Nahrung: das stark kleiehaltige Roggenbrot, Kartoffeln, grobes Gemüse, aber verhältnismäßig wenig Fett und Fleisch. Der an der Maschine und am Fließband arbeitende Industriearbeiter und erst recht der im Büro sitzende Angestellte konnte aber, da seine Körperkräfte nicht in dem Maße wie früher beansprucht wurden — auch der Industriearbeiter hat heute vornehmlich nervenverbrauchende „aufpassende" Tätigkeit — eine grobe voluminöse Kost nicht mehr gebrauchen. Er ersetzte in weitgehendem Maße Roggenbrot durch Weizengebäck, reduzierte überhaupt seinen Brotbedarf und nahm dafür — soweit es seine Mittel erlaubten — mehr Fett und Fleisch zu sich. Diese Umwandlung in der Ernährung wurde dann durch die fortgesetzte Verfeinerung der Bedürfnisse und Ansprüche, die das städtische und insbesondere großstädtische Leben mit sich brachte, unterstützt.

Der *Bedarf an Kartoffeln* ist stets fast ausschließlich durch die heimische Produktion gedeckt worden. Den Nettoverbrauch an Kartoffeln[1] schätzt das Institut für landwirtschaftliche Marktforschung: Erntejahr 1928/29 7,9 Mill. t, 1929/30 7,5 Mill. t, 1930/31 8,6 Mill. t, 1931/32 8,2 Mill. t, 1932/33 8,9 Mill. t. Das Weniger am Getreideverbrauch, von dem oben die Rede war, ist also durch das Mehr am Kartoffelverbrauch ungefähr ausgeglichen. Eine Einfuhr von Frühkartoffeln findet allerdings auch statt; sie ist aber für die Volksernährung von keiner Bedeutung. In den letzten Jahren ist erfreulicherweise die Einfuhr von Frühkartoffeln wesentlich zurückgegangen. 1928 stellte sich der Einfuhrwert (Einfuhrüberschuß) von Kartoffeln noch auf über 27 Millionen RM, 1931 und die folgenden Jahre übertraf aber sogar die Ausfuhr von Kartoffeln deren Einfuhr. Ein erfreulicher Beweis der erfolgreichen Arbeit der deutschen Landwirtschaft, der es gelang durch verbesserte Produktion die ausländische Frühkartoffel vom heimischen Markt zu verdrängen.

In der *Gemüseversorgung* ist Deutschland leider nicht so unabhängig vom Ausland wie in seinem Kartoffelbedarf. Freilich ist hinsichtlich der hauptsächlichsten Gemüsearten, besonders der Kohlarten, den Wurzeln und Rüben, die deutsche Landwirtschaft die hauptsächlichste, z. T. sogar die ausschließliche Versorgerin des deutschen Volkes. Dagegen sind bis in die letzten Jahre Hülsenfrüchte und feinere Gemüsearten (Frühgemüse) in recht erheblicher Menge vom Ausland bezogen worden. So betrug die Einfuhr von Gemüse und Hülsenfrüchten (Einfuhrüberschuß) 1929 noch 185 Mill. RM; erst von 1930 an ging diese Einfuhr etwas zurück; sie betrug in diesem Jahre 141 Mill. RM, 1931 109 Mill. RM und 1932 nur 70 Mill. RM. In der ersten Hälfte des Jahres 1933 ist ein weiterer Rückgang zu verzeichnen, die Einfuhr von Gemüse liegt um rd. 10 Mill. RM unter der der entsprechenden Zeit des Vorjahres. Bei Bewertung dieser Zahlen ist freilich in Betracht zu ziehen, daß die Preise für Gemüse seit 1929 stark gesunken sind. Doch auch mengenmäßig ist die Einfuhr, wenn auch freilich lange nicht so stark als die Werte erscheinen lassen, zurückgegangen. Nach den Feststellungen des Instituts

[1] Inlandverbrauch ohne Saat und Schwund, auf Getreideäquivalent umgerechnet, 400 kg Kartoffeln = 100 kg Getreide.

für landwirtschaftliche Marktforschung betrug nämlich die Gemüseeinfuhr 1928 über 500000 t, dagegen 1932 nur noch 340000 t. Wenn auch dieser Rückgang in der Gemüseeinfuhr, insbesondere der teuereren Gemüsearten, z. T. durch die Einkommenschrumpfung infolge der Wirtschaftskrise bedingt sein mag, so ist doch andererseits nicht zu bezweifeln, daß es auch eine Folge der Verbesserung im Gemüsebau wie im Gemüsehandel ist. Der Anregung der zuständigen Stellen und Kammern folgend hat der deutsche Gemüsebauer immer mehr gelernt, bessere und feinere Sorten ohne Aufwendung erheblicher Mehrkosten zu züchten, sie gut sortiert an den Markt zu bringen und dort preiswert zu verkaufen. Die Gemüsepreise sind ja in den letzten Jahren ganz wesentlich gesunken. Die Reichsindexziffer verzeichnet von 1928—1933 einen Preisrückgang des Gemüses von 50—60%. Die Folge dieses Preisrückgangs ist ein *verstärkter Gemüseverbrauch*, besonders an billigen Gemüsen, wohl in allen Schichten der Bevölkerung. Das aber kommt wiederum dem Gemüsebauer zugute. Der vergrößerte Umsatz erhöht trotz des Rückgangs der Preise seinen Verdienst. In den letzten Jahren ist denn auch eine erfreuliche *Steigerung der deutschen gewerblichen Gemüseerzeugung* zu verzeichnen. Das Institut für landwirtschaftliche Marktforschung schätzt die Gemüseernte im Jahre 1932 auf 2,69 Mill. t gegen 2,39 Mill. t im Jahre 1927. Das wäre eine Steigerung in diesen fünf Jahren um 12,5%. Auch die Anbaufläche hat sich — besonders gegenüber der Vorkriegszeit — vergrößert. Im Jahre 1913 waren 116000 ha mit Gemüse bestellt, 1932 dagegen 148000 ha, das ist eine Steigerung von über 17%.

Die *Obstversorgung des deutschen Volkes* hat eine ähnliche, wenn auch nicht ganz so günstige Entwicklung wie die Gemüseversorgung in den letzten Jahren genommen. Auch hier spielt freilich mengenmäßig — wenn wir jetzt von den Südfrüchten absehen — gegenüber dem Inlandskonsum von rd. 3 Mill. t die Einfuhr — selbst wenn sie wie 1929 fast 500000 t beträgt — keine große Rolle. Das Bestreben muß aber dahin gehen, hinsichtlich der heimischen Sorten vollständig unabhängig vom Ausland zu werden, und in dieser Hinsicht sind in den letzten Jahren auch einige Fortschritte erzielt. Im Jahre 1929 mußten für die Einfuhr an Obst (außer Südfrüchte) noch 205 Mill. RM und 1930 195 Mill. RM an das Ausland gezahlt werden, 1931 waren es aber immer noch 156 Mill. und 1932 122 Millionen; erst in der ersten Hälfte des Jahres 1933 ist der Einfuhrwert auf 40 Mill. RM gesunken. Dieser Rückgang in der Einfuhr ist zwar wiederum zu einem großen Teil durch das Absinken des Preisniveaus bedingt. Mengenmäßig ist der Rückgang nur gering, ja von 1931 zu 1932 ist sogar infolge der schlechten deutschen Apfelernte eine Zunahme der Apfeleinfuhr besonders aus Amerika eingetreten. Im Hinblick darauf, daß es sich bei dieser Einfuhr in der Hauptsache um Obstsorten handelt, die auch im Inland angebaut werden, ist eine Einfuhr von 400—450000 t, wie sie die letzten Jahre zeigen, viel zu hoch. Die Herabdrückung dieser Einfuhr ist aber nur möglich, wenn der deutsche Obsterzeuger und Obsthändler sorgfältiger zur Pflege wie zur Sortierung des an sich dem ausländischen Obst durchaus ebenbürtigen deutschen Obstes erzogen wird.

Hinsichtlich der *Südfrüchte* (Apfelsinen, Zitronen, Bananen usw.) wird Deutschland selbstverständlich dauernd auf den Bezug vom Ausland angewiesen bleiben, da diese Früchte in unserem Klima nicht gedeihen. Ihre Einfuhr künstlich drosseln zu wollen, wäre auch gar nicht angebracht, da wir den Einfuhrländern als

Gegenwert für ihre Früchte Erzeugnisse heimischer Arbeit wie Maschinen, Apparate, Chemikalien, elektrische Anlagen usw. bieten können.

Die Einfuhr von Südfrüchten ist auch nur wenig zurückgegangen; sie stellte sich 1929 und 1930 auf je rd. 250 Millionen, 1931 auf 210 Millionen und 1932 auf 160 Millionen RM. Die Abnahme in den letzten Jahren ist zum Teil auf den Preisfall der Südfrüchte zurückzuführen. Allerdings ist auch mengenmäßig ein Rückgang zu verzeichnen, und zwar besonders von 1930 zu 1932, in welcher Zeit die Südfruchteinfuhr von 570 000 t auf 516 000 t zurückging, voraussichtlich eine Folge der Einkommensminderung durch die Wirtschaftskrise.

So *deckt also die deutsche Landwirtschaft heute* — im Gegensatz zur Vorkriegszeit — *den Bedarf des deutschen Volkes an Vegetabilien* (mit Ausnahme der vegetabilischen Fette und des Reis) *fast vollständig*, und es steht zu erwarten, daß namentlich in der Gemüseversorgung das deutsche Volk in immer stärkerem Maße von der heimischen Produktion versorgt und damit immer unabhängiger von der Zufuhr aus dem Ausland werden wird.

Weit größere Schwierigkeiten sind dagegen bei der *Durchführung der Eigenversorgung mit Fleisch und Fetten* zu überwinden. Auf den ersten Blick könnte es freilich den Anschein erwecken, als ob hinsichtlich des *Fleischbedarfs* Deutschland fast ausschließlich von seiner eigenen Landwirtschaft versorgt würde. Während vor dem Kriege wie besonders auch in den ersten Jahren nach der Stabilisierung die Fleischeinfuhr noch recht beträchtlich war, ist sie in den letzten Jahren bis auf ein verschwindendes Minimum zurückgegangen. Die folgende Tab. 24 gibt einen kurzen Überblick über die deutsche Fleischversorgung in den Jahren 1924 bis 1932.

Tabelle 24. Fleischmengen aus Schlachtungen im Deutschen Reich und Außenhandel ausschließlich Fetten und genießbaren Eingeweiden.

Zeit	Gesamtverbrauch[1]	Einfuhrüberschuß von Fleisch u. lebenden Tieren	Deutsche Produktion insgesamt	Deutsche Produktion in % des Gesamtverbrauchs	Deutsche Produktion 1928 = 100	Gesamtverbrauch	Einfuhrüberschuß v. Fleisch und lebenden Tieren	Deutsche Produktion
	1000 dz	1000 dz	1000 dz			kg je Kopf der Bevölkerung	kg je Kopf der Bevölkerung	kg je Kopf der Bevölkerung
1924. . .	24 560	2011	22 549	**91,8**	**71,2**	39,54	3,24	36,30
1925. . .	28 027	2776	25 251	**90,1**	**79,8**	44,94	4,45	40,49
1926. . .	28 546	2596	25 950	**90,9**	**82,0**	45,41	4,13	41,28
1927. . .	31 593	2651	28 942	**91,6**	**91,4**	49,95	4,19	45,76
1928. . .	33 606	1956	31 650	**94,2**	**100,0**	52,82	3,07	49,75
1929. . .	33 005	1853	31 159	**94,4**	**98,4**	51,60	2,90	48,71
1930. . .	32 472	976	31 492	**97,0**	**99,5**	50,50	1,52	48,99
1931. . .	33 011	270	32 742	**99,2**	**103,5**	51,08	0,42	50,67
1932. . .	31 772	512	31 260	**98,4**	**98,8**	48,94	0,79	48,16

Daraus ist zu ersehen, in welch hohem Grade der Fleischbedarf Deutschlands durch die eigene Landwirtschaft gedeckt wird[2].

[1] Nach Berechnungen des Statistischen Reichsamts: Fleisch aus beschauten und nichtbeschauten Schlachtungen (Schweine, Rinder, Kälber, Schafe, Ziegen, Schlachtpferde) und Einfuhrüberschuß an Fleisch (ohne Wild- und Geflügelfleisch).

[2] Der auf eine Vollperson (Vollfleischverbraucher) entfallende Fleischkonsum stellte sich 1913 auf 73,24 kg, 1928: 72,86 kg, 1930: 69,20 kg, 1932: 67,20 kg. Gegenüber 1913 ist danach der Fleischkonsum um 6,04 kg oder fast 9% zurückgegangen.

Doch trotzdem ist Deutschland hinsichtlich seines Fleischbedarfes leider nicht unabhängig vom Auslande. Denn Deutschland braucht vom Ausland zwar kein Fleisch mehr, wohl aber *Futtermittel zur Aufzucht des eigenen Viehes.* Eine indirekte Fleischeinfuhr findet also nach wie vor statt. Und die Herabdrückung und möglichste Ausschaltung dieser Einfuhr, die Erzeugung der Futtermittel, insbesondere der Kraftfuttermittel auf heimischem Boden, ist hier das Problem, das es zu lösen gilt. Freilich ist auch hier in den letzten Jahren eine wesentliche Besserung zu verzeichnen. Die Einfuhr der hier in Frage kommenden Futtermittel: Ölkuchen wie Ölfrüchte, Futtergerste, Mais und Dari ist in den letzten Jahren nicht unerheblich zurückgegangen.

So stellte sich die Einfuhr von Ölkuchen 1929 auf fast 120 Mill. RM, in den folgenden Jahren ging die Einfuhr wertmäßig zum Teil allerdings nur infolge der sich senkenden Preise zurück: 1930 70 Mill. RM, 1931 65 Mill. RM, 1932 betrug sie fast 75 Mill. RM; im ersten Halbjahr 1933 42 Mill. RM. Weit größer ist der Rückgang der Getreideeinfuhr zur Viehfütterung: Futtergerste ging wertmäßig von 330 Mill. RM im Jahre 1928 auf 180 Mill. RM 1930, 60 Mill. 1931 und 48 Mill. RM 1932 zurück; das erste Halbjahr 1933 zeigte sogar eine kaum nennenswerte Einfuhr von nur etwas über einer Mill. RM. Auch die Einfuhr von Mais und Dari senkte sich von 230 Mill. RM im Jahre 1928 auf 90 Mill. RM 1930, 58 Mill. RM 1932 und 8,5 Mill. RM im ersten Halbjahr 1933.

Diese Herabdrückung der Einfuhr ist den Anstrengungen der deutschen Landwirtschaft zu danken, durch Meliorationen und andere Verbesserungen des Bodens im eigenen Lande diese wertvollen Futtermittel zu erzeugen; auch durch bessere Organisation und bessere Ausnutzung der vorhandenen Mittel ist viel erzielt worden. Vorläufig ist aber die deutsche Viehzucht immer noch bis zu einem gewissen Grade auf die Einfuhr von Futtermitteln aus dem Ausland angewiesen, und es wird der Aufbietung aller Kräfte benötigen, um diese nach Möglichkeit herabzudrücken. Inwieweit es möglich sein wird, die ausländische Zufuhr überhaupt auszuschalten und die notwendigen Futtermittel ganz auf eigenen Böden zu erzeugen, entzieht sich heute noch der Beurteilung.

Fast noch stärker als in der Fleischversorgung ist Deutschland hinsichtlich seines *Fettbedarfs* auf das Ausland angewiesen. Das Speisefettproblem ist wohl überhaupt das schwierigste der deutschen Agrarpolitik, und es muß als ein schwerer Fehler bezeichnet werden, daß die früheren Regierungen überhaupt keine oder doch kaum Anstrengungen gemacht haben, es zu lösen; sie haben es wohl überhaupt nicht, oder doch nicht richtig gesehen. Es ist das große Verdienst der gegenwärtigen Regierung, daß sie das Problem aufgegriffen hat und mutig an die allerdings sehr schwierige Lösung geht. Denn es gilt hier zwei sich gegenüberstehende Interessen, die beide gleiche Berechtigungen haben, miteinander auszugleichen und zu einer harmonischen Lösung zu bringen: Nämlich zu erreichen, daß einerseits der Bedarf in möglichst großem Umfang durch die heimische Produktion gedeckt wird, wozu eine gewisse Hochhaltung der Preise im Inland notwendig ist, da sonst die Milchwirtschaft, die die Grundlage der heimischen Fettproduktion ist, nicht rentabel gestaltet werden kann, andererseits aber auch den Konsumenten nicht durch zu hohe Speisefettpreise zu schädigen. Denn bei Weiterbestehen der bisherigen Verhältnisse hätte die überlegene Konkurrenz der zu immer niedrigeren Preisen produzierenden Margarineindustrie eine schwere Gefährdung unserer heimischen Milch- und Fettwirtschaft bedeutet. Und dies ganz besonders in Krisenzeiten, in denen die Kaufkraftschrumpfung das Überwechseln des Konsumenten von der Butter zur Margarine den stärksten Antrieb verleiht. Deshalb war ein Eingreifen der Regierung unerläßlich.

Vergegenwärtigen wir uns jetzt einmal *die Situation der deutschen Speisefettversorgung*:

Vor dem Kriege verzehrte die deutsche Bevölkerung, die im alten Reichsgebiet 67 Millionen Köpfe zählte, etwa 456 000 t Butter, 230 000 t Schmalz, 300 000 t Speck, 200 000 t Margarine und etwa 100 000 t Pflanzenöle. Von diesem Verbrauch entstammten ausländischer Herkunft 56 000 t Butter (12% des Gesamtverbrauchs), 107 000 t Schmalz (47% des Gesamtverbrauchs), 5000 t Speck (1,6% des Gesamtverbrauchs), 135 000—150 000 t Margarinerohstoffe (8—9% des Gesamtverbrauchs in Reinfett). Nach dem Kriege hatte sich die Situation zwar nur wenig aber doch zu ungunsten der heimischen Produktion geändert. 1932 betrug der Verbrauch an diesen Speisefetten: 465 000 t Butter, 228 000 t Schmalz, 320 000 t Speck, 525 000 t Margarine (einschließlich Kunstspeisefette). Ausländischer Herkunft entstammten 1932 69 500 t Butter (15% des Gesamtverbrauchs), 108 000 t Schmalz (48%), 20 000 t Speck (6,6%) und fast die ganze Margarine.

Man sieht hieraus, daß *die wesentliche Verschiebung in der Versorgung mit Speisefetten auf dem Margarinegebiet* liegt. Der Verzehr pro Kopf hat sich gegenüber 1913 bei Butter und Schmalz unwesentlich erhöht (Butter 1913 6,8 kg, 1932 7,1 kg; Schmalz 1913 3,43 kg, 1932 3,49 kg). Auch bei Speck, Talg und pflanzlichen Ölen ist keine nennenswerte Verlagerung eingetreten, dagegen ist der Margarineverzehr von 3 auf 7,9 kg gestiegen. Insgesamt ist daher der Speisefettverbrauch (Butter, Margarine, Schmalz) von 11,37 kg je Kopf im Jahre 1913 auf 15,95 kg je Kopf im Jahre 1932 gestiegen[1], was um so beachtlicher ist, als die in der Hochkonjunktur erreichte Verzehrsteigerung auch in der schweren Wirtschaftsdepression der letzten Jahre aufrechterhalten werden konnte. Mit einem Wort: *nicht unerhebliche Zunahme im Verbrauch von Fetten bei zunehmender Abhängigkeit vom Ausland, da fast die gesamte Margarine ausländischer Herkunft ist.* Die folgende Tab. 25 gibt einen Überblick über die Fettversorgung der deutschen Bevölkerung von 1913—1932:

Tabelle 25. Deutschlands Verbrauch an Butter, Margarine und Schmalz.

Jahr	Butter			Schmalz			Margarine		Verbrauch (Reinfett) insgesamt				Anteil in %	
	Verbrauch	Davon: deutsche Produktion	Verbrauch	Verbrauch	Davon: deutsche Produktion	Verbrauch	Verbrauch		in 1000 t	davon		je Kopf in kg		
	in 1000 t		je Kopf in kg	in 1000 t		je Kopf in kg	in 1000 t	je Kopf in kg		Deutsche Produktion	Einfuhr		Deutsche Produktion	Einfuhr
1913	456	400	6,80	230	123	3,43	200	3,00	763	455	308	11,37	59,6	40,4
1925	357	260	5,66	192	91	3,06	410	6,49	823	304	519	13,13	36,9	63,1
1926	378	280	5,97	205	96	3,24	450	7,09	888	327	561	14,05	36,8	63,2
1927	423	315	6,63	213	117	3,35	455	7,11	932	375	557	14,67	40,2	59,8
1928	456	330	7,10	213	126	3,33	480	7,45	980	398	582	15,32	40,6	59,4
1929	465	330	7,21	211	115	3,28	508	7,85	1010	388	622	15,72	38,4	61,6
1930	493	360	7,60	200	120	3,08	516	7,93	1028	417	611	15,95	40,6	59,4
1931	480	380	7,36	210	127	3,22	480	7,32	998	441	557	15,33	44,2	55,8
1932	465	395	7,10	228	120	3,49	525	7,99	1041	446	595	15,95	42,7	57,3

[1] Hierbei ist allerdings zu beachten, daß der pro Kopfverbrauch kein genaues Bild bietet, da der Altersaufbau sich verändert hat. Heute ist die Zahl der Erwachsenen verhältnismäßig

Diese Zunahme des Fettverbrauchs selbst in der Krisenzeit, die auf den ersten Blick erstaunlich sein mag, erklärt sich aus dem oben erwähnten Rückgang im Konsum voluminöser kohlenhydrathaltiger Nahrungsmittel wie Brot und Kartoffeln. Den dadurch herbeigeführten Mangel an Kohlenhydrate mußte der Körper ersetzen, und er tat dies durch vermehrten Fettverbrauch, denn Kohlehydrate und Fette können sich je nach ihrem Energiewert weitgehend gegenseitig vertreten.

Zum Schutze der heimischen landwirtschaftlichen Produktion, insonderheit der Milchwirtschaft, erfolgten nun die bekannten *Verordnungen zur Förderung der Verwendung inländischer tierischer Fette.* Danach ist die Buttereinfuhr stark kontingentiert worden, was zur Folge hatte, daß die Buttereinfuhr außerordentlich zurückging, Betrug diese im Jahre 1932 noch über 70 000 t, so dürfte sie sich nach den bis jetzt vorliegenden Ergebnissen im Jahre 1933 auf höchstens 30—35000 t belaufen. Wertmäßig kommt dies dadurch zum Ausdruck, daß die Buttereinfuhr von 58,8 Mill. RM im ersten Halbjahr 1932 auf nur 29,5 Mill. RM im ersten Halbjahr 1933 sank. Aber nicht nur von seiten der Buttereinfuhr, sondern auch seitens der Margarineproduktion wurde dieses Problem in Angriff genommen, indem eine Drosselung in Verbindung mit anderen Maßnahmen zur Erhöhung des Preises der Margarine erfolgte. Die Verordnung über die Herstellung von Margarine und Speisefett ermächtigt nämlich die Reichsfettstelle, die erzeugte Menge von Margarine auf 50—60 % der Vorjahrsmenge zu beschränken. Außerdem werden Margarine und Kunstspeisefett mit 25Rpf. je Pfund besteuert. Ferner ist ein Deklarierungszwang in Gaststätten und Bäckereien eingeführt, der den Kunden die Verwendung von Margarine (bzw. Butter) ersichtlich machen soll.

Der Zweck aller dieser Maßnahmen ist die *möglichste Einschränkung der Einfuhr ausländischer Fette,* nicht nur von Butter, Schmalz und Talg, sondern auch von Ölfrüchten, Oleomargarine, Tran usw. Wie erheblich diese Einfuhr bis jetzt gewesen ist, geht daraus hervor, daß noch im Jahre 1932 Deutschland vom Ausland für rd. 275 Mill. RM pflanzliche Fette (in der Hauptsache Ölfrüchte) — 1929 sogar für 770 Millionen — und für rd. 130 Mill. RM tierische Fette (Tran und Schmalz) — 1929 für über 200 Millionen — bezog. Die im Interesse unserer Handels- und Zahlungsbilanz liegenden Maßnahmen zur weiteren Einschränkung dieser Einfuhr können aber nur Erfolg haben, wenn es gelingt durch bessere Bewirtschaftung von Wiesen und Weiden, Entwässerung und Bewässerung, bessere Düngung mit Stallmist und Jauche, vermehrte Anwendung künstlicher Düngemittel, intensiveren Feldfutterbau usw. dem heimischen Boden größere und fettreichere Erträge abzugewinnen. Hier liegt der Schlüssel zu dem Problem der Unabhängigkeit Deutschlands von der Fetteinfuhr: Erhöhung der Zahl und vor allem der Leistungssteigerung des Milchviehs! Von weniger Kühen mehr Milch zu erhalten ist das Erfordernis zwecks Senkung der Erzeugungskosten ohne doch durch Überangebot an Fleisch ein Absinken der Viehpreise zu bewirken. Freilich läßt sich nicht ableugnen, daß durch diese Maßnahmen der Konsument belastet wird. Neben Butter wird ihm vor allem auch das billigste Speisefett, die Margarine, verteuert. Dies muß aber im Interesse der Erhaltung unserer Milchwirtschaft mit in den Kauf genommen werden. Um wirklich bedürftigen Personen, insbesondere

größer als 1913; eine Berechnung pro „Vollperson" würde für 1932 eine etwas niedrigere Zahl ergeben.

den Arbeitslosen, die Lage erträglicher zu gestalten, werden an diese Speisefette zu ermäßigten Preisen auf besondere Karten abgegeben[1].

Von den übrigen animalischen Nahrungsmitteln, von denen ein Teil aus dem Auslande bezogen wird, sind noch Käse, Eier und Fische zu nennen. Der zum Fettbedarf gehörende *Käse* weist in Deutschland nur einen verhältnismäßig geringen Verbrauch auf; etwa 4,0 kg auf den Kopf der Bevölkerung gegenüber 6 kg in Holland und Frankreich und rd. 10 kg in der Schweiz. Es liegt das wohl daran, daß Deutschland das Land des stärksten Wurstverzehrs ist, und die Wurst als Zukost in scharfem Wettbewerb zum Käse steht, zumal Wurst, insbesondere die sehr verbreitete Leberwurst, Käse an Nährwert erheblich übertrifft.

Die Käseproduktion stellt sich in Deutschland nach der Produktionsstatistik auf etwa 250 000 t. Die Einfuhr war demgegenüber in den Jahren 1926—1930 recht beträchtlich, ist aber dann stark abgesunken. Sie stellte sich 1927 auf rd. 72 000 t, 1929 auf 66 000 t, 1930 auf 62 000 t, 1931 auf 54 000 t, dagegen 1932 nur auf rd. 40 000 t. Dem Werte nach ist die Käseeinfuhr von rd. 100 Millionen RM im Jahre 1928 auf rd. 40 Millionen RM im Jahre 1932 zurückgegangen.

Der Bedarf an *Eiern* wird zwar in der Hauptsache von der heimischen Produktion gedeckt, immerhin ist aber die Einfuhr nicht unbeträchtlich.

Die Zahl der Leghennen ist in ständiger Steigerung begriffen. Sie bezifferte sich 1913 auf rd. 54 Millionen, 1928 auf 62,8 Millionen, 1929 66,5 Millionen, 1930 70 Millionen, 1931 68 Millionen und 1932; 68,3 Millionen Stück. Die inländische Eierproduktion stieg von 4,3 Milliarden Stück im Jahr 1913 auf rd. 6 Milliarden im Jahr 1929, ging 1931 auf 6,3 Milliarden hinauf, 1932 wieder auf rd. 6 Milliarden zurück. Die Einfuhr war — wie erwähnt — demgegenüber nicht unbeträchtlich. Sie betrug 1913: 2,7 Milliarden Stück, in der Nachkriegszeit stieg sie zunächst von 1924—1928 an, im letzteren Jahre stellte sie sich auf 2,9 Milliarden; von da ging sie freilich ständig zurück: 1930 2,6 Milliarden und 1932 2,4 Milliarden. Wertmäßig tritt infolge des Preisrückgangs das Absinken der Eiereinfuhr noch stärker zutage. 1928 310 Millionen RM, 1930 250 Millionen RM, 1931 180 Millionen RM, 1932 140 Millionen RM und in der ersten Hälfte des Jahres 1933 nur noch 40 Millionen RM.

Der *Fischkonsum* ist in Deutschland nur gering. Nach der Lebenshaltungsstatistik stellt er sich auf 340000 t. Die Produktionsstatistik ergibt für das Jahr 1931 rd. 350000 t frische Fische aus Fängen von deutschen Schiffen an. Hierin ist aber der Hering, der für den Konsum wichtigste Fisch, nicht enthalten. Der Hering wird nur zum kleinsten Teil von deutschen Schiffen gefangen; in der Hauptsache ist er Einfuhrware. Der für den deutschen Konsum in Frage kommende Heringsfang stellte sich 1931 auf rd. 300000 t, wovon nur rd. 26000 t deutschen Ursprungs war. Es kommt also hinsichtlich des Fischverbrauchs der Einfuhr eine überwiegende Bedeutung zu, denn von dem gesamten Fischfang von rd. 650000 t entstammten rd. 275000 t ausländischer Herkunft. Rechnet man 40% Abfall, so kommt man zu einem Konsum von 390000 t Fischen, wovon 160000 vom Ausland stammen.

Zusammenfassend wird man also sagen können, daß heute *die deutsche Landwirtschaft, wenn auch noch nicht ganz, so doch zum weit überwiegenden Teil den Nahrungsbedarf des deutschen Volkes deckt.* Nur allein Fette und Futtermittel,

[1] Die Verordnung vom 14. November 1933 setzte zum Schutze des Konsumenten einheitliche Margarinepreise fest, und zwar: für 50% der Gesamterzeugung steuerfrei als Haushaltmargarine 38 Rpf. jePf und, aber nur an Minderbemittelte im Besitze von Fettbezugskarten; 25% der Erzeugung 66 Rpf. je Pfund; außerdem noch für kaufkräftigere Verbraucherschichten: 12½% der Erzeugung zu 98 Rpf. und ebenfalls 12½% der Erzeugung zu 1,10 RM je Pfund.

Fische, Eier, Gemüse, Hülsenfrüchte, Reis und Südfrüchte, daneben freilich auch anderes Obst werden vom Ausland eingeführt. Will man *den Einfuhrüberschuß in Prozenten des Gesamtverbrauchs* — so gut dies möglich ist — ausdrücken, so kann man vielleicht sagen, daß von den pflanzlichen und tierischen Fetten (außer Butter) etwa 50%, von Butter etwa 15% ausländischen Ursprungs sind, der Bedarf an Kraftfuttermitteln wird fast vollständig vom Ausland gedeckt. Für Gemüse und Hülsenfrüchte stellt sich der Anteil der ausländischen Einfuhr auf rd. 12%, bei Obst heimischer Sorten auf etwa 8%, bei Eiern auf etwa 25%, bei Fischen auf rd. 40%. Dagegen versorgt sich in Fleisch und Fleischwaren, Milch, Brot, Mehl, Kartoffeln und Zucker Deutschland fast vollständig selbst.

Vergleicht man dies Ergebnis mit der Vorkriegszeit, so ist ein sehr erfreulicher Fortschritt nicht zu verkennen. Wie oben erwähnt, betrug im Durchschnitt der letzten Friedensjahre bei animalischen Nahrungsmitteln der Zuschuß vom Ausland 44% des Eiweißbedarfs und 45% der Calorien, bei den vegetabilischen Nahrungsmitteln 14% von Eiweiß und 9% der Calorien. Heute wird man schätzungsweise den Zuschuß des Auslands bei animalischen Nahrungsmitteln auf nicht höher als etwa 10% des Eiweißes und vielleicht 13% der Calorien, den Zuschuß an vegetabilischen Nahrungsmitteln aber höchstens auf 15—16% des Eiweißbedarfes und etwa 20% der Calorien annehmen können. Bezieht man in die animalischen Nahrungsmittel die Einfuhr von Kraftfuttermittel hinein — was zwar nicht formal, aber sinngemäß richtig wäre — so ermäßigt sich bei den pflanzlichen Nahrungsmitteln der Auslandsanteil auf knapp 4% von Eiweiß und etwa 13—14% der Calorien, der der animalischen Nahrungsmittel erhöht sich dann auf 20% vom Eiweiß und etwa 23% der Calorien.

Und das besonders Erfreuliche an dieser Vergrößerung des Anteils der Eigenversorgung ist, daß — wie schon gesagt — begründete Aussicht besteht, immer weitere Fortschritte in dieser Richtung zu erzielen. *Das Problem, das die Gegenwart und die nächste Zukunft zu meistern haben werden, liegt in der Erreichung der Eigenversorgung hinsichtlich des Fleisch- und Fettbedarfs der Bevölkerung* — nicht, wie man noch bis vor kurzem wähnte, der Eigenversorgung in Brotgetreide. Daß heute auch dies letztere erreicht ist, ist sicher zu begrüßen. Aber wenn in künftigen Jahren — vielleicht infolge schlechter Ernten — ein Zuschuß von ausländischem Brotgetreide notwendig wäre, so ist dies durchaus nicht tragisch zu nehmen, um so weniger als einmal die erwähnte Tendenz der Abnahme des Brotkonsums aller Voraussicht nach anhalten wird, andererseits eine Minderung im Brotverbrauch sowohl durch einen Mehrkonsum an Kartoffeln als auch an Fett ausgeglichen werden kann — wie die Erfahrungen der letzten Jahre gezeigt haben. Daß unsere in Industrie, Handel und Verkehr tätige Bevölkerung in den Städten und Großstädten ausreichend, gut und zu mäßigen Preisen von der heimischen Scholle mit Fleisch und Fetten, Milch, Eiern, Gemüse und Obst versorgt wird, ist und bleibt die Hauptaufgabe der Gegenwart und der nächsten Zukunft.

In der folgenden Übersicht ist eine Gegenüberstellung des Eiweißgehaltes und der Calorienzahl der Nahrung in der Vor- und Nachkriegszeit (1912/13 und 1932/33) gegeben. Die Zahlen für 1912/13 entstammen der schon erwähnten Denkschrift: „Die deutsche Volksernährung und der englische Aushungerungsplan" von Eltzbacher. Die Zahlen für 1932/33 habe ich auf Grund der Produktionsstatistik unter Berücksichtigung der Ein- und Ausfuhr berechnet.

Durchschnittlicher täglicher Verbrauch pro Kopf an Nahrungsmitteln 1912/13 und 1932/33.

Nahrungsmittel	Verbrauch				Davon Zuschuß vom Ausland							
	Eiweiß g		Calorien		Eiweiß g				Calorien			
	1912/13	1932/33	1912/13	1932/33	1912/13		1932/33		1912/13		1932/33	
					abs.	%	abs.	%	abs.	%	abs.	%
Animalische Nahrungsmittel:												
Fleisch und Fette: . .	18,2	15,2	585	530	4,5	24,73	0,5	3,29	191	32,65	52	9,81
Fische	2,2	2,5	20	25	1,4	63,64	0,9	36,00	14	70,00	15	60,00
Milchwirtschaftliche Erzeugnisse * . .	20,2	18,8	478	430	11,8	58,42	6,0	31,91	278	58,16	156	36,28
Eier	1,9	2,3	26	30	0,8	42,11	0,5	21,74	11	42,31	10	33,33
Animalische Nahrungsmittel zusammen . .	42,5	38,8	1109	1015	18,5	43,53	7,9	20,36	494	44,54	233	22,96
Vegetabilische Nahrungsmittel:												
Nährfrüchte	44,2	30,5	1916	1210	6,0	13,57	0,8	2,62	196	10,23	80	6,61
Gemüse	3,1	3,5	80	90	0,1	3,23	0,1	2,86	3	3,75	4	4,44
Obst und Südfrüchte	0,9	0,8	87	65	0,2	22,22	0,2	25,00	26	29,89	20	30,71
Pflanzliche Fette . .	—	—	71	140	—	—	—	—	61	85,92	120	85,71
Zucker und Honig. .	—	—	195	155	—	—	—	—	—96	—49,23	—	—
Sonstige vegetabil. Nahrungsmittel **	1,2	0,9	184	160	0,3	25,00	0,3	33,33	31	16,85	20	12,50
Vegatabilische Nahrungsmittel zusammen	49,4	35,7	2533	1820	6,6	13,36	1,4	3,92	221	8,72	244	13,41
Nahrungsm. insgesamt	91,9	74,5	3642	2835	25,1	27,31	9,3	12,48	715	19,63	477	16,83

Die in der Tabelle gegebenen Zahlen sind natürlich nur Annäherungswerte, da sie keinen exakten Erhebungen entstammen, sondern als Durchschnittswerte aus der Produktions- und Handelsstatistik gewonnen sind; sie lassen sich also — worauf besonders hingewiesen sei — mit den oben angeführten Ergebnissen aus der Lebenshaltungsstatistik nicht vergleichen. Trotzdem ist die Tabelle in mehrfacher Weise recht aufschlußreich. Sie zeigt zunächst die Verschlechterung der Ernährung in der Nachkriegszeit infolge der Verarmung Deutschlands durch die Folgen des Friedensdiktates von Versailles. Während nach dieser Berechnungsart vor dem Kriege auf den Kopf der Bevölkerung 91,9 g Eiweiß und 3642 Calorien entfielen, kommen gegenwärtig nach der gleichen Berechnungsart nur 74,5 g Eiweiß und 2835 Calorien täglich auf den Kopf der Bevölkerung. Zweitens zeigt aber die Tabelle deutlich, in welch erfreulicher Weise die Selbstversorgung gegenüber der Vorkriegszeit zugenommen hat. Im Durchschnitt des letzten Vorkriegsjahres mußten über 27% des Eiweißbedarfes und fast 20% der Calorien durch Auslandszufuhr gedeckt werden, heute ist der Anteil auf 12 5% des Eiweißbedarfes und 17% der Calorien gesunken. Bei den animalischen Nahrungsmitteln minderte sich der Auslandsanteil von 43,5% auf 20,4% Eiweiß und von 44,5% der Calorien auf nur 23%; bei den vegetabilischen Nahrungsmitteln stellten sich entsprechend die Zahlen auf: Eiweißanteil vor dem Kriege 13,4%, gegenwärtig 4%, Calorienanteil vor dem Kriege 8,7%, gegenwärtig 13%.

---

* Einschl. Kraftfuttermittel. ** Einschl. alkoholische Getränke.

VII. Rückblick und Ausblick.

Ernährungsfragen der Zukunft.

Die Frage, wie sich die Dinge in der Zukunft gestalten werden, hat für jeden Laien immer etwas besonders Anziehendes an sich. „Wie werden sich unsere Enkel ernähren?" — So etwas interessiert; eine populär-wissenschaftliche Zeitschrift brachte auch einmal einen kurzen Artikel unter dieser Überschrift. Die Wissenschaft steht den Fragen nach der Gestaltung der zukünftigen Dinge nüchterner und skeptischer gegenüber, wenn sie es auch durchaus nicht ablehnt, etwas darüber auszusagen. Sie ist sich bewußt, daß es zu ihrer Aufgabe gehört, auch die mutmaßlich zukünftige Gestaltung unseres Lebens in den Bereich ihrer Forschung und Erforschung zu ziehen. Sie hütet sich nur vor Phantasterien, mögen sie auch noch so interessant sein, und sie gibt ihre Prognosen nur in sehr vorsichtiger Formulierung. Die Quelle, aus der sie ihre Vermutungen schöpft, ist die Vergangenheit. In der Tat kann das Studium der Vergangenheit uns nicht nur den Schlüssel zum Verständnis der Gegenwart, sondern auch zur Erforschung der Zukunft liefern. Denn Gegenwart und Zukunft bauen sich ja auf der Vergangenheit auf. Die Bauwerke, die die Vergangenheit errichtet hat, bilden das Fundament, auf dem sich die Zukunft erhebt. Die Natur macht keine Sprünge, auch wenn uns manchmal Erscheinungen überraschend kommen. Bei näherer Betrachtung bemerken wir stets, wie das, was sich vielleicht als ganz plötzlich unseren Augen offenbart, doch von langer Hand langsam allmählich vorbereitet war. Und so werden wir auch hinsichtlich der Ernährung aus der Vergangenheit auf die Zukunft in vorsichtiger Weise einige Schlüsse ziehen können.

Was zeigt uns nun ein Studium der Geschichte der Ernährung? — Da ist zunächst die Tatsache feststehend, daß die Ernährung der Menschen immer zweckmäßiger, vielgestaltiger und abwechslungsreicher geworden ist, und zwar bedingt durch mehrere Faktoren: einmal infolge Verbesserung und Verfeinerung der Zubereitung: das zuerst vielleicht ganz roh genossene, höchstens durch Zerhacken und Beklopfen etwas weicher gemachte Nahrungsmittel wird durch Backen, Kochen, Braten, Rösten, Dämpfen immer besser, für die Verdauungsorgane bekömmlicher, für die Geschmacksnerven reizvoller zubereitet. Zweitens durch bessere Auswahl der Speisen: die wenig Nährstoffe bietenden und schwer verdaulichen Nahrungsmittel werden ersetzt durch solche, die reicher an Nährwerten und bekömmlicher sind. Und hierbei ist drittens die Tendenz zu beobachten, daß in zunehmendem Maße vegetabilische, voluminöse, kohlehydrathaltige Kost durch animalische, eiweißhaltigere Nahrungsmittel ersetzt wird. Freilich geht der Mensch nicht zu einer reinen fleischlichen Nahrung über und wird dies aus physiologischen Gründen niemals tun. Der Mensch ist und bleibt ein Omnivor. Aber während die Kost in früheren Zeiten vorwiegend vegetabilisch war, wird sie mit zunehmender Kultur und Zivilisation und damit wachsendem Wohlstand immer mehr und stärker mit animalischen Nahrungsmitteln durchsetzt: Gemischte Kost mit starker Betonung animalischer eiweißhaltiger Nahrungsmittel.

Was können wir daraus für die Ernährung in der Zukunft ersehen? — Selbstverständlich können wir eine solche Prognose niemals „sub specie aeternitatis" stellen, wir können Voraussagen höchstens für die nächsten 5—6 Jahrzehnte, also für drei bis höchstens vier Generationen machen; wir können nur fragen, wie werden sich unsere Enkel und Urenkel voraussichtlich ernähren? — Eins wird ganz sicher während dieser Zeit nicht eintreten, nämlich eine grundsätzliche Veränderung unserer Ernährung etwa durch Übergang zu einer rein vegetarischen Ernährungsweise. Diese Tatsache können wir als feststehend ansehen, daß auch unsere Enkel und wohl auch noch Urenkel eine gemischte Kost beibehalten und aller Wahrscheinlichkeit nach — genau so wie bisher — versuchen werden, die mengenmäßig stets an erster Stelle stehenden Vegetabilien soweit wie möglich, d. h. soweit sie Bedürfnis und Geschmack dazuführt, und ihre Einkommensverhältnisse es erlauben, mit animalischen, fleischlichen zu ergänzen und zu ersetzen. Unsere Ernährung wird sich also — aller Wahrscheinlichkeit nach — in ihrer grundsätzlichen Zusammensetzung nicht ändern: sie wird weder eine vegetarische, oder gar „rohköstlerische", noch eine rein animalische werden. Letzteres — wie erwähnt — aus physiologischen Gründen nicht, bedingt durch den Bau unserer Kauwerkzeuge und Verdauungsorgane, ersteres nicht, da alle Erfahrungen dagegen sprechen. Soweit wir die Geschichte der Ernährung auch zurückverfolgen, niemals sehen wir mit fortschreitender Kultur einen Übergang von mehr animalischer zu vegetabilischer Nahrungsweise, sondern stets umgekehrt: Zunahme des Verbrauchs animalischer Nahrungsmittel auf Kosten von vegetabilischen; ganz besonders zeigt sich diese Tendenz, der Übergang zu überwiegend animalischer Kost bei zunehmender materieller Besserstellung. Wie ich oben ausgeführt habe, ist stets die Kost der Wohlhabenden durch reichlicheren Genuß von fleischeiweißhaltigen Nahrungsmitteln ausgezeichnet. Freilich wird es später ebenso wie heute immer gewisse Kreise geben, die rein vegetarisch leben oder die Rohkost vorziehen, z. T. aus Liebhaberei oder einer Art Sport, häufiger wohl, da den betreffenden Personen infolge kleiner Funktionsstörungen ihrer Verdauungsorgane eine solche Kost zuträglicher ist. Die große Masse der Bevölkerung wird aber auch in den nächsten Jahrzehnten ähnlich sich ernähren wie wir.

Freilich nur ähnlich und hier beginnen die Zweifelsfragen, die wir nur *unter Annahme bestimmter Voraussetzungen* beantworten können. Denn die Ernährung wird natürlich abhängig sein von dem Gang der gesamten Entwicklung in politischer, sozialer, kultureller und wirtschaftlicher Hinsicht. In welcher Weise die Ernährung durch die Entwicklung der politischen und wirtschaftlichen Dinge in Mitleidenschaft gezogen wird, zeigte ja deutlich der Einfluß des Krieges und der Wirtschaftskrise auf die Ernährungslage. Es ist ohne weiteres einleuchtend, daß die Gestaltung der politischen wie wirtschaftlichen Lage auch die Ernährung in der Zukunft maßgeblich beeinflussen wird.

Wenn, was wir hoffen und annehmen, nach Überwindung der Wirtschaftskrise, nach Stabilisierung der politischen Verhältnisse eine Zeit des kulturellen und wirtschaftlichen Aufstiegs folgt, so kann als ganz sicher gelten, daß dann der Konsum an animalischen Nahrungsmitteln, an Fleisch und Fleischwaren, Milch, Eiern sowie an Fetten — tierischen wie pflanzlichen — auch in den verhältnismäßig weniger bemittelten Schichten — deren Einkommen aber dann auch steigen wird — sich erhöht. Ebenso ist auch als ganz sicher anzunehmen, daß unter der oben gegebenen Voraussetzung der Verbrauch an Fischen, Gemüsen und Obst steigen wird. Die große Masse der Bevölkerung wird dann, unterstützt durch sachgemäße Aufklärung und Propaganda, den großen Nährwert dieser letztgenannten Nahrungsmittel immer mehr einsehen. Sie wird — immer unter diesen oben angegebenen Voraussetzungen — immer mehr und besser wirtschaften lernen, die Kochkunst, die heute in weiten Kreisen unserer Arbeiterschaft noch recht im argen liegt — wenn es in dieser Hinsicht auch in der letzten Zeit wesentlich besser geworden ist —, wird mehr zu Ehren kommen, sich verfeinern. Man wird wohl auch mehr Erfindungen hinsichtlich der besseren Zubereitung der Speisen, der gründlicheren Ausnutzung beim Kochen und Braten machen; man wird auch immer mehr Erfahrung sammeln, wie man sich am besten und billigsten ernähren kann. Man wird die Nahrungsmittel vorziehen, die im Verhältnis zu ihrem Nährwert die billigsten sind; man wird Obst nicht mehr als mehr oder weniger großen Luxus ansehen, sondern wissen, wie förderlich in gesundheitlicher Hinsicht auch reichlicher Obstgenuß ist, nicht nur infolge des Vitamingehaltes, sondern auch zur Regelung der Verdauungstätigkeit. Man wird mit einem Wort die Ernährung in der Richtung verbessern, die uns die Betrachtung der Ernährungslage der Wohlhabenden im Vergleich zu den Minderbemittelten gezeigt hat.

Alles dies aber unter der Voraussetzung, daß unser politisches, soziales, kulturelles und wirtschaftliches Leben sich in aufsteigender Richtung bewegt. Treten dagegen irgendwelche Störungen oder gar Katastrophen ein, wie Kriege usw., so wird natürlich auch die Ernährung in Mitleidenschaft gezogen und eine Prognose kann dann nicht mehr gestellt werden.

Wenn wir nun noch mit einem Worte auf die im vorigen Kapitel erörterte Frage eingehen wollen, in welcher Weise *unsere Ernährungsbasis auch in Zukunft gesichert* sein wird, ob sich der Anteil der Erzeugnisse aus der heimischen Scholle erhöhen wird, oder ob wir wieder mehr auf die Einfuhr vom Auslande angewiesen sein werden, so wird man darüber mit aller Vorsicht und Vorbehalt folgendes sagen können. Unter der Voraussetzung, daß keine Störungen in politischer und wirtschaftlicher Hinsicht eintreten, ist aus mehreren Gründen *eine Vergrößerung des Anteils, den die heimische Landwirtschaft liefern wird, am Gesamtbedarf zu erwarten.* Zunächst wird unsere Ernährungspolitik auch in den kommenden Jahrzehnten bestrebt sein, durch Förderung der heimischen Produktion eine immer vollständigere Versorgung des deutschen Volkes durch auf heimischer Scholle erzeugte Nahrungsmittel durchzuführen. Selbst wenn, was wir hoffen und wünschen, der Weltwirtschaftsverkehr sich hebt, der internationale Warenaustausch ein regerer wird, wodurch jedes Volk nur gewinnen kann, so wird es auch in den nächsten Jahrzehnten das Bestreben sein, die Produkte, die im Inland ebensogut wie im Ausland erzeugt werden können, mehr oder weniger ausschließlich nur aus dem Inland zu beziehen. Diesem letzten Zweck, die Inlandsversorgung durch heimische Erzeugnisse sicherzustellen, werden nicht nur Zölle dienen — die eigentlich nur vorübergehende Hilfsmittel sein sollten —, sondern in erster Linie erzieherische Maßnahmen: Landwirtschaftsschulen und Kurse, staatliche Musterwirtschaften, Aufklärung und Propaganda über den Anbau der besten und preiswertesten Sorten, der Aufzucht des besten Viehs usw., aber auch Aufklärung des Konsumenten über die Notwendigkeit der Bevorzugung der heimischen Produkte usw.

Diese Bestrebungen, die Bevölkerung möglichst vollständig durch die eigene Landwirtschaft zu versorgen, gehen zugleich parallel mit den *Entwicklungs-*

Tendenzen in der Ernährungsweise unseres Volkes. Wie man auch über die Zukunft unserer städtischen Bevölkerung denken, und welche Wünsche man auch hegen mag; eins ist sicher: in der nächsten Zukunft werden Verstädtigung und Industrialisierung noch weitere Fortschritte machen. Ist es doch in dieser Hinsicht bezeichnend, daß nach der letzten Zählung von Juni 1933 jeder dritte Deutsche ein Großstädter ist, während nach der Zählung von 1925 erst jeder vierte Deutsche ein Großstädter war. Wir werden also auch in der Zukunft — aller Voraussicht nach — ebenso wie heute mit einer zahlenmäßig überwiegenden städtischen Bevölkerung, die in Industrie, Handel und Verkehr tätig ist, zu rechnen haben, und die eine stark fleisch- und fetthaltige Nahrung, ferner Gemüse und Obst benötigt. In der Herstellung dieser veredelten Erzeugnisse liegt aber die Stärke unserer heimischen Landwirtschaft, in diesen Produkten ist sie — wie oben ausgeführt — später auch ohne Zollschutz der ausländischen Konkurrenz gewachsen. Die Bestrebungen unserer Ernährungspolitik, das deutsche Volk mit diesen veredelten Agrarprodukten möglichst ausschließlich durch die heimische Landwirtschaft zu versorgen, gehen also parallel mit den Tendenzen in der Entwicklung der Ernährungsweise der großen Masse unseres Volkes. Und deshalb können wir — immer unter der Voraussetzung, daß keine Störungen irgendwelcher Art eintreten — mit guter Zuversicht in die Zukunft sehen und erwarten, daß die Ernährungsbasis unseres Volkes durch einen immer größer werdenden Anteil der heimischen Erzeugnisse am Gesamtbedarf auch in Zukunft gesichert bleibt.

Zum Schluß wird sich vielleicht noch eine Frage erheben, nämlich ob *Besorgnis* besteht, *daß der Nahrungsmittelspielraum der Erde zu knapp* werden könnte, so daß die Erdbevölkerung nicht mehr die ausreichende Ernährung finden würde. Diese Frage können wir natürlich erst recht nicht „sub specie aeternatis", sondern auch nur für die nächsten, sagen wir 5—6 Jahrzehnte beantworten. Für diese Zeit aber können wir nach unserem heutigen Wissen und Erkenntnis mit ziemlicher Sicherheit aussagen, daß eine solche Besorgnis völlig unbegründet ist, daß die Erde noch auf lange Zeit hinaus „Raum für alle" hat, sie zu versorgen. In dieser Hinsicht ist auch — was recht interessant ist festzustellen — ein wesentlicher Umschwung in der allgemeinen Meinung seit etwa 6—7 Jahrzehnte eingetreten. Um die Wende des 18. zum 19. Jahrhundert standen weite Kreise im Banne der Furcht vor einer kommenden Nahrungsmittelknappheit. Ich darf nur an die Namen J. P. Süssmilch, Justus Möser und vor allem R. Th. Malthus erinnern. Letzterer war der Hauptverfechter der Behauptung, daß die Menschen sich schneller vermehrten als im günstigsten Falle die Nahrungsmittelproduktion gesteigert werden könnte, und infolgedessen bei weiterem Wachstum der Bevölkerung die Gefahr einer Nahrungsknappheit drohe.

Wir wissen heute, daß die Geschichte Malthus nicht recht gegeben hat. Die Bevölkerung ist nicht fortgesetzt schneller gewachsen, im Gegenteil, bei vielen Völkern hat sie ihr Wachstumstempo ermäßigt. Und gerade in dieser Verlangsamung des Bevölkerungswachstums, der einmal zu einem Stillstand führen könnte, sehen wir heute eine Gefahr, eine große nationale Gefahr, die es zu bannen gilt. Die Nahrungsmittelproduktion aber hat sich in den letzten Jahrzehnten ganz außerordentlich gesteigert, dank den großen Erfindungen und Entdeckungen auf maschinentechnischem wie agrikulturtechnischem Gebiet. Mit Hilfe der modernen Maschinen und unter Anwendung künstlicher Düngung und sonstiger Meliorationen wird heute das Vielfache gegenüber früher erzeugt. Wir leiden nicht an einer zu geringen Produktion, sondern im Gegenteil an einer Überproduktion im Verhältnis zur Aufnahmefähigkeit der Bevölkerung. Am deutlichsten tritt dies auf dem Gebiet der Getreideversorgung — aber auch bei anderen Agrarprodukten wie z. B. Kaffee und Kakao — in Erscheinung. Das, was wir Weltagrarkrise nennen, ist der äußerlich sichtbare Ausdruck dieser Discrepanz zwischen Produktion und Aufnahmefähigkeit des Marktes. Infolge der gesteigerten Produktion sinken die Preise, trotzdem aber kann die Gesamtheit der erzeugten Menge nicht immer vom Markt restlos aufgenommen werden. Die Folge ist die Not der Getreidebauern, wie z. B. des amerikanischen Farmers; und unsere hohen Getreidezölle sollen nur den deutschen Getreidemarkt vor der Überschwemmung mit ausländischem Getreide und damit vor dem Ruin des deutschen Getreidebaus bewahren.

Es wäre nicht einzusehen, weshalb in der nächsten Zukunft die landwirtschaftliche Produktion sich wesentlich verlangsamen sollte, zumal die Technik sich aller Voraussicht nach noch weiter entwickeln wird. Aber selbst der heutige Stand der Technik genügt, uns auch in Zukunft mehr wie reichlich zu versorgen — selbst wenn die Erdbevölkerung weiter, und zwar sehr stark wachsen sollte. Denn die Erde ist mit ihren 2 Milliarden Menschen noch weit von einer „Übervölkerung" entfernt; unsere alte Mutter Erde könnte das Vielfache dieser Menschenzahl ernähren. Die Besorgnis einer Nahrungsknappheit auf der Erde besteht also nicht; diese Frage liegt uns auch sehr fern. Wir haben heute andere Probleme und Sorgen. Für uns heißt es in erster Linie dafür Sorge zu tragen, daß unser eigenes deutsches Volk gut, ausreichend und preiswert von der heimischen Scholle ernährt wird.

Anhang.

Kurzer zusammenfassender Überblick über Lebenshaltung und Ernährung in der Vorkriegszeit, in der Kriegszeit und nach dem Kriege in den Jahren 1927/28 und 1932/33.

Lebensbedürfnisse	1907/08[1]	1917	1927/28[1]	1932/33[2]
Ausgabenanteil für:				
Ernährung	45,5 %	55,0 %	45,3 %	46—52 %
Wohnung	17,9 „	14,3 „	15,0 „	25—30 „
Heizung und Beleuchtung	4,1 „	5,4 „	3,9 „	4— 6 „
Bekleidung und Wäsche	12,6 „	12,5 „	13,3 „	3— 4 „
Körper- und Gesundheitspflege	2,3 „	4,3 „	3,0 „	2— 2,5 „
Bildung und Erholung	4,0 „	2,8 „	4,3 „	2— 3 „
Verbrauch pro Tag und Vollperson an:				
Fleisch und Fleischwaren	90—100 g	rd. 60 g	126 g	43—48 g
Milch	1/3—1/2 l	1/5 l	1/2 l	1/4—1/3 l
Fette (außer Butter)	10—15 g	15 g	39 g	36 g
Butter	30 g		16 g	4 g
Eier	1/3—1/2 St.	1/5 St.	1/2 St.	1/10 St.
Käse	10—15 g	10 g	13 g	11—15 g
Fische	—	15 g	18 g	20 g
Brot und Backwaren	rd. 450 g	275 g	307 g	330—370 g
Kartoffeln	rd. 500 g	500 g	421 g	720—840 g
Gemüse und Hülsenfrüchte	—	80 g	116 g	80—100 g
Zucker	—	25 g	45 g	15— 19 g
Eiweiß g	74—92	59,9	82,2	53—59
davon animalisch	42—50	25,9	42,4	20—23
in %	**55**	**43,1**	**51,6**	**rd. 37**
Calorien	2900—3500	2120-1400	2866	2220—2640

Die Zahlen für die Jahre 1907/08, 1917 und 1932/33 sind nur Annäherungswerte, infolgedessen sind Schlußfolgerungen mit einer gewissen Vorsicht zu ziehen. Aller Wahrscheinlichkeit sind infolge der mangelhaften Verbrauchsanschreibungen in den Vorkriegserhebungen die Verbrauchsangaben von 1907/08 Mindestwerte, der Verbrauch an Nahrungsmitteln wird in der Vorkriegszeit voraussichtlich höher gewesen sein. Das geht auch aus dem auf S. 114 gegebenen Vergleich zwischen 1912/13 und 1932/33 hervor, wonach der Eiweißgehalt der Nahrung 1912/13 91,9 g pro Tag und Kopf, 1932/33 aber nur 74,5 g, die Calorienzahl 3642 gegen 2835 betrug. Unter Beachtung der Vorbehalte, die gemacht werden mußten, gibt aber die obenstehende Tabelle ein recht anschauliches Bild von der Veränderung in der Lebenshaltung und Ernährung in den letzten 30 Jahren.

Nachtrag.

Über Deutschlands Nahrungsmittelversorgung.

Während der Drucklegung meines Buches erschien das 88. Sonderheft der vom Reichsministerium für Ernährung und Landwirtschaft herausgegebenen „Berichte über Landwirtschaft"[3], das in zwei Aufsätzen wertvolles Material zur Frage der Versorgung Deutschlands

[1] Nur Arbeiter. [2] Nur Arbeitslose.

[3] Deutschlands Nahrungs- und Futtermittelversorgung. I. Die Selbstversorgung Deutschlands mit Nahrungsmitteln, von Dipl.-Landw. Dr. Hans v. d. Decken. II. Die Versorgung

mit Nahrungs- und Futtermitteln bringt. In Ergänzung zu meinen Ausführungen im VI. Kap., in dem ich die Ernährung des deutschen Volkes vom volkswirtschaftlichen Standpunkt behandelte, will ich kurz auf die Schrift eingehen, da sie — obgleich sie methodologisch vielfach anders vorgeht — nicht nur zu den gleichen Ergebnissen kommt wie meine Untersuchung, sondern auch eine wertvolle Erweiterung der von mir gegebenen Ergebnisse darstellt.

In dem ersten Aufsatz: ,,Die Selbstversorgung Deutschlands mit Nahrungsmitteln" zeigt H. v. d. Decken, in welcher Weise Deutschland von 1924 bis 1932 in zunehmendem Maße von der Einfuhr vom Auslande unabhängig geworden ist. D. geht methodologisch in der Weise vor, daß er zunächst die verbrauchten Mengen auf Grund der Produktions- und Handelsstatistik feststellt, sodann diese Mengen in Kalorien und in Preisen umrechnet. Er erhält auf diese Weise ein kalorimetrisches und wertmäßiges Bild von dem Verbrauch Deutschlands an Nahrungsmitteln und dem Zuschuß des Auslandes. Das Hauptergebnis ist in den beiden kleinen Tabellen zusammengefaßt.

Tabelle 1. Einfuhrüberschuß von Nahrungs- und Futtermitteln.

Waren	1927	1928	1929	1930	1931	1932	1927	1932
	Millionen RM						1000 t	
I. Waren, die auch im Inland erzeugbar sind[1]:								
A. Lebendes Vieh	144,2	124,6	129,7	51,4	10,5	22,0	160[3]	46[3]
B. Nahrungs- und Genußmittel pflanzlichen Ursprungs (einschl. Futtermittel)	2130,7	1782,7	1230,8	843,7	482,8	523,6	9 570	3565
davon:								
1. Brotgetreide, Reis u. Müllereierzeugnisse	923,7	652,6	415,5	267,3	141,6	160,2	3 710	1423
2. Getreide zur Viehfütterung	665,0	535,6	325,1	230,7	114,3	99,1	4 018	1200
3. Hülsenfrüchte	21,7	36,6	47,9	31,0	24,5	12,3	87	93
4. Hackfrüchte	59,3	30,4	23,8	26,5	—14,0	—2,9	701	—27
5. Gemüse und Obst	272,1	359,9	349,6	309,9	244,4	182,4	827	821
C. Nahrungs- und Genußmittel tierischen Ursprungs	1334,1	1341,4	1373,1	1142,5	734,0	517,3	1 092	899
davon:								
1. Molkereierzeugnisse	494,2	550,0	573,3	464,8	278,0	146,2	218	118
2. Fleisch, Fische und tierische Fette	544,2	474,0	488,1	424,6	272,0	229,9	696	623
3. Andere tierische Erzeugnisse	295,7	317,4	311,7	253,1	184,0	141,2	178	158
I. zusammen . . .	**3609,0**	**3248,7**	**2733,6**	**2037,6**	**1227,3**	**1062,9**	**10 822**	**4510**
II. Nicht im Inland erzeugbare Waren[2]	1338,1	1570,3	1630,2	1406,7	989,1	739,1	2 201	2706
I. u. II. zusammen .	**4947,1**	**4819,0**	**4363,8**	**3444,3**	**2216,4**	**1802,0**	**13 023**	**7217**

Aus Tab. 1 ersieht man, in welcher Weise der Einfuhrüberschuß insbesondere von Waren, die auch im Inland erzeugbar sind, von 1927 bis 1932 zurückgegangen ist. Wertmäßig von 3,61 Milliarden RM auf 1,06 Milliarden RM oder um 70,64%; die Hälfte dieses Rückgangs

---

Deutschlands und seiner Wirtschaftsgebiete mit Nahrungs- und Futtermitteln, v. Dr. Dr. Walter Hahn. Berlin 1933.

[1] In dieser Gruppe sind Reis und Mais wegen ihrer engen Verbundenheit mit der deutschen Getreidewirtschaft mitenthalten.

[2] Einschl. der auch in Deutschland erzeugbaren Ölsaaten wegen ihrer engen Verbundenheit mit den tropischen Ölfrüchten.

[3] Ohne Pferde.

ist allerdings die Folge des Preisfalles. Mengenmäßig ergibt sich aber auch ein sehr bedeutender Einfuhrrückgang von 10,8 Mill. t auf 4,5 Mill. t oder um 58,33%. Insgesamt ergibt sich ein Rückgang von 4,9 Milliarden auf 1,8 Milliarden RM oder mengenmäßig von 13 Mill. t auf 7 Mill. t.

Tabelle 2. Deutschlands Abhängigkeit vom Ausland bei der Versorgung mit Nahrungsmitteln.

	A. Kalorimetrisch errechnet.					B. Wertmäßig errechnet.				
Jahr	Gesamtverzehr an Nahrungsmitteln	Davon aus dem Inland				Gesamtverzehr an Nahrungsmittel	Davon aus dem Inland			
		ohne Berücksichtigung der eingeführten Futtermittel		mit Berücksichtigung der eingeführten Futtermittel			ohne Berücksichtigung der eingeführten Futtermittel		mit Berücksichtigung der eingeführten Futtermittel	
	Bill. Cal.	Bill. Cal.	%	Bill. Cal.	%	Milliard. RM	Milliard. RM	%	Milliard. RM	%
1924	73	58	**79**	56	**77**	14,5	11,8	**81**	11,4	**78**
1925	78	64	**82**	60	**77**	16,5	13,0	**79**	11,9	**72**
1926	79	60	**76**	56	**70**	17,3	13,6	**78**	12,1	**70**
1927	82	63	**77**	56	**68**	17,9	14,0	**78**	11,8	**66**
1928	83	67	**81**	61	**73**	18,5	14,8	**80**	12,8	**69**
1929	83	70	**85**	65	**78**	18,7	15,2	**82**	13,5	**72**
1930	81	70	**87**	66	**81**	16,8	13,9	**83**	12,7	**76**
1931	80	70	**87**	65	**81**	14,4	12,4	**86**	11,4	**79**
1932	78	69	**88**	63	**81**	12,1	10,4	**86**	9,4	**77**

Die Tab. 2 gibt ein kalorimetrisches und wertmäßiges Bild von dem Gesamtverzehr an Nahrungsmitteln im Verhältnis zur Inlandserzeugung. Danach versorgte sich Deutschland im Jahre 1932 unter Berücksichtigung der eingeführten Futtermittel kalorimetrisch zu 81%, wertmäßig zu 77% aus eigener Erzeugung. Im einzelnen versorgte sich Deutschland: zu rd. 100% mit Zucker, Trinkmilch, Kartoffeln, Rüben und Kohl, Kalb- und Schaffleisch; zu rd. 98% mit Brotgetreide, Rind- und Schweinefleisch; zu rd. 90—96% mit den hauptsächlichsten übrigen Gemüsesorten, den Molkereierzeugnissen und den Süßwasserfischen; zu rd. 80—90% mit Butter, Käse, Erbsen und grünen Bohnen; zu rd. 70—80% mit Geflügel, Obst und Honig; zu rd. 60—70% mit Eier und Seefischen; zu rd. 50—60% mit Schmalz und einigen feineren Gemüsen; zu rd. 40—50% mit Fetten insgesamt, zu rd. 20—30% mit Linsen und anderen Bohnen, zu nur 3—5% mit Margarine. Unter Berücksichtigung der eingeführten Futtermittel versorgte sich Deutschland zu 80—90% mit Schweinefleisch und zu 60—70% mit Molkereierzeugnissen.

Der zweite Aufsatz: „Die Versorgung Deutschlands und seiner Wirtschaftsgebiete mit Nahrungs- und Futtermitteln“ von Dr. W. Hahn gibt einen sehr lehrreichen *Vergleich des Nahrungsverbrauchs in den einzelnen Bezirken Deutschlands mit dem Auslande*. In der folgenden Tab. 3 ist das Hauptergebnis kurz zusammengefaßt.

Der zeitliche Vergleich zeigt für Deutschland zwar 1931/32 einen größeren Gesamtverbrauch an Calorien als in der Vorkriegszeit (1909/13), dieser ist aber lediglich auf eine Zunahme des Fettgehalts der Nahrung zurückzuführen, während der Eiweißgehalt abgenommen hat. Diese „Verfettung“ der Nahrung ist ein typisches Zeichen der Industrialisierung und Verstädtigung, wie u. a. der Vergleich zwischen Berlin und Ostpreußen zeigt. Aber im Vergleich mit der englischen und amerikanischen Ernährung ist die deutsche noch sehr fettarm: 276 vom Tausend der Gesamtcalorien gegen 317 in England und 365 in den Vereinigten Staaten von Amerika. Im übrigen zeigt der Fettanteil, — wenn man die Landesdurchschnitte betrachtet — einen streng regelmäßigen Abfall von West nach Ost, in dem sich das innerdeutsche Gefälle von West nach Ost anpaßt, und das dem Schwinden des Anteils der tierischen Nahrung von 413‰ in den Vereinigten Staaten von Amerika auf 165‰ in Rußland und auf 36‰ in Japan entspricht. Im Rahmen der Fettversorgung ist Deutschland

Tabelle 3. Die Nahrung verschiedener Völker.

	U.S.A.	England	Deutschland							Italien	Rußland			Japan
			Reich			Berlin	Ostpreußen	Holstein Mecklenb.			Bauer	Arbeiter	Angestellter	
	23/7	25/8	09/13	20/4	31/2	1930				1914	1927			1925
	a) Tagesverbrauch in Calorien [1]													
samt-Calorien . .	**3268**	**3125**	**3096**	**2488**	**3275**	**2779**	**3483**	**3833**		**3303**	**3427**	**3023**	**2888**	**2732**
weiß	354	309	318	235	309	222	353	439		447	320	279	269	363
tt	1192	1330	857	647	905	1159	943	996		744	569	671	748	163
lanzlich	1917	2160	2118	1989	2212	1650	2296	2534		2435	2861	2627	2073	2634
erisch	1351	965	978	500	1063	1128	1187	1299		868	566	696	815	98
hl und Reis . .	889	1010	1087	989	1097	763	1126	1360		1665	2242	1763	1540	1914
rtoffeln	42	209	509	456	487	168	537	418		87	399	234	182	227
cker	547	399	193	180	236	246	246	246		91	59	177	218	145
st und Gemüse .	228	232	135	135	129	112	124	220		204	100	91	93	348
rgarine u. Kakao	209	140	124	194	227	228	228	228		88	61	62	40	—
er (Wein)	—	49	70	34	36	90	20	44		300	—	—	—	—
lkereierzeugnisse	658	333	515	209	541	313	749	788		358	174	181	264	3
eisch	638	579	424	263	474	723	340	382		412	374	487	514	8
er	51	26	26	15	32	32	32	32		79	10	16	26	6
sch	4	27	13	13	14	23	30	61		19	8	12	11	81
	b) Zusammensetzung der Nahrung in $^0/_{00}$													
weiß	**108**	**95**	**102**	**94**	**94**	**81**	**101**	**114**		**135**	**93**	**92**	**93**	**133**
tt	**365**	**317**	**277**	**260**	**276**	**421**	**270**	**260**		**225**	**166**	**222**	**259**	**60**
anzlich	**587**	**665**	**684**	**799**	**675**	**594**	**659**	**661**		**737**	**835**	**869**	**718**	**964**
erisch	**413**	**335**	**316**	**201**	**324**	**406**	**341**	**339**		**263**	**165**	**230**	**282**	**36**

der größte Margarineverbraucher, England der größte Fleischverbraucher und Amerika der größte Butterverbraucher. Im Vergleich zu den starken Schwankungen des Fettanteils ist der Eiweißanteil verhältnismäßig stabil. Der hohe Eiweißanteil in den Vereinigten Staaten von Amerika ist durch den außerordentlich großen Milchverbrauch verursacht, also durch einen tierischen Grundstoff, in Italien und Japan hingegen ist pflanzliches Eiweiß an dem hohen Anteil maßgeblich beteiligt. In Italien entstammt es dem eiweißreichen Weizenmehl, in Japan der Sojabohne. In diesem Lande kommt außerdem dem Fischgenuß eine hohe Bedeutung für die Eiweißversorgung zu.

Im ganzen zeigt der weltwirtschaftliche Vergleich in Verbindung mit der Untersuchung der Ernährung der Wirtschaftsgebiete, daß Fett und Zucker die veränderlichsten und dehnbarsten Bestandteile unserer Nahrung darstellen, daß für das Fett — wie schon erwähnt — eine stetige Zunahme mit wachsender Industrialisierung zu beobachten ist, und daß für Deutschland sowohl der Fett- als auch der Zuckeranteil einer Steigerung fähig ist, daß Deutschland mit einem Fettverbrauchssatz von 28% gegenüber 32% und 37% in England und den U. S. A. den Gipfel des Möglichen noch lange nicht erreicht hat.

[1] Die hier gegebenen Zahlen sind, da sie methodologisch anders aufgebaut sind, nicht ohne weiteres mit den von mir oben gegebenen Berechnungen zu vergleichen. So müßte man z. B. die kalorische Eiweißziffer mit 4,1 dividieren, um eine annähernde Vergleichbarkeit mit meinen Berechnungen über den Eiweißgehalt der Nahrung zu erhalten.

„Wir sind gewohnt", — schreibt der Verfasser — „eine Annäherung an die anglo-amerikanische Ernährungsweise als eine Verbesserung" der Lebenshaltung anzusprechen. Würden wir im Verlauf derartiger Bestrebungen uns bemühen, uns dem Weizen- und Zuckerkonsum Englands und der Vereinigten Staaten gleichzeitig zu nähern, so würden wir einer Schwierigkeit begegnen. Beides gleichzeitig zu erreichen, wird dadurch erschwert, daß in Deutschland die Weizen- und Zuckerböden aus klimatischen Gründen in Wettbewerb stehen. Für uns heißt es also bei der Knappheit des verfügbaren Bodens: entweder Zucker oder Weizen. Bei dieser Entscheidung wieder fällt ausschlaggebend ins Gewicht, daß die Zuckerrübe sich bei uns im Verlaufe einer hundertjährigen Kultur bereits aufs beste bewährt hat, während eine Erweiterung des Weizenanbaus z. Zt. noch eine Züchtung besonderer Weizensorten zur Voraussetzung hat. Zu bedenken ist schließlich, daß die arbeitsgierige Zuckerrübenkultur sehr viel mehr von brachliegender Arbeitskraft aufzunehmen vermag als der Weizenbau."

Abschließend kann gesagt werden, daß sich für die weitere Annäherung an die Selbstversorgung bei Wiederbelebung der Wirtschaft und Wiedererstarkung der Kaufkraft der Verbraucher günstige Aussichten ergeben. Einmal wird der durch die Kriseneinwirkungen geschrumpfte Verbrauch wieder steigen und so der bisher auf die Verbrauchsschrumpfung entfallende Teil der Selbstversorgung durch „tatsächliche" Selbstversorgung ersetzt werden. Darüber hinaus kann die „Autarkie" noch durch weitere Verdrängung der Einfuhr erhöht werden. In der latenten Nachfrage hauptsächlich nach Veredlungsprodukten (z. B. Butter, Eier, Käse, Obst), die selbst in den „besten" Jahren noch unbefriedigt blieb, liegen noch weitere — allerdings nur bei entsprechender Preissenkung oder Einkommenssteigerung — erschließbare Absatzreserven.

Namenverzeichnis.

Sachverzeichnis.

Das Sachverzeichnis soll das Inhaltsverzeichnis ergänzen, gewissermaßen ein alphabetisch geordnetes Inhaltsverzeichnis darstellen. Infolgedessen ist weniger Wert darauf gelegt worden, sämtliche Seitenzahlen der vorkommenden Stichworte anzugeben, als vielmehr dem Leser durch die Seitenzahlen anzudeuten, wo er etwas über die betreffende Materie, die das Stichwort verkörpert, erfährt.

Druck von Julius Beltz in Langensalza.

GPSR Compliance

The European Union's (EU) General Product Safety Regulation (GPSR) is a set of rules that requires consumer products to be safe and our obligations to ensure this.

If you have any concerns about our products, you can contact us on ProductSafety@springernature.com

In case Publisher is established outside the EU, the EU authorized representative is:

Springer Nature Customer Service Center GmbH
Europaplatz 3
69115 Heidelberg, Germany

Batch number: 10844827

Printed by Printforce, the Netherlands